工学结合·基于工作过程导向的项目化创新系列教材
国家示范性高等职业教育土建类"十三五"规划教材

房地产开发与经营

FANGDICHAN
KAIFA YUJINGYING

主 编	孙智慧	王志磊	
副主编	迟朝娜	闫凡胜	尚衍宾
参 编	张国玉	马静静	周立军
	武可娟	陈晓文	张 培
	王建勇		

华中科技大学出版社
http://press.hust.edu.cn
中国·武汉

内 容 简 介

本书是根据高等职业技术教育和专科教育的培养目标和教学计划编写的,既可以作为工程管理、建筑工程技术等相关专业高职高专学生的教材,也可以供房地产开发企业、经营管理企业的相关工作人员学习使用。

本书在阐述该学科基本理论的同时,注重理论与实践相结合,并注重培养学生分析与解决问题的能力,在总结实践的基础上,注重体现高职高专教育重在实践、实用的特点。本书以房地产项目的开发程序为主线,先后介绍了房地产开发与经营决策分析、房地产开发与经营环境分析、房地产开发用地的获取、房地产开发项目可行性研究、房地产开发项目的前期准备、房地产项目管理、房地产营销以及物业管理等各个阶段的工作和相关知识。

为了方便教学,本书还配有电子课件等教学资源包,任课教师和学生可以登录"我们爱读书"网(www.ibook4us.com)免费注册并下载,任课教师还可以发邮件至 husttujian@163.com 免费索取。

图书在版编目(CIP)数据

房地产开发与经营/孙智慧,王志磊主编.—武汉:华中科技大学出版社,2016.8(2025.7重印)
国家示范性高等职业教育土建类"十三五"规划教材
ISBN 978-7-5680-2004-6

Ⅰ.①房…　Ⅱ.①孙…　②王…　Ⅲ.①房地产开发-高等职业教育-教材　②房地产经济-高等职业教育-教材　Ⅳ.①F293.3

中国版本图书馆 CIP 数据核字(2016)第 144847 号

房地产开发与经营
Fangdichan Kaifa Yu Jingying

孙智慧　王志磊　主编

策划编辑:康　序
责任编辑:华竞芳
封面设计:原色设计
责任监印:朱　玢
出版发行:华中科技大学出版社(中国·武汉)　　电话:(027)81321913
　　　　　武汉市东湖新技术开发区华工科技园　　邮编:430223
录　　排:武汉正风天下文化发展有限公司
印　　刷:河北虎彩印刷有限公司
开　　本:787 mm×1 092 mm　1/16
印　　张:12.75
字　　数:323 千字
版　　次:2025 年 7 月第 1 版第 4 次印刷
定　　价:45.00 元

前言

—— o o o

本书是根据高等职业技术教育和专科教育的培养目标和教学计划编写的,在阐述该学科基本理论的同时,注重理论与实践相结合,并注重培养学生分析与解决问题的能力。与此同时,本书在总结实践的基础上,注重体现高职高专教育重在实践、实用的特点。本书以房地产项目的开发程序为主线,先后讲述了房地产开发与经营决策分析、房地产开发与经营环境分析、房地产开发用地的获取、房地产开发项目可行性研究、房地产开发项目的前期准备、房地产项目管理、房地产营销以及物业管理等各个阶段的工作和相关知识。本书共设有九个学习情境,具体如下。

学习情境 1 是绪论,主要介绍了房地产的概念及基本属性、房地产分类、房地产开发的含义和分类、房地产经营的概念及分类、房地产开发与房地产经营的关系、房地产开发程序和基本环节、房地产企业与房地产行业等内容。

学习情境 2 是房地产开发与经营决策分析,主要介绍了房地产开发与经营决策类型、房地产开发与经营决策方法、房地产开发与经营决策的程序、房地产开发与经营的风险分析等内容。

学习情境 3 是房地产开发与经营环境分析,主要介绍了房地产开发与经营环境的含义及特点、房地产开发与经营环境分析的原则、房地产开发与经营环境分析的内容、房地产开发与经营环境分析方法等内容。

学习情境 4 是房地产开发用地的获取,主要介绍了土地使用权的获取方式(出让、划拨和转让)、房地产开发用地的征地拆迁相关规定及补偿、征地拆迁的纠纷处理等内容。

学习情境 5 是房地产开发项目可行性研究,主要介绍了可行性研究的概念及特征、房地产市场调查的内容及方法、房地产开发项目收入估算和投资估算、房地产开发项目财务评价的相关指标、可行性研究报告的撰写等内容。

学习情境 6 是房地产开发项目的前期准备,主要介绍了房地产开发资金筹措的原则、方式和资金成本的计算,房地产开发项目规划设计的内容及报建流程,房地产开发项目招投标管理(包括招标方式、招标程序)等内容。

学习情境 7 是房地产项目管理,主要介绍了房地产项目工程质量控制、进度控制、投资控制、合同管理及竣工验收等内容。

学习情境 8 是房地产营销,主要介绍了房地产营销的含义、房地产产品策略、房地产价格定价方法和定价策略、房地产销售渠道、房地产促销策略等内容。

学习情境 9 是物业管理,主要介绍了物业与物业管理的概念、物业管理企业、物业管理的产生与发展、物业管理企业及业主的权利和义务、物业管理的主要环节（物业的早期介入、物业的接管验收、楼宇交付）等内容。

本书由孙智慧（日照职业技术学院）、王志磊（南通职业大学）担任主编，迟朝娜（日照职业技术学院）、闫凡胜（山东省莒南第一中学）、尚衍宾（日照职业技术学院）担任副主编。编写分工为：学习情境6至学习情境9由孙智慧编写；学习情境1和学习情境4由王志磊编写；学习情境5由迟朝娜编写；学习情境2由闫凡胜编写；学习情境3由尚衍宾编写。

在本书的编写过程中，作者收集了大量的资料，并借鉴了同类教材的相关内容，在此对有关书籍和资料的作者表示衷心的感谢。由于编者水平有限，书中的缺点和错误在所难免，敬请广大读者批评指正。

为了方便教学，本书还配有电子课件等教学资源包，任课教师和学生可以登录"我们爱读书"网（www.ibook4us.com）免费注册并浏览，任课教师还可以发邮件至 husttujian@163.com 免费索取。

编　者

2016 年 3 月

目录

学习情境 1

绪 论

学习目标

学习目标

1. 了解房地产相关概念和特征。
2. 了解房地产开发、房地产经营的含义。
3. 熟悉房地产开发的基本程序与基本环节。
4. 熟悉新形势下房地产行业的发展状况。

技能要求

1. 能够收集当地房地产行业的信息。
2. 能够编写本地区房地产行业概况报告。
3. 能有意识地培养自己的团队精神。

任务 1 房地产概述

一、房地产的概念

房地产是指土地及固着在土地之上的建筑物和其他附属物的总称。其中,土地是指地球表面及其上下一定范围内的空间。建筑物是指人工建筑而成,由建筑材料、建筑构配件和建筑设备等组成的整体,包括房屋和构筑物。地上定着物是指固定于土地或建筑物上,与之不可分离的物,如种在地上的花草树木、地上建造的花园等。

房地产总是固定在一个地域之内,不经破坏变更不能移动其位置,以其不能做物理运动为基本特征,因而又得名不动产。但严格地说,不动产和房地产是有一定区别的。从广义上来讲,不动产是指那些不能移动或是移动后会改变其原来性质、失去原来价值的物。由此不难发现,房地产事实上只是不动产的一个重要组成部分。

二、房地产的基本属性

房地产与其他经济物品相比,有许多不同点,这些不同点取决于房地产的特有属性。

(一)房地产位置的固定性

房地产必须定着在一定的土地上,因而具有空间上的不可移动性,这使得房地产的利用具有鲜明的地域特点。每一处房地产所处的位置直接关系到其利用价值。

(二)房地产使用的耐久性

一般的物品在使用过程中会较快地磨损、消耗,但房地产的使用则具有长期性,一经建成,房地产就可以在此后数十年乃至上百年的时间段内持续不断地为使用者提供效用,直至其灭失(如因为火灾等意外事故损毁,或者被人为拆除)。因此,房地产的物质使用价值相对其他商品具有耐久性。

(三)房地产的独一无二性

由于房地产位置固定,加上不同区位的自然、社会、经济条件各不相同,建筑物的式样、朝向、规模、装饰、设备等方面千差万别,以及使用过程中的老化或翻新改造所造成的特征变化不同,使房地产成为一种典型的异质商品或差异化商品,可以说没有两宗完全相同的房地产。

(四)房地产供给的有限性

首先,土地的总供给量是固定的,这是由于土地是自然的产物,是不可复制生产的自然资源。虽然人类活动可以影响土地相对位置的变化及土地的占有、分配、利用,但无法创造土地。土地的不可再生性就使得土地的总量固定,土地供给具有稀缺性的特点。其次,土地异质性与固定性使可利用的土地具有一定的垄断性,在短期内土地的供给缺乏弹性。但从长期看,土地用途的转换会使土地供给具有一定弹性。最后,要增加房地产供给,除了受到土地的供给限制外,还要受到立体方面发展的限制,比如增加建筑物的高度,同时这些又要受到资金、建筑技术、环境等因素的限制。

(五)房地产投资与消费的双重性

房地产可以作为一种生产要素用于生产消费和生活消费,但房地产本身具有保值增值和稀缺的特点使得它同时也成了一种重要的投资品。虽然房地产变现能力较差,但在通货膨胀的情况下,投资房地产比投资其他资产更具保值功能。

(六)房地产的相互影响性

房地产的价值不仅与其本身的状况有直接关系,还受其周围房地产利用即环境变动的影响,这一现象称为溢出效应或外部性。

(七)房地产的易受限制性

政府对房地产的限制一般通过四种途径来实现:一是管制权;二是征用权;三是征税权;四是充公权。

(八)房地产的难以变现性

首先房地产价值巨大,其次房地产具有不可移动性和独一无二性,这使得同一宗房地产的买卖并不频繁,一旦需要买卖,要花费相当长的时间来寻找合适的买者,然后还要花费时间进行讨价还价,所以房地产在短期内难以变现。

三、房地产分类

(一)按开发程度划分

(1)生地,指不具有城市基础设施的土地,如农地、荒地。
(2)毛地,指具有一定城市基础设施,但地上有待拆迁房屋的土地。
(3)熟地,指具有完善的城市基础设施、土地平整、能直接在其上进行房屋建设的土地。
(4)在建工程,指地上建筑物已开始建设但尚未建成、不具备使用条件的房地产。
(5)现房,指地上建筑物已建成,可直接使用的房地产。

(二)按用途划分

(1)居住房地产,包括普通住宅、高档公寓、别墅等。
(2)商业房地产,包括百货商场、购物中心、超级市场、批发市场等。

（3）办公房地产，包括商务办公楼、政府办公楼等。

（4）旅馆房地产，包括饭店、酒店、宾馆、旅店、招待所、度假村等。

（5）餐饮房地产，包括酒楼、美食城、餐馆、快餐店等。

（6）娱乐房地产，包括游乐场、娱乐城、俱乐部、夜总会、影剧院、高尔夫球场等。

（7）工业和仓储房地产，包括工业厂房、仓库等。

（8）农用房地产，包括农地、农场、林场、牧地等。

（9）特殊用途房地产，包括医院、学校、教堂、寺院、墓地等。

（10）综合房地产，指具有两种或两种以上用途的房地产。

任务 2 房地产开发与经营

一、房地产开发的含义和分类

（一）房地产开发的含义

房地产开发是通过多种资源的组合使用而为人类提供居住空间，并改变人居环境的一种活动。具体来讲，房地产开发是指按照城市建设总体规划和社会经济发展的要求，在国有土地上进行基础设施建设、房屋建设，并转让房地产开发项目或者销售、出租商品房的行为。

（二）房地产开发的分类

根据不同的标准和开发内容，可以对房地产的开发做不同的分类。

（1）根据房地产开发规模的大小，可划分为单项开发、小区开发和成片开发三类。

① 单项开发。单项开发是指开发规模小、占地不大、项目功能单一、配套设施简单的开发形式。这种开发形式往往在新区总体开发和旧城区总体改造中形成一个相对独立的项目，但其外貌、风格、设施等要求与总体开发项目相协调，并在较短时间内可完成这类开发。

② 小区开发。小区开发是指新城开发中一个独立小区的综合开发，或旧城区改造中一个相对独立的局部区域的更新改建。这类开发要求在开发区域范围内做到基础设施完善、配套项目齐全。其与单项开发相比，规模较大，占地面积也较大，投入资金较多，建设周期较长，一般分期、分批开发。

③ 成片开发。成片开发是指范围大（其范围大到可以相近于开辟一个新的城区）、投入资金巨大、项目众多、建设周期长的综合性开发。如海南洋浦开发区、上海浦东开发区等诸如此类的著名的成片开发项目。在成片开发中，房地产开发往往成为基础产业和先行项目，发挥其启动和引导作用。

（2）根据房地产开发的内容，可划分为单纯的土地开发和再开发、单纯的房屋开发和再开发、土地房屋一体化开发三大类。

① 单纯的土地开发和再开发。土地开发是指通过"三通一平"(即通电、通水、通道路、平整土地)或"七通一平"(即通电、通水、通道路、通排水、通煤气、通热力、通邮、平整土地),按照竖向规划进行土方工程施工,将自然状态的土地变为可供建造各类房屋和各类设施的建筑用地,即把生地变为熟地的开发活动。新城建设一般都需要先进行土地开发。开发公司在平整土地之前,还应对地下物进行勘察,以确定地下是否有文物古迹、管道、电缆、防空洞或其他地下物,并按照规定进行地下物的清除,不能清除的也要在设施施工时加以考虑和处理。

② 单纯的房屋开发和再开发。房屋开发是指在具备建设条件的土地上,新建各类房屋的活动,一般包括地基建设、主体工程建设、配套和附属工程建设、安装和装饰工程建设等内容。房屋再开发指的是为了提高现有房屋的使用功能和利用效率,在不拆除现有房屋的前提下,对现有房屋进行较大规模的扩建和改建活动,一般又称旧城区开发。需要指出的是,对房屋的扩建和改建只有达到一定程度和规模,才属于房地产开发的范畴。而对现有房屋进行一般性的修缮和装修,则属于物业管理的范畴,不属于房地产开发的范畴。

③ 土地房屋一体化开发。土地房屋一体化开发是指从事土地开发和房屋开发,或从事土地再开发和房屋开发全过程的房地产开发活动。我国目前的房地产开发此类形式居多。

(3) 根据开发目的不同,房地产的开发可划分为经营性房地产开发和自用性房地产开发。

① 经营性房地产开发。经营性房地产开发是指由专业化的房地产开发企业进行,通过房地产的投资开发活动将开发产品(房屋、基础设施、土地使用权)作为商品进行交易,以追求利润回报的开发活动。

② 自用性房地产开发。自用性的房地产开发是指为自用而进行的房地产开发活动,开发者即使用者,开发的房地产产品不进入流通领域,只是满足开发者自己生产、经营或消费的需要,开发环节本身不追求盈利。

我国目前经营性的房地产开发和自用性的房地产开发都占有一定的比例,随着我国市场经济的不断发展和社会分工的细致深化,房地产商品化的程度将不断提高。单位、个人更多地通过房地产交易市场获取房地产,自建自用式的房地产开发将逐渐减少,而经营性的房地产开发将日益增多。

二、房地产经营的概念及分类

(一) 房地产经营的概念

经营是市场经济的一个重要范畴,是商品生产者以市场为对象,以商品生产和商品交换为手段,为实现企业的目标,使企业的生产技术经济活动与企业的外部环境达成动态均衡的一系列有组织的活动。将经营的概念引入到房地产市场中来,研究市场需求,了解市场发展趋势,确定产品类别,成功销售并获得预期的利润,这就是房地产经营。

狭义的房地产经营一般是指房地产经营者对房屋和建筑地块的销售、租赁及售后服务管理等活动,活动范围主要是在流通领域。而广义的房地产经营是指房地产经营者对房屋的建造、买卖、信托、交换、维修、装饰,以及土地使用权的出让、转让等按价值规律所进行的有目标、有组织的经济活动,活动范围贯穿于房地产产品生产、流通、消费的全部过程,并非仅仅局限于流通领域。

(二)房地产经营的分类

1. 房产经营

房产经营是指对城市各种房屋(包括住宅和非住宅用房)所进行的开发建设、买卖、租赁、信托、交换、维修等各项经济活动。

2. 地产经营

地产经营是指以城市土地使用权为对象的出让、转让、抵押的经营,或者是以城市土地为劳动对象所进行的"三通一平""五通一平""七通一平",把生地变成熟地的开发经营。

3. 房地产服务经营

房地产服务经营是指房地产业在开发建设和经营管理过程中,在人们对房屋的使用过程中,所提供的一系列经营性服务活动的总和。如对房地产开发进行的投资咨询、价值评估、拆迁安置服务、房屋装饰、居住区环境服务及管理等。

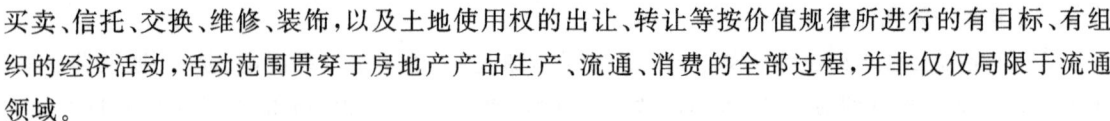

三、房地产开发与房地产经营的关系

房地产开发与房地产经营这两个概念是房地产行业运行过程中被广泛运用的两个基本概念,它们既相互联系又有一定的区别。

关于房地产开发与房地产经营的关系,有以下几种看法。

(一)从广义的角度理解,两者本质上一致,但侧重点不同

从市场经济的角度来看,房地产开发指的是房地产开发企业为了获得一定的经济效益而对土地及建筑物进行投资、建设、管理的行为,这种通过一定的劳动获得经济利益的活动就是房地产经营。房地产开发侧重的是一种行为,强调的是房地产产品形成的过程;房地产经营则强调的是这种行为的目的,即获得预期的经济效益。

(二)从狭义的角度理解,两者相对独立

从狭义的角度理解,两者相对独立。房地产开发只是一种投资、建设和劳动的过程。房地产经营反映的是一定社会经济形态下的房屋和土地的关系,这种关系通常是通过市场交换来实现的。

(三)房地产经营以房地产开发为基础

房地产经营在人们的社会经济生活中占据重要的地位,尤其是在人类社会进入工业化发展

阶段后,房地产经营对社会消费、金融、就业等行业的发展所产生的影响力在逐渐加大。房地产经营贯穿于房地产开发的始终,在开发行为结束并形成一定的房地产产品之后,仍然以产品为主要经营对象而继续。

(四)房地产开发以房地产经营为核心

房地产开发是一种以房地产经营为核心的经济行为。传统的房地产开发一直以来都被人们视为以开发为核心、简单的土地开发和自我满足性的建筑生产。随着社会经济的发展,我国的房地产开发有了新的内容,现代的房地产开发包含了土地开发、土地经营、建筑生产以及建筑经营等多项内容。由于房地产具有规模大、投资多、建设周期长、风险大等特点,掌握市场需求成为现代房地产开发能否达到预期目的的关键所在,首先是经营活动和市场行为,然后才是开发行为,房地产开发必须以房地产经营为核心,这是现代房地产开发的根本要求。

任务 3　房地产开发程序与基本环节

一、房地产开发的程序

房地产开发涵盖了从前期的决策分析一直到最后的物业管理的全过程,主要包括以下七个阶段。

(一)投资决策分析阶段

这一阶段主要包括了两部分内容:一是开发设想的形成;二是环境分析与机会的选择。

首先,开发设想的形成需要大量的信息来源,而且需要专业人士较强的信息敏感性。这个设想一开始也许只是一个比较模糊的概念,比如说大致的建设地点、项目的基本类型、主要目标顾客群的确定等,还需要进一步的市场研究才能决定是否进行下一步的开发行动。

其次,设想形成之后,房地产开发企业就会组织专业人员进行环境分析从而确定市场需求的产品类型。在搜集大量的市场信息,选择合适的环境分析方法和手段之后,进行时机、产品类型、区域以及质量的选择。环境分析与机会选择非常关键,它将一开始的开发设想具体化,确定了项目融资的可行性,从而确定了项目最终的可操作性。

(二)获取土地使用权阶段

土地是房地产开发的物质基础,房地产开发的成功与否与土地的获取是息息相关的,若是没有取得土地的使用权,再好的设想都是空中楼阁,无法实现。尤其是在城市空间拓展越来越困难的今天,怎样获得一块地理位置适合的地块是每一个房地产开发企业都非常关心的问题。

（三）可行性研究阶段

项目可行性研究阶段包括的内容很多，主要有市场调查和研究、项目的投资估算和财务评价等。房地产开发是一项综合性的经济活动，投资额大，建设周期长，涉及面广，影响因素多，要想取得经济效益，做好可行性研究工作十分重要。

（四）前期准备阶段

在完成上述三个阶段的工作之后，正式实施建设之前，还会有很多的前期准备工作需要落实到位，比如：工程所需资金的筹措、项目的招投标工作以及项目的规划设计和报建。

1. 资金筹措

房地产开发需要的资金数额大，一旦资金落实不到位或不能及时地用于项目开发建设，带来的影响是非常大的，所以资金筹措这项工作对于房地产开发来说显得尤为重要。资金筹措的方式有多种，怎样做才是最经济的、行得通的方式，这对于每一位房地产开发者来说都是比较关心的问题。

2. 项目的招投标

房地产项目的招投标工作大致包括以下几部分内容：勘察设计招投标、施工招投标、材料设备采购招投标等。一般需要经过招标、投标、开标、评标、定标、签约六个步骤来完成一次招投标活动。

3. 项目的规划设计和报建

项目的规划设计是对项目地块空间布局的预先安排，这种安排是为了更好地满足居民对居住区内的生产、生活、文化娱乐等多方面功能的要求，提高所在地块的整体或综合使用功能。此外，房地产开发这项经济活动是要受到国家法律法规以及政府的严格约束的，同时其也是对国民经济影响较大的一项活动，所以从项目立项开始，就必须进行报建的审批工作，从报建的范围、报建的手续到报建的程序，各个地方政府都有详细的管理条例。

（五）实施阶段

项目的实施阶段主要工作包括项目的建设管理、项目的合同管理、项目的竣工验收以及项目的索赔等。

（六）营销阶段

项目建成之后，就要进入市场，开始房地产产品的销售阶段。销售是房地产开发的一个重要环节，它是将产品转换为货币、获得经济收益的桥梁。只有一个好的营销才会让这个项目尽快地收回资金，实现产品的价值，促进企业发展。

（七）售后物业管理阶段

产品销售之后，整个房地产开发的过程并没有结束，而是进入最后一个阶段——售后物业管理阶段。随着房地产行业的逐渐饱和,房地产企业之间的竞争越来越激烈,很多企业已经开始把物业管理作为企业发展的一个新的亮点。售后服务对于分期开发的房地产项目来说更为重要。

二、房地产经营的基本环节

根据房地产经营活动的过程,房地产经营可分为房地产产品形成环节的经营、房地产产品流通环节的经营和房地产产品消费环节的经营三大环节,如图 1-1 所示。

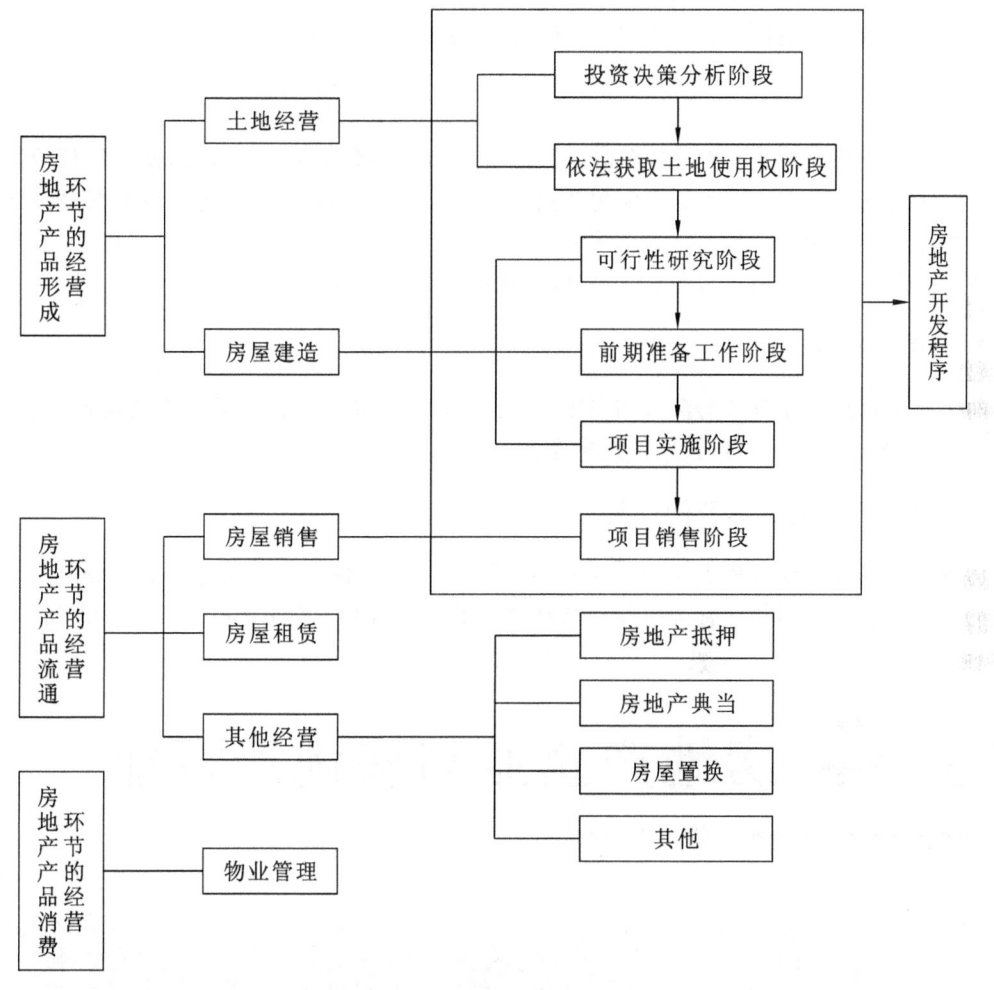

图 1-1　房地产经营环节示意图

(一) 房地产产品形成环节的经营

房地产产品的形成,从立项、选址开始,历经环境分析与机会选择、可行性研究、依法取得土地使用权、前期准备、建设施工一直到竣工验收为止,从时间序列上来看,与房地产开发的程序是一致的。这一过程房地产经营的主要内容有地产经营和房产经营。

（二）房地产产品流通环节的经营

房地产产品流通环节的经营，主要指的是房产交易，包括房屋销售、房屋租赁以及房地产抵押、房地产典当、房屋置换等其他经营形式。房产地品流通环节的经营是房地产企业的主要活动内容。

1. 房屋销售

房屋销售是把房屋作为一种商品实行的买卖行为。房屋销售是房产交易的一种基本形式，也是实现产品价值、获得利润的关键所在。房屋销售一般可以分为住宅房屋销售和非住宅房屋销售两类。影响房屋销售的因素有很多，其中价格是影响最大的一个因素。

2. 房屋租赁

房屋租赁是指房屋所有人或经营者，通过房屋出租，收取租金，把房屋的使用价值分期出售给房屋使用者的一种交易行为。房屋租赁只是改变了房屋的使用权，房屋的所有权属并未发生变化。房屋租金的确定一般要考虑国家的房产政策、房屋的用途、市场供求关系的变化，与此同时还要考虑原有的房产租金水平、居民的收入水平等因素的影响。

3. 其他经营形式

随着我国住房制度改革的深入和发展，现在房地产市场上涌现出了更多的房产经营形式，比如：房地产抵押、房地产典当、房屋置换等。

（三）房地产产品消费环节的经营

房地产产品在流通过程中作为一种消费商品形成之后，便进入了房地产的消费领域。在此期间的经营内容主要指物业管理服务。物业管理服务的相关内容详见本书学习情境 9。

任务 4 房地产企业与房地产行业

一、房地产企业

房地产企业是指从事房地产开发、经营、管理和服务活动，并以营利为目的进行自主经营、独立核算的经济组织。房地产企业以营利为目标，以开发与经营活动为内容，在充分利用企业资源的基础上，实现房地产企业经济效益最大化。

（一）房地产企业的分类

我国房地产企业数量多、成分复杂，因此必须本着动态性的原则，根据宏观环境与微观环境的变化对房地产企业分类的方式方法及结论做出及时的调整。

总体来讲,对我国房地产企业进行分类主要有以下三种分类方法。

1. 根据经营内容和经营方式进行分类

1）房地产开发企业

房地产开发企业主要是指以营利为目的,从事房地产开发和经营的企业,主要业务范围包括城镇土地开发、房屋营造、基础设施建设以及房地产营销等。

2）房地产中介服务企业

房地产中介服务企业主要包括房地产咨询企业、房地产价格评估企业、房地产经纪企业等。

3）物业管理企业

物业管理企业主要是指以住宅小区、商业楼宇等大型物业管理为核心的经营服务型企业。这类企业的业务范围包括售后或租赁物业的维修保养、住宅小区的清洁绿化、治安保卫、房屋租赁、商业服务以及其他经营服务。

2. 根据房地产企业经营特点进行分类

1）房地产专营企业

房地产专营企业是指依法注册成立、具有一定企业资质并长期从事专门的房地产开发经营业务的企业。

2）房地产兼营企业

房地产兼营企业是指以其他业务为主,但也从事房地产业务的企业。目前,由于房地产的高利润,有不少资金雄厚的大企业集团纷纷杀入房地产行业,成为房地产兼营企业。此外,一些原有的大型工程建筑企业,为了开辟新的经济增长点,进军房地产开发领域,并获得了相应的资质,从原来单纯的工程建筑企业转变为房地产兼营企业。

3）房地产项目型企业

房地产项目型企业是指针对某一房地产开发项目而设立的房地产开发企业。这类企业在项目经过可行性论证并经立项之后组建,而待项目建成并销售完成后,企业就自然解散终止,如 2008 年为举办北京奥运会所成立的房地产开发企业就属于房地产项目型企业。

3. 按照企业性质分类

按照企业性质分类,可以将房地产企业分为全民所有制企业、集体所有制企业、股份制企业、股份合作制企业、私营企业、外资企业等。

（二）房地产企业的资质

房地产企业的资质,是房地产企业专业经济技术素质、管理素质、资本数额、企业经历和业绩的综合体现。房地产企业形式很多,当前国家对房地产企业资质审查的重点主要是以房地产开发企业进行资质审查。下面将以房地产开发企业为研究对象进行阐述,而房地产经营企业的资质管理主要是按照国家颁布的《中华人民共和国企业法人登记管理条例》进行。

我国房地产开发主管机构对房地产开发企业实行资质管理制度。总体而言,我国房地产开发企业资质等级可划分为五个级别,即一级房地产开发企业的资质条件、二级房地产开发企业的资质条件、三级房地产开发企业的资质条件、四级房地产开发企业的资质条件和暂定资质。

1. 一级房地产开发企业的资质条件

根据《房地产开发企业资质管理规定》(建设部令第 77 号),房地产开发企业一级资质申报条件为:注册资本不低于 5 000 万元;从事房地产开发经营 5 年以上;近 3 年房屋建筑面积累计竣工 30 万平方米以上,或者累计完成与此相当的房地产开发投资额;连续 5 年建筑工程质量合格率达 100%;上一年房屋建筑施工面积 15 万平方米以上,或者完成与此相当的房地产开发投资额;有职称的建筑、结构、财务、房地产及有关经济类的专业管理人员不少于 40 人,其中具有中级以上职称的管理人员不少于 20 人,持有资格证书的专职会计人员不少于 4 人;工程技术、财务、统计等业务负责人具有相应专业中级以上职称;具有完善的质量保证体系,商品住宅销售中实行了住宅质量保证书和住宅使用说明书制度;未发生过重大工程质量事故。

2. 二级房地产开发企业的资质条件

房地产开发企业二级资质申报条件为:注册资本不低于 2 000 万元;从事房地产开发经营 3 年以上;近 3 年房屋建筑面积累计竣工 15 万平方米以上,或者累计完成与此相当的房地产开发投资额;连续 3 年建筑工程质量合格率达 100%;上一年房屋建筑施工面积 10 万平方米以上,或者完成与此相当的房地产开发投资额;有职称的建筑、结构、财务、房地产及有关经济类的专业管理人员不少于 20 人,其中具有中级以上职称的管理人员不少于 10 人,持有资格证书的专职会计人员不少于 3 人;工程技术、财务、统计等业务负责人具有相应专业中级以上职称;具有完善的质量保证体系,商品住宅销售中实行了住宅质量保证书和住宅使用说明书制度;未发生过重大工程质量事故。

3. 三级房地产开发企业的资质条件

房地产开发企业三级资质申报条件为:注册资本不低于 800 万元;从事房地产开发经营 2 年以上;房屋建筑面积累计竣工 5 万平方米以上,或者累计完成与此相当的房地产开发投资额;连续 2 年建筑工程质量合格率达 100%;有职称的建筑、结构、财务、房地产及有关经济类的专业管理人员不少于 10 人,其中具有中级以上职称的管理人员不少于 5 人,持有资格证书的专职会计人员不少于 2 人;工程技术、财务等业务负责人具有相应专业中级以上职称,统计等其他业务负责人具有相应专业初级以上职称;具有完善的质量保证体系,商品住宅销售中实行了住宅质量保证书和住宅使用说明书制度;未发生过重大工程质量事故。

4. 四级房地产开发企业的资质条件

房地产开发企业四级资质申报条件为:注册资本不低于 100 万元;从事房地产开发经营 1 年以上;已竣工的建筑工程质量合格率达 100%;有职称的建筑、结构、财务、房地产及有关经济类的专业管理人员不少于 5 人,持有资格证书的专职会计人员不少于 2 人;工程技术负责人具有相应专业中级以上职称,财务负责人具有相应专业初级以上职称,配有专业统计人员;商品住宅销售中实行了住宅质量保证书和住宅使用说明书制度;未发生过重大工程质量事故。

5. 暂定资质

新设立的房地产开发企业应当自领取营业执照之日起 30 日内,持下列文件到房地产开发主管部门备案:营业执照复印件;企业章程;验资证明;企业法定代表人的身份证明;专业技术人员的资格证书和劳动合同;房地产开发主管部门认为需要出示的其他文件。房地产开发主管部门应当在收到备案申请后 30 日内向符合条件的企业核发暂定资质证书。暂定资质证书有效期 1 年。房地产开发主管部门可以视企业经营情况延长暂定资质证书有效期,但延长期限不得超过 2 年。自领取暂定资质证书之日起 1 年内无开发项目的,暂定资质证书有效期不得延长。

综上所述,房地产开发企业资质等级条件汇总如表 1-1 所示。

表 1-1　房地产开发企业资质等级条件

资质等级	注册资本/万元	从事房地产开发经营时间/年	近 3 年房屋建筑面积累计竣工/万平方米	建筑工程质量合格率达到 100% 的连续年限/年	上一年房屋建筑施工面积/万平方米	专业管理人员人数/人		
						总计	其中中级以上职称的管理人员人数	其中持有资格证书的专职会计人员人数
一级	≥5 000	>5	>30	5	>15	≥40	≥20	≥4
二级	≥2 000	>3	>15	3	>10	≥20	≥10	≥3
三级	≥800	>2	>5	2	—	≥10	≥5	≥2
四级	≥100	>1	—	—	—	≥5	—	≥2

各级房地产开发企业必须按照资质证书确定的业务范围从事房地产开发业务,不得越级承担任务。各级房地产开发企业业务范围规定如下。

一级资质的房地产开发企业承担房地产项目建设规模不受限制,可以在全国范围承揽房地产开发项目。

二级及二级以下资质的房地产开发企业只能承担建设面积 25 万平方米以下的开发建设项目,承担业务的具体范围由省、自治区、直辖市人民政府建设主管部门确定,不得超越资质范围承担开发项目。

此外,房地产开发企业资质等级实行分级审批。

一级资质由省、自治区、直辖市人民政府建设行政主管部门初审,报国务院建设行政主管部门审批。

二级及二级以下资质的审批办法由省、自治区、直辖市人民政府建设行政主管部门制定。

房地产开发企业的资质每年核定一次,对达不到原定资质标准的房地产开发企业,由原审批部门予以降级或吊销资质等级证书。对房地产开发兼营企业不确定资质等级,但其开发业务要由省级以上建设行政主管部门批准。房地产开发项目企业由项目所在地建设行政主管部门依据项目情况,审定企业的组建条件,并核发一次性证书。经资质审查合格的企业,由资质审批部门发给相应等级的资质证书。

二、房地产行业

（一）房地产业的概念

房地产行业也简称房地产业，房地产业是指进行房地产投资、开发、经营、管理、服务的行业，属于第三产业，是具有基础性、先导性、带动性和风险性的产业。在实际生活中，人们习惯于将从事于房地产开发和经营的行业称为房地产业。

房地产业和建筑业之间既有区别又有联系。两者的区别主要有两个方面。其一，建筑业属于第二产业，而房地产业属于第三产业。其二，在房地产开发活动中，房地产业与建筑业往往是甲方和乙方的合作关系，房地产业是房地产开发和建设的甲方，建筑业是乙方；房地产业是策划者、组织者，承担发包任务，建筑业则是承包单位，完成土地的开发和房屋建筑的生产任务。同时，这两个产业又有着非常密切的联系，因为它们的业务对象都是房地产。

（二）我国房地产行业的发展历程

1990 年，中华人民共和国国务院（后简称国务院）颁布《中华人民共和国城镇国有土地使用权出让和转让暂行条例》和《外商投资开发经营成片土地暂行管理办法》，承认土地交易的合法性，我国房地产商品化正式走上了历史舞台。

1992 年，邓小平同志南方谈话推动了市场经济在全国的开展，房地产行业在各行业中一枝独秀，房地产市场开始全面发展。

1998 年，福利分房被取消，意味着居民以后的新住房都要到商品房市场上去购买，房地产行业逐渐成为经济增长的新推力。

2002 年，国家出台一系列的规范性政策，整个房地产行业逐步走上健康发展的轨道。

2008 年，国际性的金融危机爆发，为刺激经济复苏，国家启动 4 万亿元投资规模来加大基础设施建设，与此同时，银行降息及其他有利于房地产业发展措施都促进了房地产业的再一次发展。金融危机之后，房价的上涨比例更是超过了历史上累计的增长率。为应对房价的不断上涨，从 2009 年开始，我国房地产市场进入调控时期。

2013 年 2 月 20 日，国务院常务会议确定了五项加强房地产市场调控的政策措施，即国五条。该会议不仅再次重申坚持执行以限购、限贷为核心的调控政策，坚决打击投资投机性购房，还在继 2011 年之后再次提出要求各地公布年度房价控制目标。

目前，我国商品房价格居高不下，国家采取了相应的宏观调控办法，控制了房地产项目运作中最基本的土地和资金。在这样的大环境下，房地产企业要想可持续发展，找准未来的发展方向和制订战略都是必不可少的。

（三）当前房地产行业存在的突出问题

从形势与市场角度审视我国房地产市场，中国经济形势总体上看好，房地产市场从中长期来说也是看好的，但是要清醒地看到，当前的经济形势扑朔迷离，整个房地产市场不容乐观。

1. 房价上涨过快,脱离了部分居民的支付能力

商品房价格上涨过快的主要原因:一是需求拉动,供求总量阶段性失衡直接影响价格变动,即中低价位普通商品住房需求量增长快于供给,使得商品房平均成交价格上扬;二是成本推动,主要来自建材(钢材、水泥等)涨价、土地取得成本增加、品质提升三个方面的原因,一些城市土地成本已占到房价的 50% 以上;三是炒作带动,房地产开发量大,房屋价格上升快,一些楼盘还供不应求,说明存在一定的投机行为,以至于房产价格与居民收入越来越不相匹配,房屋价格已明显超出一部分中等收入居民的购买能力。关于房价高低问题,从国际经验看,目前我国总体房价-收入比并不算离谱。

2. 从房地产总供给和总需求是否平衡来看,目前房地产市场已出现失衡现象

从需求市场主体消费中的实用性消费和投资性消费结构是否合理来看,目前房地产市场表现得已很不合理。按照国际上的经验,一般投资消费购房所占比例超 12%～15% 的时候,就容易出现房地产泡沫危机。20 世纪,拉美、日本、中国香港等地投资消费购房所占比例接近 20%,房地产泡沫危机给这些国家和地区造成的阴影到目前还未完全消除。现在,我们国家资本市场一直发育不好,其他领域投资预期不佳,人们纷纷把钱转投向房地产,以房屋不动产保值、增值或投机为目的投资消费呈上升趋势。据有关部门统计,上海、北京、广州的投资消费购房比例已接近 20% 左右。近 3 年,温州炒房团、山西炒房团在全国兴风作浪,带起全国房价一度攀升,江浙商人基本控制了上海房价走势。这些现象都是极不正常的,这是房地产业产生危机的深层次原因之一。此外,供求结构矛盾明显,突出表现为中低价位、中小户型住房供不应求。一些城市普通商品住房和经济适用住房供不应求,高档商品房空置、积压严重。一些城市中低价位住宅所占比例不到 10%,而高价房占到 40% 以上。当前我国的房地产空置问题不是总量过大而是结构不合理造成的,是产品结构与市场需求失衡所造成的。从市场的发展看,供给结构严重地背离需求结构,在一些高档次住房供应量过多的情况下,就会产生结构性泡沫。

3. 从供需双方的供给资本和消费资本自给率结构来看,房地产业的可持续发展存在一定问题

根据国家金融部门公布的报告,目前房地产开发商项目自有资金不足 20%,另外的 80% 主要是以房产和土地抵押从银行贷款,房地产建筑商也有相当一部分资金是以项目抵押获得了银行贷款。另外,购房者的购房资金有 60%～80% 也来自于银行信托分期付款。综合起来,整个房地产业有 70% 以上的资金全都来源于银行一个渠道。因此,现在金融行业都在大出冷汗,惊呼“我们被房地产绑架了”。这种形势是相当严峻的,它向我们发出了中国房地产业有可能出现危机的严重信号。

4. 政策调控难度加大

总体来看,我国房产投资逐年增加,如果中央扩内需促发展引发新一轮房地产投资热潮,那么风险和隐患随之而来。当前中央和地方政府应该强化对固定资产投资方向、投资结构、投资比例的把握和监管,应该重点考虑对现有存量房屋的消化,而不是扩大建设规模,从而避免出现新一轮房地产投资过热的问题,把房地产投资控制在一个合理区间。由于房地产业在国民经济

中的特殊作用,政府的政策选择应当保持宏观经济政策的连续性和稳定性,在房地产领域要做到区别对待,有保有压。要保自住型、改善型需求,支持普通居民解决住房和改善住房条件;要严控投资型需求,防范信贷风险,引导资金投向实体经济。

5. 住房保障体系不完善,流动人口住房问题突出

在经济适用房建设中,有的城市重建设、轻管理,对购买对象把关不严,部分高收入者购买了经济适用房,个别人甚至以投资获利为目的购买经济适用房;有的城市对建设标准缺乏有效控制,致使户型面积偏大,甚至出现大户型、超大户型经济适用房,严重背离了经济适用住房政策的初衷;有的城市优惠政策不落实,经济适用房价格优势未能充分发挥。流动人口对城市经济发展和城市建设有着很大的贡献。流动人口中的中高收入群体的住房问题可通过市场解决,但重点与难点是其中的低收入群体的住房问题,随着经济的发展、政府财政能力的提高,应统筹考虑如何将其逐渐纳入住房保障体系。

6. 从产业与企业角度审视我国房地产市场,房地产业急需战略转型

我国房地产业发展存在很多问题,但现在遇到的根本问题是产业转型问题,要按照现代产业改造房地产业。房地产业粗放型发展模式需要加以改变,这一点要从战略上加以重视。房地产业与国民经济的关系应处理好,房地产业与其他相关产业的关系也应该处理好,房地产业的市场化脚步必须进一步加强推进。对房地产企业而言,应该按照现代化产业方式组建,做好战略调整,练好内功。

(四)新形势下房地产企业的发展方向

1. 面临不断变化的新形势

1)政府宏观调控政策

政府调控政策将加速促进房地产业品牌的发展和市场集中度的提高,从而加速房地产业的优胜劣汰。自2003年以来,房地产发展很不平衡,特别是房地产开发结构失调,老百姓急需的实用房紧缺,少数城市房价上涨过快,甚至出现人为炒作,导致房地产泡沫,普通老百姓买不起房,怨声载道。这种现象引起中央的高度重视,针对房地产投资增长过快问题先后出台一系列调控措施,包括进一步整顿土地市场秩序,暂停农转非用地审批,清理整顿固定资产投资项目,控制城市拆迁规模,提高存款准备金率和项目资本金的比例,上调金融机构存贷款基准利率并放宽人民币贷款利率浮动区间,允许人民币存款利率下浮,等等,已经取得较好的成效。采取这些措施的主要目的是为了对房地产业进行宏观调控,保持国民经济持续、快速、协调、健康发展。目前的房地产企业,特别是中小房地产企业必须提高其资源整合能力和运营管理水平,转变效益增长方式,提高总体运营效率。

2)可持续发展要求房地产开发体现人文关怀

建设小康社会要走可持续的发展道路,不仅要讲经济指标,还要讲人文指标。房地产开发不能仅仅追求项目高额利润,还要注重项目的规划设计、人文关怀,追求提高土地资源利用率,实现可持续发展。

3）数字化管理

数字化管理彻底改变房地产业的运营方式,房地产企业的数字化管理将具有定量化、智能化、综合化、系统化的特点。推进数字化管理,要求我国房地产企业将内部的知识资源、信息资源、人力资源、外部的市场供给和行业资源数字化,并通过网络进行管理,要求运用量化管理技术来解决房地产企业的管理问题。为此,我国房地产企业特别是大型房地产企业应将数字化管理列为房地产经营战略之一,并建立支持数字化管理的组织体系和组织形式。这样,我国房地产经营与管理传统的金字塔形的组织结构将逐渐被有利于发挥团队综合素质和人本潜能的"扁平型"组织形式取代。我国房地产企业还应积极创造有利于数字化管理的房地产企业文化,如良好的员工职业道德、敬业精神、开发企业的荣誉感和团队拼搏精神等。

2. 产业链延伸

1）企业中心开始转移

早期,房地产业是劳动密集型企业,对资金、技术、人才的需求较低。等发展到一定规模后,房地产巨头开始寻求资本、信息、技术、人才等企业快速发展的"维生素",而这些往往是在企业的诞生地找不到的,面向未来发展,房地产企业总部的迁移成为必然,房地产企业将选择向在全球经济中具有强大的影响力的城市转移。

2）上下游开始对接

随着经济实力与技术力量的发展,一些地产企业已经不再简单地处在产业链的一个节点(土地、设计、建筑、建材等)上,而是拥有了自己的一些核心技术,企业的产业布局开始向相对完整的产业链方向扩张。例如,专为高档物业提供中央空调的供应商融入压缩机等产业链的核心环节,或是与这些核心环节形成产业联盟,这样上下游的对接式发展,会使国内房地产行业竞争不单单停留在房屋产品层面,而是整个产业链的系统竞争。

3. 开发模式发生革命

1）转向大规模定制开发模式

房地产企业除了应重视产品技术与质量外,还应重视生产模式等柔性的工艺技术,在信息技术的促动下,从大规模生产模式转向大规模定制(大规模定制能给用户提供个性化的产品),不断提高国际竞争力。用信息社会的思考模式和技术手段改造传统房地产业务的商业模式和组织架构,适应信息社会的要求,把公司建成一个有活力的学习型组织,形成规范化的核心经营队伍,顺应企业发展的需要,最终变成一个高弹性、真正成为受市场欢迎的企业。

2）品牌渠道成为主要销售渠道

目前承担我国房地产整个行业每年数万亿元销售额的流通业的经济体是数万家各类代理商,而主要的几个行业巨头,包括建材、物业与家具等年销售额仅为数千万元,市场占有率不到5％。北京的业界销售商,基本处在自采自销和自产自销的"小农销售"时代,整个行业的运作成本高居不下。随着市场的进化,专业化分工的加强,未来 5 年内,以往支撑房地产行业的自营渠道,因为成本的原因将全面撤退,而其他零散的代理商品牌将通过特许经营等方式加盟到大的品牌渠道商中,成为品牌渠道的连锁店。

3）重视"售后服务"——物业管理

良好的地段、宜人的环境固然重要,但如果没有一个好的售后服务即物业管理,那么所购的房产依然算不上一个好的物业,更谈不上保值增值了。如今人们在购(租)房时,对楼房物业管理的关注越来越高,认为物业管理对以后的居住极为重要。不少开发商也已经意识到物业管理的重要性,并适时推出物业管理营销概念。不少楼盘广告已经把物业管理作为一个实实在在的卖点来宣传。优秀的房地产企业非常重视提供高品质物业管理。俗话说"好马配好鞍",好的房产配上好的物业管理是市场所趋。物业管理不再是保安来回巡逻、清洁工打扫楼道那么简单了,其不但要为业主提供一般性的服务、期望性的服务,还要在此基础上添加业主未期望的扩充性服务和引导,以及满足业主潜在性需求的服务。

4. 使用新技术

1）"E产品"越来越多地进入终端

现在的房地产终端产品简单地存在着,在使用中基本上只发挥相对单一的功能。而随着信息技术的发展,在以后的5年中,信息技术将广泛地应用到房地产的最终产品中,一些旧的楼宇也要进行网络化的升级,产品E化(即产品网络化)成为网络的终端。水泥钢筋的建筑在网络中获得充分的信息,功能将更加人性化。在未来的10年里,国内地产企业的电子商务总额将占行业总额的95%。

2）实行新技术优先策略,提高产品质量优良率

加快技术创新,推行住宅科技化,用高新技术改革传统的住宅生产方式;大力应用新技术、新工艺、新设备和新材料,致力于提高住宅建设的科技含量。

5. 自主创新

创新是房地产企业持续稳定健康发展的灵魂。房地产企业生产出来的产品只有能够满足消费者的需求才能有好的销售业绩。人们对住宅的要求随着生活条件的改善越来越高,讲究住房有价格性能比,更注重居住环境的舒适度、绿色健康和文化性。对于房地产业来说,创新是无止境的,在把握核心竞争力的前提下,不断创新,这样才能保持企业的持续发展。创新不是单一的,它包括技术、管理、服务等在内的创新,以高科技、高品质、高效益、低消耗、低成本、创品牌的房产开发,不断地开拓市场、占领市场。

复习思考题

一、简答题

1. 房地产有哪几种分类方法？各包括哪几类？

2. 房地产有哪些基本属性？

3. 房地产开发基本程序有哪些？

4. 房地产经营的基本环节指的是什么？每个环节所包含的经营内容有哪些？

5. 简述房地产开发与经营的关系。

二、案例分析题

新型城镇化行业背景下万科布局商业地产

2013 年 12 月 3 日,中共中央政治局召开会议,分析研究 2014 年经济工作,听取了第二次全国土地调查情况报告。会议提出要走新型城镇化道路,并表示 2014 年出台实施国家新型城镇化规划,落实和完善区域发展规划和政策。住房保障和房地产市场调控工作,是完善城镇化健康发展体制机制的一个重要方面。具体来讲,一方面,要切实落实各地住房保障计划,不能玩"数字游戏",切实做到保障低收入群体在积极稳妥推进土地管理制度改革与新型城镇化过程中的居住问题(不一定是购买住房的问题);另一方面,也要继续做好房地产市场调控,要充分发挥房地产在宏观经济触底阶段的拉动经济增长的作用,但是,也不能因为在此市场背景下商品住宅市场价格过快上涨而导致城镇化的门槛再度提高。中央强调要坚持房地产调控政策不动摇,促进房价合理回归,促进房地产市场健康发展。在这种房地产行业大背景下,万科集团踏上了商业地产扩张之路。

万科百亿元在京布局商业地产

据《证券日报》报道,"万科集团、北京万科公司第一次做面积如此之大的商业购物中心。"在位于北京昌平的金隅·万科广场即将开业之际,万科集团(又简称万科)执行副总裁兼北京万科公司总经理毛大庆表示,"目前万科广场的招商工作已经完成 95% 以上,预计年净租金将在 8 000 万元至 1 亿元之间。"万科此举被业内解读为,其"试水"阶段已经结束了,在商业地产领域,万科将正式"下水游泳"。值得注意的是,万科颇为低调地踏上了商业地产扩张之路,其选址倾向于一线城市,仅北京一城,持有型商用物业的货值就达到了 100 亿元,而且其已确定了"轻资产、重运营"的商业地产与资本市场结合的经营模式。

对此,毛大庆也向记者直言,"万科现在的状态是'开着车换轮子',在不放弃现有销售额、销售规模的前提下,同时开展新的业务"。而这一"新的业务",用毛大庆的话则称之为,"准确地说,该叫作商用地产,同时,这些项目实际上是为了更好地服务住宅开发"。

报道称,万科不但在业内挖到了专业运营商业地产项目的精英人才,更是在两年前就组建了专业的运营团队,还有多位公司高管从不同维度抓商用地产这项业务。同时,其商用物业类型也确定为万科广场(区域型购物中心)、生活中心(集中的社区商业)和邻里家(社区商业街)三大产品线。

"除了缺少世界六大品牌的奢侈品之外,完全可以与市中心购物广场媲美。"毛大庆这样评价将于 2013 年 11 月 27 日正式开业的万科集团首个大型商用物业——金隅·万科广场项目。

"我认为商业领域与资本市场进行结合才是真正的专业化商业地产的操作模式。"毛大庆称,商业地产有两种套路,卖了再管或卖了不管。据记者了解,凯德商用的运营方式是很典型的卖了再管,只持有一部分股份,而将大部分股份出售,但是要从管理里面要效益、收费用、实现盈利,把这类商业项目的重资产经营转化为轻资产经营。

毛大庆坦言,在经营模式上,"我们要学习凯德商用,但也要坚持自己管理特色"。他透露,以万科目前的情况来看,预计一个商业项目进入中后期后,万科将以股权或者债权等多种方式"资本化"这个项目,"我现在的目标是能够达到开一个商业项目就可以'资本化'一个,然后以收取管理费等方式来自己运营"。

目前,在商业地产领域,万达集团可谓一枝独秀,旗下"万达广场"品牌遍布全国各大中城市。据万达集团官网,"万达广场"是中国商业地产第一品牌。城市综合体是万达集团在世界独创的商业地产模式,内容包括大型商业中心、城市步行街、五星级酒店、写字楼、公寓等,集购物、餐饮、文化、娱乐等多种功能于一体,形成独立的大型商圈,万达广场就是城市中心。

万达广场是企业效益和社会效益的和谐统一,其产生了四大社会效益:①提升城市商业档次;②新增大量就业岗位;③创造持续巨额税收;④丰富群众消费需求。

万达集团是全球商业地产行业的龙头企业,截至 2013 年 11 月 1 日已在全国开业 82 座万达广场,持有物业面积规模全球第二,计划到 2014 年开业 110 座万达广场,持有物业面积 2 300 万平方米,成为全球规模第一的不动产企业。万达集团拥有全国唯一的商业规划研究院、全国性的商业地产建设团队、全国性的商业管理公司,形成商业地产的完整产业链和企业的核心竞争优势。

万科借徽商银行布局地产金融

万科入股徽商银行被外界解读为谋求房地产金融化布局。有知情人士透露,万科布局金融的最终目的是盘活手上的以商铺为主的商业地产。

据《经济参考报》报道,万科前不久发布公告称,预计公司旗下子公司认购徽商银行 H 股股份数不超过 88 398.6 万股,金额达 4.19 亿美元,交易完成后万科将持有徽商银行近 8% 的股权,成为最大单一大股东。对于首次大手笔投资房地产以外的领域,且首次大规模认购新股,万科董秘谭华杰公开表示,"认购徽商银行的投资规模不大,但可望发挥协同效应,帮助公司率先向客户提供国内领先的社区金融服务,提升公司在全面居住服务方面的竞争力"。

"目前,房地产行业投资依然是带动我国经济增长的重要力量,因此,大多数银行的房地产贷款占比都不低,万科介入后,其合作的上千家企业都有可能给徽商银行带来融资或其他方面的业务,徽商银行能够在地产供应链中寻找业务扩张的机会。"一位银行业分析人士说。

一位接近万科的知情人士透露,在金融布局方面,万科打算借鉴香港房地产市场的做法,未来试图撬开房地产信托投资基金这一渠道,推动房地产资产证券化,以盘活名下以商铺为主的商业地产等固定资产。"卖房子只是一锤子买卖,如何将手里买房的客户资源、供应商资源等充分利用,升华品牌和再次掘金,也许是眼下房企巨头正在思考和实践的事情。"该人士分析称。

早在 2005 年 11 月,香港房屋委员会分拆出售名下 180 个商场和停车场成立了领汇房地产投资信托基金,在香港联交所主板上市,以 19 亿港元基金单位,筹资 200 亿港元之巨。

"万科的地产项目非常多,而其中商业储备用地就高达 700 万平方米。并且,这些商业商铺大多是万科自己持有。然而,万科非常清楚地认识到,单一房地产业态发展的黄金期即将过去,如果这些资产最终打包上市,可以形成相当可观的利润,而这些也属于房地产的优质资产。"上述知情人士表示。

(资料来源:中国经营网,2013-11-25,此处引用略有改动。)

问题:根据上述案例,试分析万科集团是如何应对房地产行业形势的。

学习情境 2. 房地产开发与经营决策分析

学习目标

学习目标

1. 了解房地产开发与经营决策类型。
2. 掌握房地产开发与经营决策方法。
3. 熟悉房地产开发与经营决策程序。
4. 掌握房地产开发与经营风险类别。

技能要求

1. 具有知识信息的收集和处理能力。
2. 提高房地产开发与经营的决策能力。
3. 能够进行房地产开发与经营风险分析。

任务 1 房地产项目投资决策方法

一、房地产开发与经营决策类型

根据房地产投资决策的不同目标和不同性质,可以分为以下几种类型:一是按决策目标数量划分,可以分为单目标决策和多目标决策;二是按照决策掌握的情报资料、信息的性质不同划分,可以分为确定型决策和风险型决策、不确定型决策;三是按照决策使用的分析方法划分,可以分为定性分析决策和定量分析决策。下面重点介绍一下定性分析决策和定量分析决策。

(一)定性分析决策

在房地产开发经营决策过程中,由于房地产开发中有些因素难以定量描述,而且遇到的问题、环境等比较复杂,因此会经常用到定性方法对其进行决策分析。定性分析决策的方法通常也称为经验法,这一方法是建立在人的直观、灵感和经验,以及形象思维和创新能力的基础上的,被普遍应用于房地产一般决策中。有经验的房地产开发商常常采用定性分析决策的方法,因为他们有丰富的实战经验和准确的直觉。但对于一般人来说,经验法缺乏严谨的分析,对开发项目只能做一些直观而且表面的描述,所以对于这种情况,应该采用定量分析决策的方法帮助其进行决策。

(二)定量分析决策

定量分析决策的方法常用于数量化决策,应用数学模型和公式来解决一些决策问题,即运用数学工具、建立反映各种因素及其关系的数学模型,并通过对这种数学模型的计算、求解,选择出最佳的决策方案。对决策问题进行定量分析,可以提高常规决策的时效性和决策的准确性。运用定量分析决策方法进行决策也是决策方法科学化的重要标志。在决策分析中常用的定量分析决策主要有三种:确定型决策、风险型决策、不确定型决策。

房地产投资决策分析离不开大量数据计算,许多技术经济指标唯有依赖定量分析才能求得,这些指标往往是进行投资决策的基础,因此,房地产投资决策必须坚持以定量分析为主的原则。然而定量分析有赖于定性分析,只有建立在科学的定性分析基础上的定量分析才是最可靠的。房地产投资问题的复杂性,决定了投资决策所面临的许多因素(如政治因素、法律因素等)都是无法进行定量描述的,因而房地产投资决策必须坚持定量分析与定性分析相结合的原则。

二、房地产开发与经营决策方法

(一) 确定型决策方法

确定型问题是指决策过程的结果完全由决策者所采取的行动决定的一类问题。这类问题可采用最优化、动态规划等方法解决。确定型决策是在确切了解的情况下做出的决策,应该具备以下四个条件。

(1) 存在着决策人希望达到的一个明确目标。

(2) 只存在一个确定的自然状态。

(3) 存在着可供选择的两个或两个以上的行动方案。

(4) 不同的行动方案在确定状态下的损失值或利益值可以计算出来。

举一个简单的例子:某房地产企业可向三家银行借贷,但利率不同,三家银行的利率分别为8%、7.5%和8.5%,该企业需决定向哪家银行借款。很明显,该企业向利率最低的银行借款为最佳方案,这就是确定型决策。确定型决策方法有很多,比如:盈亏平衡点法、线性规划法、效益费用分析法,这里重点介绍一下盈亏平衡点法。

盈亏平衡点(break even point,简称 BEP)又称保本点、盈亏临界点,通常是指全部销售收入等于全部成本时(销售收入线与总成本线的交点)的产量。以盈亏平衡点为界限,当销售收入高于盈亏平衡点时企业盈利,反之,企业就亏损。盈亏平衡点可以用销售量来表示,即盈亏平衡点的销售量;也可以用销售额来表示,即盈亏平衡点的销售额。

假设在一定范围内,投资项目正常生产年份的固定成本不变,变动成本总额与销售量成正比变化,产品的销售价格不变,则销售价格、销售收入、销售量以及成本之间满足下面两个等式:

$$C = F + C_v \times Q \qquad\qquad (式 2\text{-}1)$$
$$S = P \times Q \qquad\qquad (式 2\text{-}2)$$

式中:C——总成本;

F——固定成本总额;

C_v——单件变动成本;

S——总销售收入;

P——产品销售价格;

Q——销售量。

1. 图解法

以销售量 Q 为横坐标,总销售收入 S 或总成本 C 为纵坐标,如图 2-1 所示。由图 2-1 可见,总成本线 $C(Q)$ 与总销售收入线 $S(Q)$ 交于盈亏平衡点 BEP,此时收入和支出平衡,所对应的销售量为 Q_0,所对应的总销售收入为 $S(Q_0)$ 或总成本为 $C(Q_0)$。销售量高于 Q_0 时,总销售收入大于总成本,为盈利区;反之,总销售收入小于总成本,为亏损区。

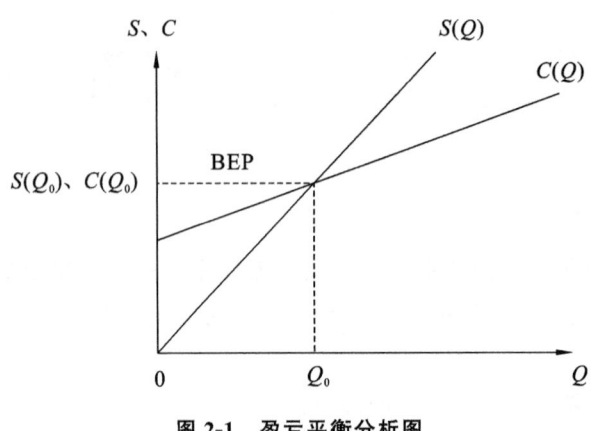

图 2-1　盈亏平衡分析图

2. 代数解析法

（1）以实际销售量表示的盈亏平衡点：

$$Q=F/(P-C_v) \tag{式 2-3}$$

（2）以销售收入表示的盈亏平衡点：

$$S=P\times F/(P-C_v) \tag{式 2-4}$$

（3）以产品单价表示的盈亏平衡点：

$$P=V+F/Q \tag{式 2-5}$$

例题 2-1　山东某房地产企业年固定成本为 5 000 000 元，其正在开发的黄龙小区单位产品可变成本为 3 700 元/平方米，单位产品价格为 6 000 元/平方米，全部计划建设房地产产量（建筑面积）为 3 000 平方米，请计算该房地产企业达到盈亏平衡时的年产量。所开发的黄龙小区是否有利可图？

解　盈亏平衡点＝5 000 000/(6 000−3 700)≈2 173.913　平方米

所开发的黄龙小区计划建设的房地产产量是 3 000 平方米，大于盈亏平衡点的产量，所以是盈利的。

（二）风险型决策方法

风险型问题是指决策者具有期望达到的明确标准，存在两个以上的可供选择方案和决策者无法控制的两种以上的自然状态，并且在不同自然状态下不同方案的损益值可以计算出来，对于未来导致何种自然状态，决策者虽然不能做出确定的回答，但能大致估计出其发生的概率值。对这类问题，常用最大概率法、期望值法和决策树法求解。

1. 最大概率法

最大概率法的基本思想是将风险型决策转化为确定型决策。根据概率论的知识，一个事件概率越大，发生的可能性就越大。因此，在风险决策中选择一个概率最大的自然状态进行决策，其他自然状态可以不管，它就变成了确定型决策问题。比如某房地产开发公司拟就项目开发规模进行决策，根据咨询部门所提供的资料及房地产市场走势预测，得出住宅商品房市场销售好、中、差三种情况概率，如果市场销售中间状态的概率最大，就将这个概率定为"已知的自然状态"来决策，以确定其开发规模。

最大概率法适用于在一组自然状态中某一状态出现的概率比其他状态出现的概率都大,而它们相应的损益值差别不是很大的决策问题。如果在一组自然状态中,所发生的概率差别都很小,就不宜采用此法。

2. 期望值法

期望值法是一种最常用的方法,主要用于风险型决策,这种方法需要预先估算一个方案可能出现的各种结果的收益与损耗值(也简称为损益值),以及各种情况可能发生的概率,各种结果的损益值和相应概率乘积的求和即为此方案的期望值(E),同理计算出每个方案的期望值再进行比较,做出选择。通常选择期望值最大者作为最优方案。

$$E = \sum F_{ij} \times P_i(\theta) \qquad (式\ 2\text{-}6)$$

式中:$P_i(\theta)$——第 i 种自然状态出现的概率;

F_{ij}——第 j 种行动方案在第 i 种自然状态下的损益值。

例题 2-2 某房地产企业编制出开发建设居住小区的两个方案。方案 A_1 为大面积开发,方案 A_2 为小面积开发。两种方案的建设经营期限为 6 年。其中,大面积开发需要投资 5 000 万元,小面积开发需要投资 3 000 万元。根据市场预测,市场商品住宅需求量的概率及两个方案年损益值如表 2-1 所示,试问选用哪个方案收益最大?

表 2-1 概率及年损益值、期望值　　　　　　　　　　　　　　(单位:万元)

自然状态 损益值(行动方案)	需求量高 ($P_1 = 0.70$)	需求量低 ($P_2 = 0.30$)	期望值 $E(A)$
损益值(大面积开发)	2 000	−400	2 680
损益值(小面积开发)	900	600	1 860

解 由于 $E(A_1) > E(A_2)$,故选择大面积开发方案为收益最大方案。

3. 决策树法

决策树法是一种运用概率与图 2-2 中的"树"对决策中的不同方案进行比较,从而获得最优方案的风险型决策方法。决策树法是常用的风险分析决策方法。该方法是一种用树形图来描述各方案在未来收益的计算比较以及选择的方法,其决策是以期望值为标准的。人们对未来可能会遇到好几种不同的情况,每种情况均有出现的可能并且人们现在无法确知,但是可以根据以前的资料来推断各种自然状态出现的概率,在这样的条件下,人们计算的各种方案在未来的经济效果只能是考虑到各种自然状态出现的概率的期望值,这值与未来的实际收益不会完全相等。

决策树的绘制步骤:

(1)先画一个方框作为出发点,又称决策节点;

(2)从出发点向右引出若干条直线,这些直线叫作方案枝;

(3)在每个方案枝的末端画一个圆圈,这个圆圈称为概率分叉点,或自然状态点、方案节点;

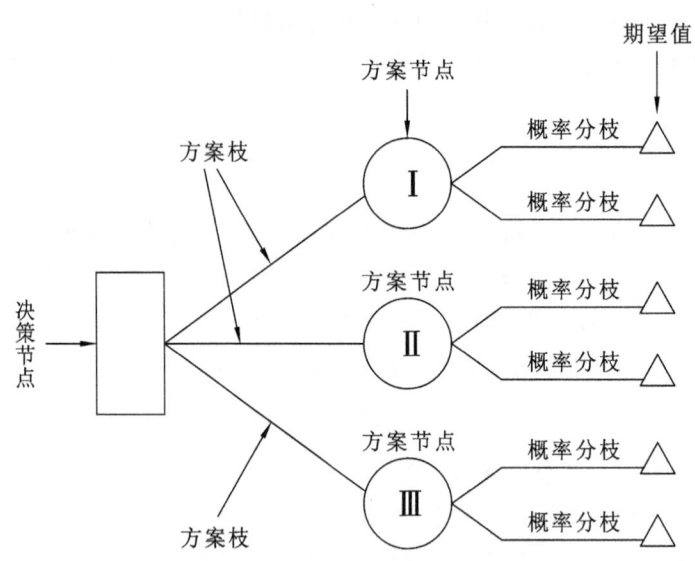

图 2-2　决策树的一般模型

（4）从自然状态点引出代表各自然状态的分枝，称为概率分枝；

（5）如果问题只需要一级决策，则概率分枝末端画三角形，表示终点。

例题 2-3　假设有一项房地产施工工程，施工管理人员需要决定下月是否开工。如果开工后天气好，则可为国家创收 4 万元；若开工后天气坏，将给国家造成损失 1 万元；不开工则损失 1 000 元。根据过去的统计资料，下月天气好的概率是 0.3，天气坏的概率是 0.7。请利用决策树法进行分析并做出决策。

解　第一步：绘制决策树，如图 2-3 所示。

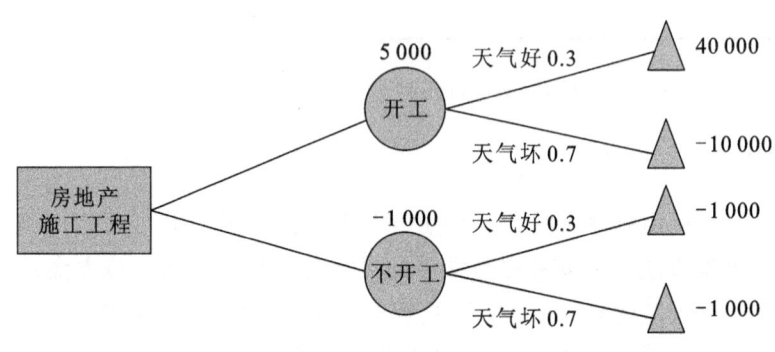

图 2-3　决策树

第二步：计算期望值。

一般按反向的时间程序逐步计算，将各方案的几种可能结果的数值和它们各自的概率相乘，并汇总所得之和，其和就是该方案的期望值。

$$开工的期望值 = 0.3 \times 40\ 000 + 0.7 \times (-10\ 000) = 5\ 000\ 元$$

$$不开工的期望值 = -1\ 000\ 元$$

第三步：确定决策方案。

在比较方案的时候考虑的是收益,则取最大期望值;若考虑的是损失,则取最小期望值。根据计算出的期望值分析,本题采取开工方案较好。

(三)不确定型决策方法

不确定型决策方法是指决策人无法确定未来各种自然状态发生的概率的决策,即决策者对未来事件不仅无法估计在各种特定情况下的确定结果,也无法确定各种情况下发生某种结果的概率。由于决策条件不确定,这类决策缺乏选择最佳策略的标准,决策者只能凭其主观判断和经验来做决策。不确定型决策的方法包括大中取大法、小中取大法、等可能性法及最小最大后悔值法。

1. 大中取大法

大中取大法是按乐观、冒险原则评选投资方案的一种简单方法。当决策者对未来决策事件的发展状况持比较乐观的看法,又要考虑到不利因素发生的影响时可采用这一方法。它的特点是与小中取大的悲观标准相反,决策时,决策者不放弃任何一个获得最好结果的机会,争取好中最好。具体做法是:对盈利的方案而言,先确定各备选方案的最大可能盈利值,然后从中选择一个能获得最大盈利的方案。

例题 2-4 某房地产开发企业拟在外地投资兴建一住宅小区,三年建完。由于缺乏资料,企业对该地市场住宅商品房需求量只能估计为较高、一般、较低等三种情况,而对每种情况出现的概率又无法预测。企业提出了本地集资建设、独资建设、与当地有关部门集资建设(又称外地集资建设)、与外商合资建设四个方案,并计算出每个方案在三年内的损益值(见表 2-2)。试据此进行方案决策。

表 2-2　各方案的损益值　　　　　　　　　　　　　　(单位:万元)

自然状态 (需求量) ＼ 方案	本 地 集 资	独　　资	外 地 集 资	与外商合资
较高	600	800	350	300
一般	400	350	220	250
较低	−150	−300	50	90

解　从表 2-2 中可以看出各方案的最大损益值分别为 800 万元、600 万元、350 万元、300 万元。利用大中取大法的原理,决策者从最理想的状态出发选择收益 800 万元的方案作为最终方案,即独资建设方案。

2. 小中取大法

小中取大法也叫悲观法,采用这种方法的管理者对未来持悲观的看法,认为未来会出现最差的自然状态,因此不论采取哪种方案,都只能获取该方案的最小收益。最小风险法是从诸方案中找出不同自然状态下的最小收益,再从这些最小收益中选择一个收益最大的方案作为最优方案,然后予以采纳和实施。

以例题 2-4 所示资料为例,试按悲观原则进行方案决策。

解 由表 2-2 可知,该项目的最小收益分别为:-300 万元、-150 万元、50 万元和 90 万元,决策者从最不乐观的状态出发选择其中收益最大的 90 万元即与外商合资建设的方案为最优方案。

3. 等可能性法

等可能性法也称拉普拉斯决策准则,采用这种方法,是假定任何一种自然状态发生的可能性是相同的,通过比较每个方案的损益平均值来进行方案的选择:在利润最大化目标下,选取平均利润最大的方案;在成本最小化目标下,选择平均成本最小的方案。如果有 n 个自然状态,则每个自然状态出现的频率为 $1/n$,然后按照风险型决策的损益最大期望值进行决策。

以例题 2-4 所示资料为例,试按等可能性法进行方案决策。

解 设各状态的发生概率为 $1/n$,则各方案的期望值分别为:

本地集资的期望值＝$(600+400-150)\times 1/3\approx 283.3$ 万元

独资的期望值＝$(800+350-300)\times 1/3\approx 283.3$ 万元

外地集资的期望值＝$(350+220+50)\times 1/3\approx 206.7$ 万元

与外商合资的期望值＝$(300+250+90)\times 1/3\approx 213.3$ 万元

经比较,决策者应选择本地集资建设方案或独资建设方案。

4. 最小最大后悔值法

最小最大后悔值法也称萨凡奇决策准则,是指管理者在选择了某方案后,如果将来发生的自然状态表明其他方案的收益更大,那么他会为自己的选择而后悔,最小最大后悔值法就是使后悔值最小的方法。所谓后悔值是指当某种自然状态出现时,决策者由于从若干方案中选优时没有采取能获得最大收益的方案,而采取了其他方案,以致在收益上产生的某种损失。

采用最大最小后悔值法做决策的步骤:

(1) 计算每个方案在各种情况下的后悔值(后悔值＝该自然状态下的最优收益－该自然状态下该方案的收益);

(2) 找出各方案的最大后悔值;

(3) 选择最大后悔值中的最小方案作为最优方案。

以例题 2-4 所示资料为例,试按最小最大后悔值法进行方案决策。

解 计算不同自然状态下的后悔值(见表 2-3)。

表 2-3　不同自然状态下的后悔值　　　　　　　　　　　（单位:万元）

自然状态	后悔值			
	本地集资	独　　资	外地集资	与外商合资
需求量较高	200	0	450	500
需求量一般	0	50	180	150
需求量较低	240	390	40	0
每种方案的最大后悔值	240	390	450	500

从表 2-3 中可看出,四个方案的最大后悔值分别是 240 万元、390 万元、450 万元、500 万元。由此可知,本地集资方案的最大后悔值为最小,该方案为最优方案。

任务 2 房地产项目投资决策管理

一、房地产开发与经营决策的程序

决策过程就是寻找最优方案的过程。一般而言,房地产投资决策是指对拟建房地产投资项目的必要性和可行性进行技术经济分析,对可以达到目标的不同方案进行比较和评价,并做出判断从而选择某一方案的过程。房地产开发与经营决策是房地产企业所有决策中最为关键、最为重要的决策,正如人们常说的:投资决策失误是企业最大的失误。一个重要的投资决策失误往往会使一个企业陷入困境,甚至破产。房地产企业开发风险分析与投资决策过程如图 2-4 所示。

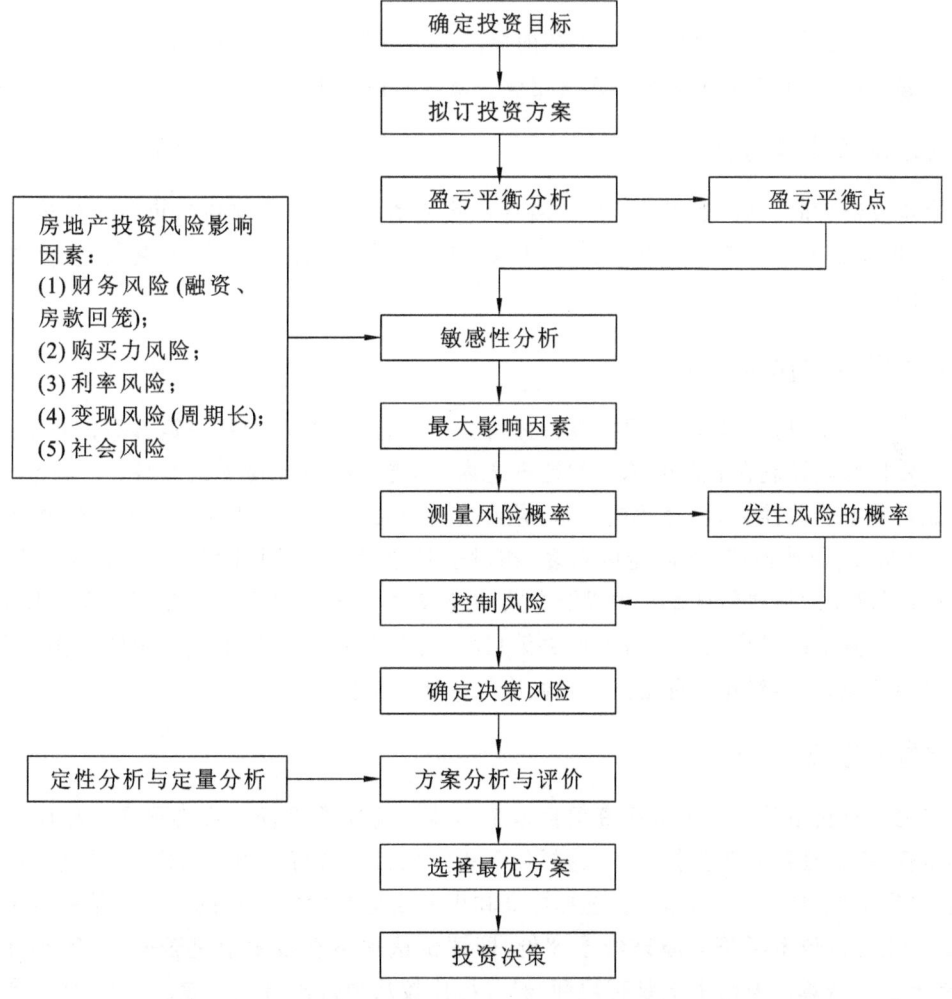

图 2-4 房地产企业开发风险分析与投资决策过程

（一）确定投资目标

确定企业投资目标是投资决策的前提。目标选择错了，就会一错再错，造成整个决策的失误。正确确定投资目标必须要做到以下几点。

1. 有正确的指导思想

在指导思想上要明确为什么投资，以及最需要投资的环节、自身的条件与资源状况、市场环境的状况等。

2. 有全局观念

要把眼前利益与长远利益结合起来，避免"短期与近视"可能带来的影响到企业全局和长远发展的不利情况。房地产投资一般以盈利的多少作为投资的主要目标。

3. 有科学的态度

科学的投资决策是保证投资有效性的前提。确定投资目标时要实事求是，要注重对数据资料的分析和运用，不能单靠主观想法来决定事关重大的投资决策方案。

（二）制订投资决策方案

在决定投资方向之后，就要着手制订具体的投资方案，并对方案进行可行性论证。一般情况下，可行性决策方案要求有两个以上，因为这样可以对不同的方案进行比较分析，对方案的选择是有利的。

（三）分析与评价投资方案

这一步主要是对投资风险与回报进行评价分析，由此来断定投资决策方案的可靠性程度。企业一定要把风险控制在它能够承受的范围之内，不能有投机或侥幸的心理，一旦企业所面临的风险超过其承受的能力，将会铸成大错，导致企业的灭亡。对于房地产项目来说，由于投资量大、建设周期长、牵涉面广、不确定因素多，相对于其他投资项目风险要大，所以进行投资决策时，投资者不仅要测量或估计每一种投资方案的经济效益，还要测量其可能承担的风险，确定每一种方案在收益上的可靠性。然后根据决策目标，详尽分析每一种备选方案的经济效益、环境效益和社会效益，最后对每一种备选方案做出综合性评价。

（四）投资方案选择

狭义的投资决策就是指决定投资项目这个环节。选择的投资项目必须是由相应一级的人来承担责任，把责任落实到具体的人，这样便于投资项目的进行。想要正确、有效地进行方案的选择，就必须掌握方案的选择标准。选择标准和决策目标是紧密相连的。判断某一方案是否可行，总的原则是按技术经济学原理给予评价，即评价该项目在技术上是否先进、生产上是否可行、经济上是否合算以及财务上是否盈利，经分析比较从中选出最优方案。通常，要求实现决策目标的方案得到的利益尽可能大，而且付出的代价尽可能小，即以最小的投入得到最大的产出。

同时,要使实现决策目标的把握性尽可能大,且风险尽可能小。然而,在实际情况中,所有方案的最优都是相对而言的,要求十全十美的方案几乎是办不到的,往往是难求最优,只求满意。

(五)反馈调整决策方案和投资后的评价

投资方案确定之后,还必须根据环境和需要的不断变化,对原先的决策进行适时调整,从而使投资决策更科学合理。在实施的过程中,必然会碰到新问题,引发新矛盾,会出现实际发生的情况与决策目标偏离的现象,这就要求决策者必须重视信息反馈,及时总结经验教训,依据客观情况对所执行方案进行必要的调整和完善,以保证决策目标的最终实现。

二、房地产开发与经营的风险分析

对房地产项目开发与经营行为来说,机会产生于环境之中,机会与风险同生。风险一般指自然界或社会所发生的灾害或意外事故,其显著的特点是不确定性。房地产开发与经营风险是指房地产企业在开发与经营过程中所发生的对未来结果的不确定性。外部环境的复杂多变性与房地产企业自身的特点决定了房地产开发与经营的过程中存在着潜在的风险,只有充分了解和识别风险,并对之进行管理,才能在最小风险下获得最大收益,或是在一定收益下使风险最小甚至回避风险,从而在竞争中得以生存与发展。

(一)房地产开发与经营的风险类别

房地产开发与经营的风险分析可以从四个阶段,即投资决策阶段、土地获取阶段、项目建设阶段和经营管理阶段来进行。因为就房地产开发商而言,开发过程的各个阶段其风险表现是不同的,风险伴随各个阶段的主要任务而产生。

1. 第一个阶段:投资决策阶段的风险

房地产投资决策阶段是房地产整个项目开发过程中最重要的阶段,关系到整个投资项目的成败,这个阶段的主要风险有以下几种。

1)开发区域风险

在房地产开发经营中,开发区域风险可能来源于开发区域的政治环境风险、政策环境风险、社会环境风险和经济社会风险。下面重点讲述政策环境风险和经济社会风险对于开发区域风险的影响。

第一,政策环境风险。政策环境风险是指由于政策的潜在变化可能给房地产开发经营者带来的各种形式的经济损失。

(1)产业政策。国家产业政策的变化不仅影响房地产市场需求结构的变化,而且决定了房地产业的兴衰。产业政策对房地产业的影响巨大,一方面国家通过产业政策来鼓励某些产业的发展,如果房地产业是支持的对象,则它在国民经济中的地位会得到提高,国家会增加这方面的资金投入,从而给房地产业的投资经营者带来更多的收益,反之,会给房地产业的投资经营者带来损失;另一方面国家对不同的房地产支持力度的变化,会改变房地产市场的需求结构,给房地产业不同领域的投资者带来不同的影响。研究国家和地区的产业发展政策对房地产的投资决策有重要意义。

（2）土地政策。土地是房地产开发的基础，土地管理政策的变化必然对房地产业产生影响，土地政策风险来源于土地产权制度的变更和不确定、土地的取得方式、土地的调控制度，以及土地政策的执行力度。为了避免遭受风险损失，房地产投资经营者应该关注土地政策的变化趋势。

（3）住房政策。住房作为人们生活的基本必需品，是政府为保持社会稳定需关注的一个方面，国家不同的住房政策使房地产开发商面临不同的风险。

（4）金融政策。国家金融政策的调整可使房地产商品的开发者和经营者赚取额外利润或遭受额外损失。当政府认为房地产投资过热、采用紧缩信贷的政策时，会导致在建的项目由于资金短缺而停工，以及拟建的项目因为筹集不到足够的资金而推迟，这会给房地产的投资经营者带来很大的损失。如果政府为了刺激房地产市场的繁荣而降息，则会给房地产商带来额外的利润。

（5）城市规划。城市规划的变动对已经建成的、正在建设中的以及将要建设的房地产商品的价值都会产生影响，城市规划的变动会使开发商和经营者面临风险。城市规划对房地产的影响主要通过规划指标、规划用途、容积率、建筑覆盖率、建筑限高、道路交通的变化以及行政隶属的变更引起。

（6）环保政策。近年来，人们环保意识逐渐加强，新的环保政策陆续出台，旧的环保政策不断完善，这些都对房地产的开发投资产生了巨大影响。

（7）法律风险。法律风险是指房地产商品投资经营者在房地产市场中进行各种活动时，因为法律纠纷，导致延误时间、增加成本或直接造成经济损失而产生的风险。产生法律风险的主要原因是房地产交易双方在签订各种合同时，可能未就各方面的义务和责任做出详细规定，或在执行合同的过程中因为理解的偏差而造成纠纷。同时，我国现行的有关房地产方面的法律法规还不健全、不稳定，这也是导致法律风险的一个重要原因。

第二，经济环境风险。经济环境风险主要是指在房地产开发与经营的过程中，由于各种无法预料的经济形势变动或市场需求波动的影响，使房地产企业的实际收益与预测收益发生背离，有蒙受经济损失的可能。

（1）经济形势。区域经济形势是影响房地产开发风险的决定性因素。经济发展势头好，则房地产市场繁荣；经济发展停滞，则房地产市场萧条。

（2）市场供求。供求风险是整个房地产市场中最重要、最直接的风险之一。房地产市场的供求主要受土地的供给状况、工程技术水平、房地产政策、信贷政策等因素的影响。由于房地产商品消费的区域性特点，其价格受供求影响的幅度更大，因此房地产经营者承担的市场供求风险远比一般的市场供求风险要大。对房地产市场供求关系做出客观、准确的判断，并科学地进行预测，把握房地产供求关系的规律，才能减少市场供求的风险。

（3）通货膨胀。正常的经济环境都存在通货膨胀，只不过每年的膨胀幅度不同而已。如果膨胀率下降，则会抑制对房地产商品的需求，从而导致房地产价格下跌，给房地产开发经营者带来损失；如果膨胀率增加，则会刺激对房地产的需求，这对房地产开发经营者是有利的。但当膨胀幅度过大时,会使建筑材料价格上涨,开发费用和管理费增大,当房地产价格增长幅度低于通货膨胀增长幅度时,房地产开发的风险加大。

2)开发项目类型与风险

房地产开发存在着风险,但并非任何类型开发项目的风险都是相同的。各类开发项目具有不同的功能、用途及技术经济特性,因而具有不同的风险。因此,有必要在开发前做好市场调查及可行性分析,从而确定最佳的开发类型。

3)开发时机与风险

由于经济发展的周期性,房地产产品的供求关系随时间而变化,而房地产的不可移动性和地区性,使一个地区空余的房地产并不能弥补另一个地区的空缺,这导致房地产开发收益随开发时机不同而不同。

房地产开发周期长,开发过程少则一两年,多则四五年,因此房地产商品投资经营者需对未来几年政治形势的变化、经济发展趋势、收入水平升降以及大众消费心理的变化等风险因素进行预测,以确定合理的开发时机。一般而言,经济发展趋势是影响开发时机的主要因素,在经济发展的成长期,各类房地产需求旺盛,市场处在不断的上升趋势,此时推出的房地产可望获得较好的收益。当经济不景气时,失业增加,收入下降,房地产市场供过于求,房价下跌,房产销售、物业出租所需时间越来越长,甚至租售不出去,导致巨额资金占用和成本上升,预期的收益变成了实际上的亏损。

2. 第二个阶段:土地获取阶段的风险

1)土地风险

土地风险主要来自土地自然属性、社会属性,以及规划部门对土地实用性质和规划设计指标认可的不确定性。

对开发商而言,土地的自然属性主要来源于地块的工程地质条件、水文地质条件及地下埋藏物的不确定性。土地的社会属性是指地块的区位条件及配置设施状况等。房地产的不可移动性决定了其区位条件的重要性。配置设施状况不仅影响项目投资额的多少,而且制约着项目建成以后能否正常启用,故开发商应格外关注。规划部门对土地实用性质和规划设计指标认可的不确定性来源于城市规划设计的滞后性和规划管理的透明性。

2)规划拆迁风险

征地拆地涉及许多法律和社会问题。一方面,我国现行拆迁安置法规规定太笼统,各地情况千差万别,法律可操作性比较差;另一方面,地块上原房地产所有者基于社会、心理、经济的原因,可能不愿意出售或搬出原有房屋,借机提出大大高于原房地产实际价值的赔偿要求或极其苛刻的回迁安置条件,这些都有可能增加拆迁过程中的成本投入风险和时间风险。

3)筹资风险

房地产开发所需巨额资金的筹集和融通是开发商最为关切和颇费心机的问题。筹资手段合理,可以减少筹资成本,降低筹资风险。而筹资措施不当,轻则造成筹资成本大幅度上升,开发建设资金拮据,流动资金周转困难,开发项目干干停停、难以为继,项目质量、工期均无法保证;重则导致巨额亏损,开发项目失败,企业面临破产。此外,财务风险也可能给企业带来不可预知的意外,比如由于银行的原因致使贷款无法及时到位,房地产开发项目无法及时进行,造成重大损失。

3. 第三个阶段:项目建设阶段的风险

1)招投标风险

工程招投标风险是指由于受到投标方式、投标条件和投标过程中一系列因素的影响,导致工程成本增加,给开发者带来损失。常用的招投标模式有三种,即公开招标、邀请招标和协议招标。不论采用哪种招投标模式都有利与弊,都存在着风险。

2)合同风险

在房地产开发中,需要订立各种合同,如果合同条款制订得不完善、考虑得不周到,合同管理不善及合同执行不严,造成合同纠纷的概率就很大,一旦处理不好,就有可能影响到项目的质量、工期和成本。

3)自然风险

自然风险是指由于自然因素的不确定性对房地产商品的开发造成的影响,主要包括:火灾、风暴、地震等不可抗力的风险。这些风险出现的机会很少,但是一旦出现,造成的损害是相当严重的。

4)工期拖延风险

房地产开发建设阶段每个环节的时间损失,都会使工期拖延。而工期延长,一方面,房地产市场状况可能会发生比较大的变化,错过最佳租售时机;另一方面,工期延长会增加投入资金的利息支出,增加管理费。此外,当开发施工采用成本加百分比酬金合同时,施工工期的延长还会增加开发总成本。

5)项目质量风险

良好的投资效果要通过优良的房地产质量来实现。地段只是诱人的手段,而房地产质量才是留人的法宝。设计理念落后、规划设计深度不够、承包商技术水平落后、施工方案选择不当、项目管理者不负责任等都是影响质量的不良因素。

6)工程索赔风险

工程索赔是指承包商在由于业主的原因或发生承包商和业主不可控制的因素而遭受损失时,向业主提出的补偿要求。工程索赔风险增加了开发商的成本风险,即工程索赔是引发成本风险的因素之一。

4. 第四个阶段:经营管理阶段的风险

1)销售时机风险

房地产销售时机一般有三种情况:预售、即时出售和滞后销售。采用预售可以提前回收房款,同时减少项目贷款额,节省利息,降低开发成本,但是,一旦房价上升,开发商也失去了房价上升可能增加的收益。由于房地产市场行情的随机性,价格有高有低,所以即时销售时,有可能销售收益很大,也有可能很小,这完全取决于投资决策阶段房地产开发时机的选择。滞后销售有利的前提条件是房地产价格上升速度大于同期的银行贷款利率,开发商要冒着价格由升转跌,或价格停止上升,或上升速度低于银行利率,而徒增贷款利息的风险。

2）租赁合同风险

房地产租售交易的合同务必条文详尽、清楚,对交易双方的行为要有明确的规范,切勿模棱两可,因为房地产这种特殊商品的价值量巨大,一旦遇到被侵害或被骗取,造成的损失是巨大的。交易合同风险是一种概率较高的风险,并且一旦出现后,风险结果也较大。

（二）房地产开发经营风险管理

房地产开发经营风险管理是一种要求比较高的管理。由于引起风险的原因是多方面的、复杂的,有时甚至是不可避免的,因此,在风险管理中主要采取以下一些方式和方法。

1. 房地产开发经营回避风险

房地产开发经营回避风险要求企业在经营决策时,尽可能回避有风险或风险大的业务,选择无风险和风险小的业务,达到回避经营管理风险的目的。

2. 房地产开发经营转移风险

房地产开发经营转移风险是指将经营可能发生的或者已经发生的风险全部地或部分地转移出去。一般来说,房地产开发经营转移风险采取的主要方法是将可能发生风险的经营项目转移出去,或者将有经营风险的项目与其他单位合作或合资经营,从而达到分散风险或减少风险的目的。转移风险仍要付出一定的代价,这些代价有的是直接的,有的是间接的。

3. 房地产开发经营减轻损失

经营风险一旦发生,企业就要千方百计采取各种有效的措施,力求减少风险带来的损失。在减轻损失时,通常主要采取以下一些方法:精确预测经营项目的费用与收益比率,减少经营过程中的不必要的支出;缩短经营周期或缩小经营规模;通过签订合同等方式,将那些对利润敏感的变量(如利息、开发建设费用、建设周期和房屋预租预售等)固定下来,从而达到减少或缩小风险的目的。

4. 房地产开发经营实行保险

对经营项目实行保险,是经营者转移经营风险的一种比较好的方式。保险虽然也要支付费用即保险金,但是与风险一旦发生带来的损失相比要小得多。在发达的市场经济条件下,运用保险的方式转移或减少风险,是风险管理普遍采用的一种方法,也是现代企业回避风险或减少风险的主要方法。

复习思考题

一、简答题

1. 简述房地产项目投资决策的不确定型决策方法。

2. 房地产开发风险分析与投资决策过程是怎样的？

3. 房地产开发与经营过程中面临的风险有哪些？

4. 房地产开发与经营过程中面临的风险应如何应对？

二、计算应用题

1. 某公司承担一房地产开发建设任务，现因进入雨季，需要停工3个月。在停工期间如果搬走机械，需搬运费1 800元；如果将机械留在原处，一种方案是花费500元做防护措施，防止雨水浸泡机械，另一种方案是不做防护措施，则发生雨水浸泡时将损失10 000元，而下暴雨发生洪水时，则不管是否有防护措施，施工机械留在原处都将受到60 000元的损失。根据资料，该地区夏季高水位的发生率是25%，洪水的发生率是2%。请问：试用决策树法分析该公司施工队要不要搬走施工机械以及要不要做防护措施？

2. 某房地产企业年固定成本为3 500万元，其正在开发的项目单位产品价格为2 500元/平方米，单位可变成本为1 800元/平方米，全部计划建设房地产产量（建筑面积）为80 000平方米，变动成本总额、营业收入总额与销售量成正比关系（假设生产量等于销售量）。求该项目盈亏平衡点的销售量、营业收入和变动成本总额。

3. 假定你有2 000元钱可投资股市或是存于银行，银行年利率是10%，而股市收益取决于经济状况，若情况好，每年可赚500；若情况一般，每年可赚300元；情况不好时，则可能损失100元。问题：按照大中取大法、小中取大法、最小最大后悔值法的原则各选取哪种方案？

3

房地产开发与经营环境分析

学习目标

· ○ ○ ○ ○

学习目标

1. 了解房地产经营环境的特点。
2. 熟悉房地产环境分析原则。
3. 掌握房地产开发与经营环境分析方法。

技能要求

1. 具有知识信息的收集和处理能力。
2. 能够进行房地产项目开发与经营环境的调研分析。
3. 提高房地产开发与经营的分析判断能力。

任务 1 房地产开发与经营环境概述

一、房地产开发与经营环境的含义

对房地产开发与经营活动而言,环境就是指以房地产开发经营行为为中心,并作用于该行为的所有外界事物,是开发与经营活动赖以生存和发展的各种因素的总和。房地产开发与经营环境就是影响开发与经营活动整个过程的外部因素和条件的总和,主要是指影响房地产企业获取必要开发资源或确保开发经营活动顺利开展的因素。房地产开发与经营环境分析是指对影响房地产企业开发与经营活动的政治、经济、法律、技术、文化等各因素的分析。房地产开发与经营是在一定的环境下进行的,房地产开发与经营所处环境的优劣直接影响房地产企业效益的好坏。

二、房地产开发与经营环境的特点

从总体上讲,房地产开发与经营环境的基本特征表现在四个方面:关联性、动态性、差异性、层次性。以下将具体分析这四个方面。

(一)关联性

房地产开发与经营环境是由许多因素共同构成的系统,这个系统构成因素众多,各种因素不是孤立存在的,而是相互联系和相互影响的。政治因素与经济因素是对立的统一,经济因素不能脱离政治因素单独存在,政治因素也要通过经济因素来体现。自然条件是影响经济环境的一个重要因素,而经济的发展、生产力水平的提高,会使自然因素发生变化。良好的经济环境、完善的政治制度,都要受到社会文化背景的影响,而社会文化的发展反过来又受经济、政治、法律等因素的制约。可以说,环境中每一个因素对房地产开发经营项目的运行都有一定的影响,只是影响程度、影响范围不同,环境对项目的影响就是各个不同因素综合影响的结果。因此,决策者在分析房地产开发与经营环境时,不能简单孤立地看问题,而应从各种环境因素的内在联系上把握它们可能产生的交叉效应,并依此制订相应的策略。

(二)动态性

房地产开发与经营环境是一个动态的、可变的开放系统,它总是处于不停的运动之中。环境的这种可变性一方面表现为外部环境中某些因素本身的可变性,如政府的宏观政策、地域自然环境人工化进程的推进、城市基础设施的建设等,这些因素随着时间的推移总会不断地发生变化以适应人类的需求;另一方面表现为由于环境中各个因素并不是孤立的,而是相互联系、相互作用、相互协调的,而这种相互作用的结果使得其中的某些因素会发生变化,如行业的发展态势、居民的购买力等,这些因素不是一成不变的,它们会随着科学技术的进步,经济、政治形势的变化而发生变化。

(三)差异性

环境的差异性是指即使是两个经营范围相同的企业面对同一环境因素,对环境因素的影响也会有不同的体验和反应。环境的差异性决定了企业经营战略的多样性。

(四)层次性

房地产开发与经营所处环境是一个综合体,从分析的角度可将之分解为宏观环境、中观环境、微观环境三个层次,其下再根据其呈现出的以不同活动为中心的物质环境,可将之划分出与一定活动相联系的子环境,如居住环境、工业环境和商业环境等,或根据内容将之分为经济环境、政治环境、自然环境、人口环境等,这些划分充分体现出房地产开发与经营环境的层次性。房地产开发与经营子环境之间存在着复杂的有机联系,共同构成外部环境的整体。

三、房地产开发与经营环境分析的原则

房地产开发与经营环境分析的原则有以下四个。

(一)客观性原则

客观性原则要求分析人员的分析依据必须是真实的,是经过调查得到的客观存在。因此,分析人员要善于利用自己的经验和各界的统计资料、客观资料,当经验和资料相互矛盾时,也应坚持实事求是,不能主观臆断。

(二)全面性原则

全面性是指分析人员要对房地产开发与经营环境的方方面面做出分析,从政策层面、行业层面到微观层面,各个层次、众多因素都需要分析人员根据项目需求进行分析。在分析中要全方位考察多种因素,切忌以偏概全。

(三)比较性原则

房地产开发与经营环境是地域相对性较强的因素综合,体现着强烈的地域特点,其优劣程度往往要通过不同地域之间的相互比较才能体现出来。总体来说,比较范围越大、比较对象越多、比较程度越细,对房地产开发环境的分析就会越客观、越准确、越具体。在房地产开发与经营环境分析中要多角度比较,如前后比较、中外比较等,在比较中寻找和发现规律。

(四)预测性原则

房地产产品的形成需要一定的时间,在这段时间内原有的外部环境因素已经发生了变化,这可能对房地产开发与经营的目标产生极大的影响。如当前的就业情况、经济水平、人口估计和预期等信息,这些数据反映了当地经济、人口和就业的变化情况,是研究当地住宅、商用物业、写字楼空间需求所需要的基本信息。但是在分析过程中,使用这些估计和预测的同时,一则应

注意信息的更新;二则应注意可能情况的变化已经超出公布预测时所考虑的范围,因此在利用以上数据与结果时,应对其进行相应的调整,或在需要的情况下进行独立的预测。

当然,没有一种预测方法是完美的,有的甚至误差比较大,这种情况就要求决策者投入大量的精力和时间去了解各种已公布的预测数据,在综合分析的基础上形成自己的预测。通过准确、及时的预测,决策者才能辨认自己所面临的机会和威胁,建立项目的竞争优势。

任务 2 房地产开发与经营环境分析

房地产开发与经营环境复杂,涉及方方面面。房地产开发与经营环境可以从以下几个方面来分析,如表 3-1 所示。

表 3-1　房地产开发与经营环境

房地产开发与经营环境			
房地产开发与经营环境	经济发展环境	宏观经济发展形势	国际经济发展形势影响
			全国经济发展形势影响
			当地城市经济发展形势影响
			城市内某地段的经济发展态势影响
		资金市场发展形势	利率
			贷款条件
		市民的收入水平及其贫富差异程度	市民平均收入水平影响房屋价格
			贫富差异影响房屋档次结构
	政治环境	政府土地供应的数量和开发条件	
		政府收取税费的水平	
		政府对经济适用房的态度	
	法律环境	房地产直接法律	
		房地产间接法律	
	社会环境	人口数量	
		人口构成	
		人口受教育水平	
		城市历史传统	
	自然环境	地震带、地质较软的地带、地形起伏、地表水等	
	科学技术环境	社会科技水平、社会科技力量、国家科技体制、国家科技政策、科技立法等	

一、经济发展环境

在市场经济体制有效运行的条件下,经济发展环境是对房地产经营产生最重要影响的环境因素,它既决定了房地产开发项目的市场需求,同时也决定了房地产开发项目的有效供给,只有供需正常的经营环境,房地产企业才能取得良好的经营效益。经济发展环境主要包括宏观经济发展形势、资金市场发展形势、市民的收入水平及其贫富差异程度三个方面。

(一)宏观经济发展形势

宏观经济发展形势会对房地产项目开发产生直接或间接的影响。它标志着一个经济体系内所有市场的整体发展状况,决定了这个经济体系内各种企业业务的市场前景。做一个简单的分析,假如经济发展形势良好,各种企业基本上都会大力拓展现有业务或积极开发新业务,就会需要新的、更多的业务发展空间,那么就必然会对商务类、生产类房地产项目产生较大的新需求。同时,商务类、生产类房地产项目的大量增长使得企业员工人数增加、收入增加,又必然引发相应的生活类住宅项目的大量增长。反之,在经济发展形势不好的时候,各种企业基本上都只会维持甚至削减现有的业务,从而减少对商务类、生产类房地产项目的需求,进而也会导致相应的生活类房地产项目的需求下降。

一般来说,经济发展形势在四个层面上影响房地产项目开发。

第一层面是国际经济发展形势影响。对诸如北京、上海的 CBD(central business district)这种房地产开发项目来说,由于其是我国全国性中心城市核心区域的中央商务区,直接服务于世界大型跨国公司的,特别是世界 500 强公司,所以国际经济形势的发展对其有着十分重要的直接影响,国际经济形势直接决定了其客户的数量和需求力度。但是,国际经济形势对非国际性的房地产开发项目影响较小。

第二层面是全国经济发展形势影响。广州和深圳等国际化大都市虽然不是首都,但它们是全国性经济中心城市,其城市规划区内的房地产开发项目会受到全国经济发展形势十分重要的直接影响。当全国经济发展形势良好时,各种生产要素向其流动就呈现数量增大的特点,这就造成了各机构对其房地产开发项目的强烈需求;反之,当全国经济发展形势恶化时,各种机构对其房地产开发项目的需求就会疲软。对长江三角洲、珠江三角洲和京津塘三大都市圈的其他核心城市来说,其城市规划区的房地产开发项目也受全国经济发展形势的影响。

第三层面是当地城市经济发展形势影响。对其他区域内的中心城市,如各省会城市、全国性交通枢纽城市等,其城市规划区的房地产开发项目虽然也受全国经济发展形势的影响,但是受影响的程度低于大都市的房地产开发项目,这是由于它们并不是全国生产要素的流动方向。对普通的城市来说,其城市规划区内的房地产开发项目则基本上只受当地经济发展形势的影响。如果该地区经济发达,房地产开发项目同样前景好,如山东青岛市。

第四层面是城市内某地段的经济发展态势影响。对一个普通的房地产项目来说,直接影响其经营成败的是其所处城市内该地段的经济发展态势。通常情况下,一个城市的各个区的发展是不平衡的,有的区地理位置好,特别是处在市中心商业圈的区经济最发达,地处偏僻的区如郊区或城乡接合部则经济相对较差,这就导致了在同一个城市的不同区开发房地产,其收益却大相径庭。例如,在日照的东港区新市区住宅单价过 7 000 元时,五莲县的住宅单价尚不足 5 000 元。此外,项目所处地段不同也会导致交通便捷程度不同。交通便捷程度是指不同土地使用者之间在空间上的联系以及为维持空间联系所必须发生的空间移动的成本大小。家庭作为居住用地的使用者,与工业用地或商业用地的使用者之间保持着某种空间联系或依赖性,居民必须往返于居住地和工作地点之间,购物者必须前往商店并能保证购买行为的实现。交通便捷度高的区域,必定是居住者工作、学习、购物都十分方便、发生成本较小的区域,这样的区域,也往往是房地产开发与经营活动非常活跃的区域。

总之,经济发展形势的四个层面都会对房地产项目开发产生直接或间接的影响,但是不同类型的房地产开发项目由于所服务的对象不同,它们受这四个层面影响的程度是不同的。

(二)资金市场发展形势

房地产项目开发需要大量资金,房屋建筑是靠钱堆砌出来的。资金市场发展形势对房地产项目的影响主要体现在利率和贷款条件两个重要方面。

1. 利率会影响房地产市场的供给与需求

利率是资金的成本,利率走高,支付的利息增加,将加重开发商和购房贷款者的财务负担,使他们不愿意多贷款,从而将抑制房地产项目开发的供给与需求;反之,利率降低,支付的利息减少,将减轻开发商和购房贷款者的财务负担,使他们愿意多贷款,从而将激发房地产项目开发的供给与需求。

2. 贷款条件会影响房地产市场的资金投放量

贷款条件决定了开发商和购房贷款者可以获得资金的数量和期限,当贷款条件趋于严格时,如提高自有资金比例或提高首付款比例,缩短贷款年限,将使开发商和购房贷款者可以获得的资金数量有所降低,还款的期限有所缩短,这将抑制房地产项目开发的供给与需求,抑制房地产市场发展;反之,贷款条件趋于宽松,将使开发商和购房贷款者可以获得的资金数量有所增加,还款的期限有所延长,这将激发房地产项目开发的供给与需求,促进房地产市场的繁荣。

(三)市民的收入水平及其贫富差异程度

市民的贫富差异由其收入所决定,而市民的收入水平直接决定了该城市市民对住宅及其相关配套服务设施的市场需求。

1. 平均收入水平影响房屋价格

市民的平均收入水平高,则经济状况好,他们就有能力买房子。市民的平均收入水平越高的城市,住宅的价格往往也越高。北京、上海、深圳这类一线城市是我国市民收入最高的地区,也是全国住宅价格最高的地区。我国中部地区,市民的收入较低,所以房屋的价格较低,特别是西部经济落后地区市民的收入很低,当地的住宅价格也很低。

2. 贫富差异影响房屋档次结构

市民的收入水平有着较大差异,往往平均收入水平越高的城市,市民收入的贫富差异程度也越高,城市房屋产品丰富多彩。随着市民收入水平的分化,住宅及其相关配套服务设施的市场也就进行了分化。不难发现,高收入的人群往往可能购买两套以上的房子,或者购买别墅,他们买房或是为了接父母来同一座城市居住,或是为了投资,人们购买第二套住房的要求与购买第一套住房的要求是不同的。如果一座城市市民的平均收入水平较低而且贫富差异程度较低,那么在进行住宅项目开发时,要把开发结构简单、造价低廉的住宅作为主攻方向,而且开发数量可以适当大一些,即使销售不出去,也可以留着进行租赁。如果一座城市市民的平均收入较高,且贫富差异程度较高,则适合根据市场分化程度,针对不同的消费群体开发不同的住宅,开发数量必须符合该地段相应的消费者数量,特别是高档住宅,如果开发数量不合适,既难以销售出去,也难以租赁出去。

二、政治环境

政治环境主要是指各级政府对房地产开发的态度,以及出台的相关政策。房地产开发对由政府行为而引发的影响十分敏感,因为房地产对国民经济的影响巨大,住宅又是普通市民所能购买的最大一项商品,而且与房地产开发有关的税费是政府财政收入的重要来源,所以政府对房地产开发往往都采取较大的干预力度。从事房地产经营,必须认真考虑政府的态度,预测随时可能出台的政策。

(一)政府土地供应的数量和开发条件

政府土地供应的数量和开发条件将会直接影响该城市房地产开发的规模和构成。政府是国有土地的所有者,也是城市国有土地一级市场的唯一供给者。如果政府的土地供应量偏大,将导致房地产开发项目数量增加过多,从而将导致房地产市场的供过于求,房屋价格下跌,房地产项目收益受损。由于房地产价格的宜升不宜降的特点,房地产价格一般不容易降低,但空置率将会大幅度上升,从而导致大量的资金积压,使国民经济的发展受到影响,使我国金融安全受到威胁。如果政府的土地供应量偏小,将导致房地产开发项目数量增加不足,从而将导致房地产市场的供不应求,房价大幅度上升,这会加重消费者的房地产开支,也会影响国民经济的发展和人民的生活水平。

(二)政府收取税费的水平

税费在相当程度上影响房地产经营的水平,税费意味着房地产开发的成本,也意味着房地产购买的成本。实际上,政府往往将房地产税费的收取作为一种经济调节手段。当政府觉得房地产已经过热时,往往就会通过提高房地产税费的征收标准,从而在一定程度上加大房地产开发和购买的成本,进而抑制过热的房地产开发。而当政府觉得房地产开发持续低迷需要升温时,往往就会通过降低房地产税费的征收标准,从而在一定程度上降低房地产开发和购买的成本,激发房地产开发的热情。

（三）政府对经济适用房的态度

经济适用房对住宅开发的影响是巨大的,但是我国又必须推行经济适用房。由于有相当多的市民属于中低收入阶层,为解决这些市民的居住问题,我国实行了经济适用房开发制度。经济适用房的土地是属于划拨的,也有的城市采用有条件拍卖,其房价低于正常的市场价格。如果政府划拨的土地数量偏多,开发的经济适用房数量就可能偏多,可能诱发中高收入阶层纷纷购买经济适用房,从而将冲击普通商品房市场。如果划拨的经济适用房土地数量偏少,则低收入阶层很难买到房,这不符合我国的社会主义性质。

三、法律环境

房地产开发是一种影响巨大的经济活动,容易产生纠纷,没有健全的法律环境,房地产开发就不可能健康运行。房地产开发的法律环境,首先是指各种直接管理房地产的法律、法规的立法与执法情况。直接管理房地产开发的法律、法规有《中华人民共和国城市房地产管理法》和《中华人民共和国土地管理法》及其配套的行政法规。此外,相关的法律影响也是十分深远的,特别是《中华人民共和国城市规划法》和《中华人民共和国环境保护法》。任何房地产企业都必须遵守法律,违法行为将受到法律的制裁。

四、社会环境

房地产经营是在一定的社会环境中进行的,社会环境对房地产经营同样有着极为深远的影响。社会环境主要包括四个方面。

（一）人口数量

城市人口是指城市规划区内的正常工作、正常生活的人口,包括有户籍的人口和虽然没有户籍但长期生活在该城市规划区内且有着稳定收入的人口。房地产是为人而建设的,城市规划区内是否拥有足够数量的人口,是房地产开发的重要社会环境条件。该城市的人口数量直接决定了该城市所需要的住宅及其相关配套设施的数量,也间接决定了该城市所需要的商务类房地产、生产类房地产的数量。如果没有足够的市场人口容量,那么耗资巨大的房地产开发是无法获得应有的经济效益的。在同样的平均收入条件下,人口较多的城市的房地产开发获得成功的机会,要比人口较少的城市的大得多。而且,即使平均收入一样,人口越多,收入的贫富差异程度就越大,房地产市场的房屋构成就越丰富,就越适合不同的房地产开发。

（二）人口构成

如果说城市人口数量决定了该城市所需要的住宅及其相关配套设施的数量的话,那么该城市人口的构成就决定了该城市住宅及其配套设施的建筑面积构成和区位构成。人口构成包括六个方面。

1. 男女比例的构成

正常情况下,男女比例会保持在一个正常的数量上,但是重男轻女就会造成这一地区男女比例的失衡,这是人为选择子女的性别造成的。

另外,人口流动方面,如果流入的男性的数量和女性的数量不平衡,就会造成某城市规划区内男女比例的失衡。男性的收入一般比女性的多,所以男性比重大的地方房地产市场稍微好一些。

2. 不同年龄的构成

在成熟的社会状态中,人均预期寿命将达到 70 岁以上,各年龄段的人口大体上处于平衡的状态,即如果预期平均寿命是 75 岁的话,则 0～15 岁、15～30 岁、30～45 岁、45～60 岁、60～75 岁这 5 个年龄段的人口是大体相当的。但是在尚未成熟的社会中,一方面人均预期寿命较短,另一方面出生率较高,则呈现金字塔形的人口构成,即越低龄的人群,人口越多。我国有些地方低龄的人群和高龄的人群比重太高,这很不利于房地产市场开发。

3. 当地户籍人口与无户籍常住人口的比例构成

对北京、上海、广州、深圳等我国较发达的城市地区来说,实际人口中的相当比例,甚至是主要部分都是无户籍的常住人口。无户籍的常住人口将成为房地产市场的主要消费者。

4. 各种家庭规模的比例构成

在传统社会中,即使在子女结婚之后,父母也希望子女,特别是儿子与自己生活在一起,有时甚至是几代同堂,这时家庭的规模就非常庞大。但是在现代城市,情况已经发生变化,结婚的子女独立生活而形成的家庭已经是十分普遍的社会现象了,家庭规模有逐渐变小的趋势,这有利于房地产市场开发。

5. 丁克家庭的比例

丁克家庭是指只有夫妻二人而不生育子女的家庭。在北京、上海等大城市,由于人们观念的变化,这种不想生育的丁克家庭已经相当普遍了,并成为一种引人注目的社会现象,丁克家庭会对房屋有特殊的要求,因此需要开发商有针对性地开发适合这类人群的房屋。

6. 单身人士的比例

现代社会中,单身人士的大量出现是十分正常的社会现象,在北京、上海等国际化大都市中,单身人士在同龄人群中所占的比例越来越大,而这些单身人士往往还是经济条件较好的年轻人,他们对房屋的结构有特殊的不同于夫妻家庭的要求,同样需要开发商有针对性地开发适合这类人群的房屋。

实践经验告诉我们,不同的人及其家庭对住宅和相关配套设施的需求是不同的。大家庭要比小两口家庭对住宅面积的要求要大一些;高收入家庭对住宅的舒适度的要求则要高一些;丁

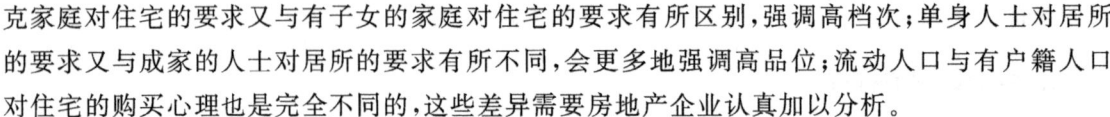

克家庭对住宅的要求又与有子女的家庭对住宅的要求有所区别,强调高档次;单身人士对居所的要求又与成家的人士对居所的要求有所不同,会更多地强调高品位;流动人口与有户籍人口对住宅的购买心理也是完全不同的,这些差异需要房地产企业认真加以分析。

(三)人口受教育水平

人的实际购买力＝人的购买欲望×购买能力,而人的购买欲望和购买能力都与其所受教育的水平密切相关。受过高等教育的人士收入一般较高,从整体情况来看,他们对住宅及其相关配套设施的要求也较高,不仅仅是解决自己居住的场所,可能还考虑自己工作、学习、社交等一系列生活的需要。而且,他们普遍对住宅及其相关配套设施的内在功能和外在形象要求更高。因此,要想真正打动受过高等教育的人士,特别是随着我国法制化程度的提高,房地产开发商必须真正下功夫去开发物有所值的高品质住宅及其相关配套的设施。因此,受过高等教育的人口比重越大,开展各项事业的概率越大,各种商务类、生产类房地产的开发机会就越大。当前,我国高等教育开始走向大众化,每年毕业的大学生很多,大部分向全国中心城市集中,一方面造成了直接的需求,即需要大量的租住房;另一方面也造成了长远的需求,因为有钱后他们要买房,他们将成为房地产开发的一大动力。

(四)城市历史传统

城市的历史是城市的特色,随着城市化水平的提高,特别是随着各城市之间竞争的加剧,发展自己城市鲜明的特色成为各城市人民政府考虑的重点问题之一。在发展自己城市的特色中,大家都喜欢弘扬自己城市的历史传统,这对房地产开发产生了十分深远的影响。

1. 城市历史古迹会限制房地产开发

历史古迹是固定不能动的,移动了就变成了废墟。房地产开发必须在合理保护这些历史古迹的基础上进行,而这些历史古迹的分布往往不规则,不符合现代化的成片集中开发的原则,导致了成片集中开发实际上常常被这些历史古迹割裂成一系列的碎片,从而导致开发的成本大幅度增加。因此,在一些历史文化名城,古迹保护与房地产开发常常成为一种难以调和的矛盾,每一次的成片集中开发都被社会各界斥责为对历史古迹的大破坏。甚至有的学者提出,在历史文化名城就不应该进行这种成片集中开发,只能是小规模改建,这样才有可能保持历史文化名城的固有氛围和历史古韵。因此,当历史悠久的城市对历史古迹越来越重视的时候,房地产开发受到的限制就越来越多。

2. 古城市民对房地产特别挑剔

历史悠久城市的市民往往受熏陶形成了独特的审美眼光,对房地产开发有独特的要求。从住宅来讲,在人们刚刚开始将解决居住问题提到议事日程时,常常是只关注居住面积和房价这两点;而当人们的收入提高到一定水平,人们就开始对住宅的各种感受提出更高的要求,古城市民尤其如此,他们要求房地产要有地方文化背景,有人文关怀,有温暖的感觉,这使房地产开发面临更加个性化的市场需求。

五、自然环境

一个城市的自然环境,对房地产开发有着重大的直接影响,这些影响可分为六种情况。

(一)城市处在地震带上

地震带上建房屋,所有的房地产开发项目都必须充分考虑地震的危险,必须严格按照该城市的城市规划所规定的防震要求进行设计与施工。由于地震的威胁,该城市规划区内的建筑物就难以建成较高的高度,这一方面影响了房地产开发项目的可建设高度,要少盖很多房屋,缩小了可建设规模,从而也就影响了房地产开发项目的收益;另一方面增加了防震要求,使房地产开发项目的直接建设成本增加不少,也影响了房地产开发项目的收益。地震带上建房屋是对开发商的技术水平、资金实力的严峻考验。

(二)城市地处地质条件较软的地带

软地基上建房屋,会限制房地产开发项目建筑物的可建设高度,同样要少盖很多房屋,缩小了建设规模,影响了房地产开发收益。如果房地产开发商硬要在软地基上开发超高层项目,那么就要在地基建设上花费巨大的投资,这会造成房地产开发成本居高不下,也同样是对开发商的技术水平、资金实力的严峻考验。

(三)城市地处地形起伏不定的地表状态

在起伏不定的地形上盖房屋比在平整的地形上要困难得多,房地产开发必须要考虑这种地形的影响。如果起伏程度较低,则可以通过平整土地使待开发的土地变得平整,当然这需要投入较多的前期投资。如果起伏程度较高,则难以通过平整土地使待开发的土地变得平整,因而就必须依据地形来进行相应的房地产开发。

(四)城市的地表水资源

如果地表水较为丰富,则对房地产开发有着潜在的危险,需要基础防水。如果地表水较为贫乏,对房地产开发也有着潜在的危险。我国还处于资源粗放使用的状态,在地表水资源较为贫乏的条件下,就会加大对地下水的开采,如果地下水被过度开发,将造成大面积的地表沉降,会给房地产开发造成较大的影响,甚至不能进行房地产开发。

(五)城市的降雨

如果降雨非常丰富,那么在房地产开发时就必须注意防水、排水措施到位。北方的城市雨水较少,则不用过多地考虑这个问题。

(六)城市夏季高温少雨

高温少雨会造成空气极度干燥,在房地产开发中,就必须注意防火的问题。

◈ 引例导入

金域蓝湾项目的开发与经营环境分析

一、金域蓝湾项目概况

金域蓝湾项目用地面积为 272 298.4 平方米,实际出让面积为 272 298.4 平方米;规划用地性质为住宅用地;土地坐落在南京市江宁开发区内环路以北、牛首山河以南。2007 年 7 月 26 日,上海朗达实业有限公司(万科子公司)以 17.85 亿元的价格拿得此地块。

二、项目开发与经营环境分析

1. 经济发展环境

从国际经济发展形势上看,世界经济复苏缓慢,处于低速增长走势,而我国经济发展形势整体良好,南京经济形势处于全国领先地位,市场需求旺盛。从市民的收入看,当前我国市民收入增长较快,但贫富差异程度大。从资金市场发展形势看,我国存在一定的通货膨胀的压力,因此利率有调高趋势,贷款条件趋于收紧状态。

2. 政治环境

从政府土地供应的数量和开发条件上看,土地供应数量不多,特别是一些城市的刚需住宅用地短缺,导致供不应求,房价持续上涨。从政府对经济适用房的态度上看,我国实行经济适用房开发制度,不断加大推行保障房建设力度。从政府收取税费的水平上看,中央经济工作会议明确提出"促进房价合理回归",并提出要坚持房地产调控政策不动摇,加快普通商品住房建设,扩大有效供给,促进房地产市场健康发展,政府对投资、投机购房者收取税费的幅度不断加大。

3. 法律环境

我国出台了《中华人民共和国城市房地产管理法》和《中华人民共和国土地管理法》及其配套的法律法规,但面对新形势,需要不断修改完善。

4. 社会环境

从人口数量看,南京人口数量持续上升,住房需求量大。从人口构成上看,男女比例不协调。从收入来看,男性收入多,女性收入少。25～44 岁的人是房地产市场需求的主力军。从家庭规模上看,家庭规模有变小的趋势,有利于房地产市场的发展。从人口受教育水平上看,南京受教育水平较高,对房地产有积极影响。

5. 自然环境

南京不在地震带上,也不是软土地基,降水充足,地表水充足,有利于房地产的开发。

通过以上分析可以看出,目前南京金域蓝湾项目的房地产开发与经营环境较好。

任务 3 房地产开发与经营环境分析方法

一、道氏评估法

道氏评估法又叫道氏公司动态分析法,是美国道氏化学公司(简称道氏公司)根据自己在海外的经历提出的。道氏公司认为,投资者在国外投资所面临的风险分为两类。一是正常企业风险,或称竞争风险。例如,自己的竞争对手也许会产生出一种性能更好或价格更低的产品。这类风险存在于任何基本稳定的企业环境之中,它们是商品经济运行的必然结果。二是环境风险,即某些可以使企业所处环境本身发生变化的政治、经济及社会因素。这类因素往往会改变企业经营所遵循的规则和采取的方式,对投资者来说,这些变化的影响往往是不确定的,既可能是有利的,也可能是不利的。据此,道氏公司把影响投资环境的诸因素按其形成的原因及作用范围的不同分为两部分:企业从事生产经营的业务条件和有可能引起这些条件变化的主要压力。这两部分又分别包括 40 项因素。在对这两部分的因素做出评估后,提出投资项目的预测方案的比较,可以选择出具有良好投资环境的投资场所。

道氏评估法分为以下四个步骤。

第一步,评估影响企业业务条件的各个因素。

第二步,评估引起变化的各个主要压力因素。

第三步,在前述两步的基础上,进行有利因素和假设条件的汇总,从中指出 8~10 个能获得成功的关键因素。

第四步,在确定各关键因素及其假设条件后,提出四套项目预测方案:第一套是根据未来 7 年各关键因素最可能的变化而提出的预测方案;第二套是假设各关键因素的变化比预期的好而提出的乐观预测方案;第三套是假设各关键因素的变化比预期的差而提出的悲观预测方案;第四套是各关键因素变化最坏、可能导致公司遭难的预测方案。在各预测方案提出之后,请专家对各方案可能出现的概率进行预测,从而作为决策的参考。

二、SWOT 分析法

SWOT 分析法又称十字图表型分析法,是西方企业界广为应用的一种战略选择方法。SWOT 分析法是用来确定企业自身的竞争优势、劣势、机会和威胁,从而将公司的战略与公司内部资源、外部环境有机地结合起来的一种科学的分析方法。其中,S(strengths)是指优势,W(weaknesses)是指劣势,O(opportunities)是指机会,T(threats)是指威胁。其中,优势(S)是组织机构的内部因素,具体包括:有利的竞争态势、充足的财政来源、良好的企业形象、技术力量、规模经济、产品质量、市场份额、成本优势、广告攻势等。劣势(W)也是组织机构的内部因素,具体包括:设备老化、管理混乱、缺少关键技术、研究开发落后、资金短缺、经营不善、产品积压等。机会(O)是组织机构的外部因素,具体包括:新产品、新市场、新需求、外国市场壁垒解除、竞争对手失误等。威胁(T)也是组织机构的外部因素,具体包括:新的竞争对手、替代产品增多、市场紧缩、行业政策变化、经济衰退、客户偏好改变、突发事件等。SWOT分析有四种不同类型的组合:优势-机会(SO)组合、劣势-机会(WO)组合、优势-威胁(ST)组合和劣势-威胁(WT)组合。

优势-机会(SO)组合是一种发展企业内部优势与利用外部机会的战略,是一种理想的战略模式,是机会点。当企业具有特定方面的优势,而外部环境又为发挥这种优势提供有利机会时,可以采取该战略。例如良好的产品市场前景、供应商规模扩大和竞争对手有财务危机等外部条件,配以企业市场份额提高等内在优势可成为企业收购竞争对手、扩大生产规模的有利条件。

劣势-机会(WO)组合是利用外部机会来弥补内部弱点,使企业改劣势为优势的战略。存在外部机会,但由于企业存在一些内部弱点而妨碍其利用机会,可采取措施先克服这些弱点。例如,若企业弱点是原材料供应不足和生产能力不够,从成本角度看,前者会导致开工不足、生产能力闲置、单位成本上升,而加班加点会导致一些附加费用。在产品市场前景看好的前提下,企业可利用供应商扩大规模、新技术设备降价、竞争对手财务危机等机会,实现纵向整合战略,重构企业价值链,以保证原材料供应,同时可考虑购置生产线来克服生产能力不足及设备老化等缺点。通过克服这些弱点,企业可以进一步利用各种外部机会,降低成本,取得成本优势,最终赢得竞争优势。

优势-威胁(ST)组合是指企业利用自身优势,回避或减轻外部威胁所造成的影响。如竞争对手利用新技术大幅度降低成本,给企业很大成本压力,同时材料供应紧张,产品价格可能上涨,则消费者要求大幅度提高产品质量,企业还要支付高额环保成本,等等,这些都会导致企业成本状况进一步恶化,使之在竞争中处于非常不利的地位,但若企业拥有充足的现金、熟练的技术工人和较强的产品开发能力,便可利用这些优势开发新工艺,简化生产工艺过程,提高原材料利用率,从而降低材料消耗和生产成本。另外,开发新技术产品也是企业可选择的战略。新技术、新材料和新工艺的开发与应用是最具潜力的成本降低措施,同时它可提高产品质量,从而回避外部威胁影响。

劣势-威胁(WT)组合是一种旨在减少内部弱点,回避外部环境威胁的防御性技术。当企业存在内忧外患时,往往面临生存危机,降低成本也许成为改变劣势的主要措施。当企业成本状况恶化,原材料供应不足,生产能力不够,无法实现规模效益,且设备老化,使企业在成本方面难以有大作为,这时将迫使企业采取目标聚集战略或差异化战略,以回避成本方面的劣势,并回避成本原因带来的威胁。

◈ 引例导入

万科集团 SWOT 分析

一、万科集团简介

万科企业股份有限公司(简称万科或万科集团)成立于1984年,1988年进入房地产行业,经过几十年的发展,现已成为国内领先的房地产公司,目前主营业务为房地产开发和物业服务。

自创建以来,万科一贯主张"健康丰盛人生",重视工作与生活的平衡;为员工提供可持续发展的空间和机会,鼓励员工和公司共同成长;倡导简单人际关系,致力于营造能充分发挥员工才干的工作氛围。2011年,在全球人力资源咨询公司翰威特咨询公司(现已更名为怡安翰威特咨询公司)组织的"2011年中国最佳雇主"评选中,万科被评为"全球 TOP25 最佳雇主企业",并连续两年蝉联"中国最佳雇主"。

万科致力于引领行业节能减排,持续推进绿色建筑及住宅产业化。2011年,万科共成功申报绿色三星项目273.7万平方米,占全国总量的50.7%。2007年,万科建筑研究中心被建设部批准为国家住宅产业化基地。万科持续推进住宅产业化。2009年,万科北京假日风景项目 B3#、B4#楼被授予"北京市住宅产业化试点工程"称号。东莞市万科建筑技术研究有限公司获得由广东省科学技术厅、广东省财政厅、广东省国家税务局、广东省地方税务局联合颁发的高新技术企业证书,是行业内第一家被认定的高新技术企业。2011年万科实现工业化开工面积达272万平方米。

万科致力于不断提升产品品质。至2011年,万科共有26个项目获得"詹天佑奖·优秀住宅小区金奖",其中天津万科水晶城、广州万科四季花城、中山万科城市风景项目先后获得"中国土木工程詹天佑奖"。

万科在发展过程中积极实践自身的社会责任。2008年,经万科企业股份有限公司发起,经国家民政部、国务院审核批准,万科公益基金会正式成立,至今(2015年)已为公益项目累计捐助超过5 907万元,2011年度总支出1 795万元,项目主要集中在孤贫儿童大病救治及环保领域。

万科作为中国最大的房地产开发企业,每天有数以十万计的劳务工在万科的工地上辛勤工作。劳务工因病返贫、因病致贫一直困扰着他们的家庭,影响着其子女的教育、成长,这些问题一直为万科所关注。2011年4月,万科宣布将从股东大会批准的企业公民专项费用中拨出500万元人民币,启动"春天里行动"项目,为因贫困无力承担自身或其配偶子女的大病治疗费用,或因贫困导致其子女无法完成教育的劳务工提供救助,并协助与支持施工单位等合作伙伴建立劳务工互助共济制度。

万科聚焦城市圈带的发展战略,截至2015年底,万科已进入我国66个城市。此外,万科自2013年起开始尝试海外投资,目前已经进入新加坡、旧金山、纽约、伦敦等海外地区,参与数十个房地产开发项目。2015年,万科实现销售面积2 067.1万平方米,销售金额2 614.7亿元,同比分别增长14.3%和20.7%,在全国的市场占有率上升至3.0%。公司物业服务业务以万科物业发展有限公司(简称万科物业)为主体展开。万科物业始终以提供一流水准的物业服务、做好建筑打理作为企业立命之本,积极开展市场化,为更多客户提供优质的居住服务。截至2015年底,万科物业服务覆盖中国大陆64个大中城市,服务项目近千种,合同管理面积2.1亿平方米。

二、SWOT 分析

(一)优势(S)

(1) 万科是中国房地产的龙头企业,主营住宅物业发展,竞争优势明显,综合竞争力、市场占有率和品牌价值排名第一。

(2) 万科强大的竞争力不仅体现在其强大的销售规模和跨区域运营能力上,还体现在其稳健的商业模式、完善的公司治理结构、强大的融资能力以及快速应变的营销策略上。

(3) 万科的财务状况良好,融资渠道通畅,即使在2008年行业整体融资较为紧张的背景下,万科仍然保持充裕的流动性和健康的负债状况。

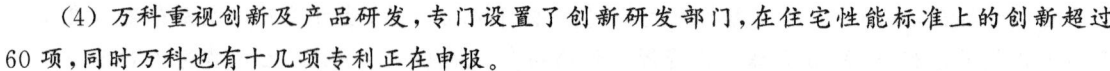

(4) 万科重视创新及产品研发,专门设置了创新研发部门,在住宅性能标准上的创新超过60项,同时万科也有十几项专利正在申报。

(二) 劣势(W)

(1) 重视顾客和文化建设,但对员工职业生涯的发展关注不够,万科人才比较缺乏。

(2) 万科的存货量一直保持较高水平,一旦出现市场动荡销售停滞将会面临资金回笼困难的现象,造成严重的流动性问题。

(3) 万科获得土地资源的方式单一,由于是民企出身,没有和政府合作的先天优势,缺乏政府的"关爱",土地资源来源渠道受限。

(三) 机会(O)

(1) 中国仍处于城市化发展的高峰期,对商品房的刚性需求大。

(2) 万科以软性服务方面著称,也迎合了中高档房产消费者的需求。

(3) 万科持有大量现金,可兼并中小房地产公司,扩大市场占有率。

(4) 在国家出台针对一线城市的房地产的调控措施的背景下,万科可以享受二、三线房地产炒作带来的好处。

(四) 威胁(T)

(1) 房地产发展需要大量的资金支持,而国家正在进行经济结构的调整和转型,房地产业不再定位为国家的支柱产业,预期的宏观经济调整将不利于房地产业的发展。

(2) 政府讨价还价能力较强以及土地出让方式使房地产企业获取土地的难度加大,成本较高。

(3) 绿城、恒大等众多房地产公司的高速扩张,削弱了万科的竞争优势,也对其未来增长构成有力威胁。

(三) SWOT 战略

(一) SO 战略

(1) 发挥战略纵深优势,避免与人"血拼"。万科可在更大的范围内寻找更好的土地市场机遇。

(2) 加大对各大城市(特别是一些满意度不高的城市)的售后服务以及一些增值服务,努力提高顾客的满意度。

(二) WO 战略

(1) 关心企业内部员工,努力给员工创建一个竞争与和谐并存的内部环境,给员工创造更好的发展空间。

(2) 多与政府协商、合作,努力创造双赢的局面 。

(三) ST 战略

降价销售,加快项目周转速度。一方面可以缩短销售回款周期;另一方面可提高净资产收益率和股东投资回报。

(四) WT 战略

(1) 重视相关人才的招聘。

(2) 谨慎拿地。

（3）及时调整计划，加快应变速度。

一、简答题

1. 什么是房地产开发与经营环境？
2. 房地产开发与经营环境的分析内容有哪些？
3. 房地产开发与经营环境的特点是什么？
4. 简述 SWOT 分析法。

二、实训题

调查研究你所就读的学校所在城市某房地产项目的开发与经营环境，并用 SWOT 分析法进行分析，最后以 PPT 的形式展示调研结果。

要求：

（1）5～8 人一组；

（2）从互联网上详细了解当前我国房地产开发与经营环境。

学习情境 4

房地产开发用地的获取

学习目标

学习目标

1. 了解土地使用权的获取方式与程序。
2. 熟悉征地、拆迁管理与程序。
3. 掌握拆迁争议的处理。

技能要求

1. 对照征地、拆迁的工作程序，能够设计一般工作计划和行动方案。
2. 养成及时完成阶段性工作任务的习惯，今日事今日毕。

任务 1 土地使用权的获取

一、土地所有权和土地使用权

土地所有权是指土地所有者依法对自己的土地所享有的占有、使用、收益和处分的权利。土地所有者这种占有、使用、收益和处分权利，是土地所有制在法律上的体现。在我国，土地所有权的权利主体只能是国家和农民集体，其他任何组织和公民个人都不享有土地所有权，这是由我国土地的社会主义公有制决定的。土地所有权的四项权利即占有、使用、收益和处分。

我国土地所有权分为国家土地所有权和集体土地所有权，自然人不能成为土地所有权的主体。中华人民共和国是国家土地所有权的统一和唯一的主体，由其代表全体人民对国有土地享有独占性支配的权利。在我国《中华人民共和国宪法》（后简称《宪法》）、《中华人民共和国民法通则》（后简称《民法通则》）、《中华人民共和国土地管理法》（后简称《土地管理法》）等法律中，对国家土地所有权做了明确规定。《土地管理法》第八条规定："城市市区的土地属于国家所有。农村和城市郊区的土地，除由法律规定属于国家所有的以外，属于农民集体所有"。

集体土地所有权是由各个独立的集体组织享有的对其所有的土地的独占性支配权利。根据我国《土地管理法》第八条的规定，属于集体所有的土地，是指除法律规定属于国家所有的农村和城市郊区的土地。集体所有的土地主要是耕地及宅基地、自留地、自留山，还包括法律规定集体所有的森林、山岭、草原、荒地、滩涂等土地。至于法律没有规定为集体所有的森林、山岭、草原、荒地、滩涂等土地，则属于国家所有。

广义上的土地使用权是指使用人根据法律、文件、合同的规定，在法律允许的范围内，对国家或集体所有的土地，享有占有、使用、收益以及部分处分的权利。它是土地使用制度在法律上的表现，也是我国地权制度的重要组成部分。

二、土地使用权的取得方式

依照《城市房地产开发经营管理条例》第十二条规定："房地产开发用地应当以出让的方式取得"。房地产开发除了在土地一级市场上，通过有偿出让的方式获取土地使用权，还可以通过与政府行政划拨获得公益性或部分公益性项目的土地使用权，也可以通过有偿转让获得存量房地产土地使用权。房地产开发企业获取土地使用权的途径具体包括土地使用权的出让、行政划拨和转让。

（一）土地使用权的出让

1. 土地使用权的出让的概念

土地使用权出让是指国家以土地所有者的身份将土地的使用权在一定的年限内出让给土地使用者，并由土地使用者向国家支付土地使用权出让金的行为。土地使用权的出让由当地政府土地管理部门与土地使用者（土地使用权的受让者）签订土地出让合同。土地使用权出让具有以下特征。

（1）土地所有权与使用权分离。房地产开发用地仅指取得开发用地的使用权，而不是指取得开发用地的所有权，土地使用权出让是以土地所有权与使用权分离为基础的。

（2）土地使用权出让是有偿的。获得土地使用权的受让者需要支付一定的出让金。

（3）国有土地使用权出让由政府垄断。土地使用权出让只能是国有土地，土地使用权出让方只能是市、县（市）人民政府的土地管理部门，其他任何部门、单位、个人不得实施土地出让行为。

（4）土地使用权出让是有期限的。《中华人民共和国城镇国有土地使用权出让和转让暂行条例》第十二条规定了各类土地的最高出让年限（见表4-1）。

表 4-1　各类土地使用年限

用 地 类 型	土地使用年限
居住用地	70 年
工业用地	50 年
教育、科技、文化、卫生、体育用地	50 年
商业、旅游、娱乐用地	40 年
综合或其他用地	50 年

2. 土地使用权出让的范围

1）主体范围

（1）土地使用权出让的主体必须是国家，其他任何单位和个人不得出让土地使用权。

（2）土地使用权出让的对象是中华人民共和国境内的公司、企业以及其他组织和个人。

2）客体范围

（1）土地使用权出让的客体必须是国有土地，集体土地不经征收不得出让。

（2）地下埋藏物不属于出让范围，它归国家所有。

埋藏物，是指包藏于他物之中，不容易从外部发现的物。埋藏物以动产为限，不动产从其体积、固定性等方面讲，一般不会发生埋藏的问题。埋藏物一般都埋藏于土地之中，但也不全是如此，例如埋藏于房屋墙壁中的物，也是埋藏物。埋藏物是有主物，它只是所有人不明，而非无主物。

依《民法通则》第七十九条的规定，所有人不明的埋藏物、隐藏物归国家所有后，接收单位应当对上缴单位或者个人，给予表扬或物质奖励。应当指出的是，在埋藏物、隐藏物中，有些是具有历史、艺术和科学价值的文物，这些文物并不是所有人不明的物，而是国家所有的财产。

《中华人民共和国文物保护法》第二十七条："一切考古发掘工作，必须履行报批手续；从事考古发掘的单位，应当经国务院文物行政部门批准。地下埋藏的文物，任何单位或者个人都不得私自发掘。"同法第三十二条规定："在进行建设工程或者在农业生产中，任何单位或者个人发现文物，应当保护现场，立即报告当地文物行政部门，文物行政部门接到报告后，如无特殊情况，应当在二十四小时内赶赴现场，并在七日内提出处理意见。文物行政部门可以报请当地人民政府通知公安机关协助保护现场；发现重要文物的，应当立即上报国务院文物行政部门，国务院文物行政部门应当在接到报告后十五日内提出处理意见。依照前款规定发现的文物属于国家所有，任何单位或者个人不得哄抢、私分、藏匿。"

◈ 引例导入

地下埋藏物的所有权归属

许成的曾祖父为清朝一官员，本留有很多家产，后经几次战火以及"文革"，到许成手上仅遗留下宅院一处。1984 年，许成因举家搬迁到县城居住，将宅院以 1500 元卖给侯田。1990 年，由于修建马路，政府要求侯田拆迁古宅。侯田在挖掘宅院大厅地面石砖时挖出一坛清乾隆年间的银元宝，共 55 锭。许成闻讯后立即找到侯田，称此元宝乃其曾祖父所埋，应归还给他。侯田则称，此房他已买下，是这房屋的所有人，房屋下所挖的东西当然应归他所有。许成最后只好向法院起诉，要求侯田归还元宝，同时许成还提供证据表明此房确为其曾祖父所留，并且可以证明元宝也为其曾祖父所埋。在案件的审理过程中，有人提出，这些元宝属于地下埋藏文物，是限制流通物。根据有关法律规定，应一律归国家所有。

问题

此元宝是否归许成所有？

案例解析

此元宝应归许成所有。对于地下埋藏物，《民法通则》第七十九条规定："所有人不明的埋藏物、隐藏物，归国家所有。接受单位应当对上交的单位或者个人，给予表扬或者物质奖励。"但本案中的元宝并非所有人不明，许成有证据证明元宝是其曾祖父所埋，故上述规定不适用此案。另外，虽然文物属于限制流通物，但我国法律并不禁止公民个人合法拥有。最高人民法院《关于贯彻执行〈中华人民共和国民法通则〉若干问题的意见（试行）》第九十三条规定："公民、法人对于挖掘、发现的埋藏物、隐藏物，如果能够证明属其所有，而且根据现行的法律、政策又可以归其所有的，应当予以保护。"可见，法律允许私人拥有文物。案中有人提出文物一律归国家所有的观点是不正确的。上述元宝能被证明属于许成曾祖父遗留，因此应判归许成所有。根据《中华人民共和国文物法》，作为限制流通物的金银，允许个人所有但禁止私自买卖。本案中，房屋虽然卖给侯田，但此元宝仍归许成所有，侯田属不当得利，应归还许成。

3. 国有土地使用权出让的方式

根据《中华人民共和国城市房地产管理法》（后简称《城市房地产管理法》）和《中华人民共和国城镇国有土地使用权出让和转让暂行条例》（后简称《城市国有土地使用权出让和转让暂行条例》）的规定，土地使用权出让可以采取四种方式，即协议、招标、拍卖、挂牌。同时，根据国土资源部第 11 号部令（2002 年 7 月 1 日起执行）的规定，商业、旅游、娱乐和商品住宅等各类住宅经营性用地，

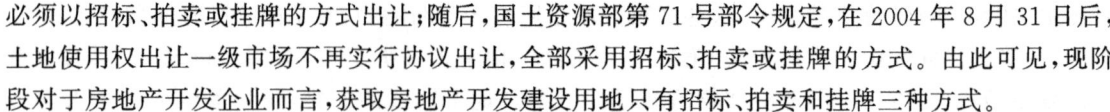

必须以招标、拍卖或挂牌的方式出让;随后,国土资源部第71号部令规定,在2004年8月31日后,土地使用权出让一级市场不再实行协议出让,全部采用招标、拍卖或挂牌的方式。由此可见,现阶段对于房地产开发企业而言,获取房地产开发建设用地只有招标、拍卖和挂牌三种方式。

1) 招标

招标是指市、县人民政府土地行政主管部门发布招标公告,邀请特定或者不特定的公民、法人和其他组织参加国有土地使用权投标,根据投标结果确定土地使用者的行为。招标是一种不完全的竞争方式,它在体现土地市场价值的基础上,严格界定了出让地块的有关开发条件,从而激发投标者对用地方案的积极研究,同时也给出让方留有选择余地。实际工作中,在确定土地使用权的中标者时,既要考虑到投标价,还要考虑到对投标规划设计方案和企业的资信情况,经过招标小组的综合评价,最后择优选定中标者。所以,招标出让通常较适用于一些大规模或关键性的发展计划和投资项目用地。

2) 拍卖

拍卖是指市、县人民政府土地行政主管部门发布拍卖公告,由竞买人在指定时间、地点进行公开竞价,根据出价结果确定土地使用者的行为。拍卖是一种完全的竞争方式。拍卖方式引进了竞争机制,实行现场集中报价,排除了任何主观因素,并使土地出让价格较好地反映了当时该地块的市场供求关系,政府也可获得较高收益,较大幅度增加财政收入。适用于区域条件合适、地理位置好、高盈利、竞争性强的房地产业、金融业、商业、旅游业等用地,以获取较高出让金为主要目标,土地建设条件和土地用途没有特别限制。实际工作中,多数为政府储备的地块。拍卖方式出让土地充分发挥了市场优化配置土地资源的基础性作用。

3) 挂牌

挂牌是指市、县人民政府土地行政主管部门发布挂牌公告,按公告规定的期限将拟出让宗地的交易条件在指定的土地交易场所挂牌公布,接受竞买人的报价申请并更新挂牌价格,根据挂牌期限截止时的出价结果确定土地使用者的行为。首先,挂牌出让报价时间较长且允许多次报价,给予了投资者更加充分的理性思考的空间,避免了不理性竞争带来的炒作地价的现象,有利于投资者理性投资和公平竞争。其次,简单操作,便于开展。挂牌出让适用于不具备招标拍卖出让条件的地块。实际工作中,多数是政府收回需要进行旧城改造的地块。比如,某市的一旧城改造项目,因改造地块涉及的产权主体较多,拆迁面积较大,回迁安置复杂等,针对这一情况土地管理部门应合理考虑多方面因素,采取挂牌方式出让,避免盲目投资,造成不良后果。

(二) 土地使用权划拨

1. 土地使用权划拨的概念

土地使用权划拨是指经县级以上人民政府依法批准,在土地使用者缴纳补偿、安置等费用后,将该幅土地交付其使用或者将其土地使用权无偿交付给土地使用者使用的行为。目前土地使用权划拨使用极少,土地使用权的划拨一般适用于国家机关、军事用地、城市基础建设和公益事业用地,以及国家重点扶持的能源、交通、水利等项目用地。

2. 土地使用权划拨的特征

(1) 土地使用权划拨是一种政府行政行为,而非民事行为。

土地使用权划拨无须划拨双方协商,土地使用者只要经过法定的程序,即可获得土地使用权。

(2)划拨土地使用权只需付较小费用或无偿取得。

(3)依《土地管理法》及《城市房地产管理法》的有关规定,有偿划拨的形式也只是支付少量的土地补偿费和安置补助费,这些费用远比土地使用权出让金小。

(4)划拨土地使用权无使用期限的限制。

《城市房地产管理法》第二十三条第二款规定:"以划拨方式取得土地使用权的,除法律、行政法规另有规定外,没有使用期限的限制。"

(5)划拨土地使用权的转让、出租、抵押依法受到限制。《城镇国有土地使用权出让和转让暂行条例》第四十四条规定:划拨土地使用权,除条例第四十五条规定的情况外,不得转让、出租、抵押。如果要转让、出租、抵押,应当向当地市、县人民政府补交土地使用权出让金或者以转让、出租、抵押所获收益抵交土地使用权出让金。

(6)土地使用权划拨具有社会公益性。

《土地管理法》第五十四条规定:"下列建设用地,经县级以上人民政府依法批准,可以以划拨方式取得:

(一)国家机关用地和军事用地;

(二)城市基础设施用地和公益事业用地;

(三)国家重点扶持的能源、交通、水利等基础设施用地;

(四)法律、行政法规规定的其他用地。"

以划拨方式取得土地使用权的使用者通常是国家机关、军队、人民团体以及由国家财政部门拨付事业经费的单位等。将国有土地使用权无偿划拨上述单位使用,其目的是为了实现社会公益事业的需要,具有社会公益性。

3. 土地使用权划拨的形式

土地使用权划拨主要有两种形式。第一种是经县级以上人民政府依法批准,在土地使用者缴纳补偿、安置等费用后,将该土地支付其使用的形式。第二种是经县级以上人民政府依法批准,将国有土地使用权无偿支付给土地使用者使用的形式。无论哪一种,都无须支付土地使用权出让金。

4. 土地使用者权利义务

土地使用者依法取得划拨土地使用权之后,便在法律规定的范围内对划拨的土地享有占有、使用和收益的权利,但同时也必须遵守国家法律、法规的有关规定,不得擅自改变土地用途,如果遇到社会公众利益的需要,土地使用权人有义务服从人民政府收回土地使用权的决定。

5. 土地使用权划拨的审批权限

根据《土地管理法》第四十五条规定,征用土地的审批权由各级人民政府掌握,具体规定为,基本农田、基本农田以外的耕地超过35公顷(1公顷＝10 000平方米)的,以及其他土地超过70公顷的由国务院批准;征用以上规定以外的土地,由省、自治区、直辖市人民政府批准,并报国务院备案。另根据《土地管理法》第四十四条规定,省、自治区、直辖市人民政府批准的道路、管线工程和大型基础设施建设项目,以及国务院批准的建设项目占用土地,涉及农用地转为建设用地的,由国务院批准。当前土地违法现象较为严重,有些地方政府通过修改土地利用总体规划,化整为零,把土地的审批权限下放到地市政府,出现低标准土地补偿、拖欠征地补偿费等侵犯农民利益的现象。对于这些现象的治理,一是应加大土地违法案件的查处力度;二是应进行土地产权制度改革,保护农村集体土地所有权,保障农民的合法权益。

(三)土地使用权转让

1．土地使用权转让的概念

经过出让方式获得土地使用权的土地使用者,如果没有能力开发,可以把土地转让给有实力的开发商。土地使用权转让是指经出让方式获得土地使用权的土地使用者,通过买卖、赠予或其他合法方式将土地使用权再转移的行为。土地使用权的转让是在土地使用权的基础上,土地使用权在土地使用者之间的横向流动。对于开发企业而言,这种土地使用权间的横向流动就是土地交易的二级市场;对于未按土地使用权出让合同规定期限和条件投资开发、利用土地的,土地使用权不能转让。在转让的同时,转让土地的地上建筑物及其附着物一并依照规定办理过户手续。

2．土地使用权转让的特征

土地使用权转让具有以下特征。

(1)土地使用权的转让必须以出让合同规定的期限和条件投资、开发、利用土地为前提。

(2)土地使用权转移时,土地使用权出让合同和登记文件所载明的权利、义务随之转移。

(3)土地使用者通过转让方式取得的土地使用权,其使用年限为土地使用权出让合同规定的使用年限减去原土地使用者已使用年限后的剩余年限。

(4)土地使用权转让时,其地上建筑物和其他附着物的所有权随之转让。

3．土地使用权转让的条件

土地使用权转让是土地使用权在不同使用者之间的流动,是土地市场最活跃的二级市场。为规范市场行为,土地使用权转让应具备以下条件。

(1)要按照出让合同约定,已经支付全部土地使用权出让金,并取得土地使用权证书。这是出让合同成立的必要条件,也只有出让合同成立,才允许转让。

(2)要按照出让合同约定进行投资开发,完成一定开发规模后才允许转让。这里又分为两种情形:一是属于房屋建设的,实际投入房屋建设工程的资金额应占全部开发投资总额的25%以上;二是属于成片开发土地的,应形成工业或其他建设用地条件,方可转让。上述两项条件必须同时具备,才能转让房地产项目。这样规定,其目的在于严格限制炒买炒卖地皮,牟取暴利,以保证开发建设的顺利实施。

(3)以划拨方式取得的土地使用权,应符合《城市房地产管理法》第三十九条的规定,其中规定了以划拨方式取得的土地使用权在转让房地产开发项目时应具备的条件。对于以划拨方式取得土地使用权的房地产项目,要转让的前提是必须经有批准权限的人民政府审批。经审查除不允许转让外,对准予转让的有两种处理方式:第一种是由受让方先补办土地使用权出让手续,并依照国家有关规定缴纳土地使用权出让金后,才能进行转让;第二种是可以不办理土地使用权出让手续而转让房地产,但转让方应将转让房地产所获收益中的土地收益上缴国家或做其他处理。

4. 土地使用权转让的形式

关于土地使用权转让的方式,《城镇国有土地使用权出让和转让暂行条例》第十九条规定有出售、交换和赠予三种方式。后《城市房地产管理法》第三十七条略作发展,将转让的方式规定为买卖、赠予或其他合法方式。至于何谓"其他合法方式",该法没有细说。本书借鉴其他相关书籍,结合有关立法条例,从土地使用权转让必然导致其权利的主体发生变更这一角度出发归纳如下。

(1)买卖。作为土地使用权转让的最广泛的方式,买卖以价金的支付为土地使用权的对价。由于买卖是土地使用权转让的主要表现形式,我们通常所说的土地使用权转让指的就是土地使用权买卖。下文关于土地使用权转让合同的讨论实际上也是关于土地使用权买卖合同的讨论,所以说,转让有广义、狭义两种概念之分,当转让是广义概念时,它包括所有的以权利主体变更为目的的土地使用权的移转行为;当转让是狭义概念时,它与买卖具有同样的含义。

(2)抵债。抵债是买卖的一种特殊形式,只不过价金支付的条件和期限不同而已。在土地使用权买卖时,土地使用权的移转和价金的支付是对等进行的,而在以土地使用权抵债时,价金支付在前,所抵之债视为已付的价金。

(3)交换。以交换的方式转让土地使用权的,土地使用权的对价不是价金,而是其他财产或特定的财产权益。土地使用人将土地使用权移转给受让人,以此取得受让人提供的其他财产或特定的财产权益。

(4)作价入股。作价入股介于买卖和交换之间,既类似买卖,又类似交换。说它类似买卖,是因为它将土地使用权用来作价,所作之价如同买卖之价金;说它类似交换,是因为土地使用权被它用来入股,所得之股如同其他财产或特定的财产权益。

(5)合建。在开发房地产时,合建与以土地使用权作价入股都属于一方出地、他方出钱建房的合作形式。为合作建房的目的而设立独立法人的,土地使用权转让的对价是股权;不设立独立法人,而采取加名的方式,或甚至不加名、仅以合建合同约定合作各方产权分配的,土地使用权的对价是房屋建成以后的产权。因合建而分配产权之后,原土地使用人虽然拥有部分房屋产权及该房屋占用范围和公用面积的土地使用权,却不再拥有原来意义上的土地使用权,可视为交换的一种特殊形式,即用地人以部分土地使用权换取房屋产权。

(6)赠予。赠予是用地人将其土地使用权无偿移转给受赠人的法律行为。以赠予方式转让土地使用权的,土地使用权的移转没有直接的对价,它无须价金的支付或财产权利的提供作为对应条件。但土地使用权赠予合同可能会附加其他条件,如用地人在将土地赠予给学校使用时,可能会将土地的使用限于与教育有关的目的。

(7)继承。在用地人是自然人时,用地人的死亡会使其继承人取得相应的土地使用权。在用地人是法人或其他组织时,其合并或分立也会导致合并或分立之后的主体取得相应的土地使用权。通过继承取得土地使用权时,土地使用权的移转也没有直接的对价,但可能会有间接的对价,如在通过合并取得土地使用权的法律关系中,新公司继承了原公司的财产,也会继承原公司的债务,新公司取得土地使用权的对价,可能以承担原公司的其他债务的方式体现出来。

通过继承转让土地使用权的另一个特点在于，它可以完全不依当事人的意思，而仅依法律的规定实现土地使用权的移转，因而与其他几种转让土地使用权的方式格外不同。

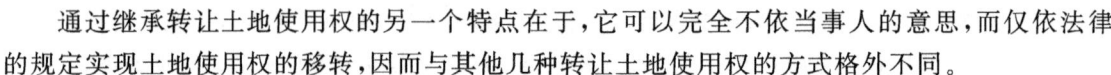

任务 2 房地产开发用地的征地拆迁

房地产开发用地的征用与拆迁属于房地产开发的前期准备工作，征地与拆迁涉及的土地权属不同。征地是指国家征用农村集体所有的土地，在改变土地集体所有为国家所有的基础上，再改变土地使用的方式；拆迁是指国家按照有关法定程序收回土地使用权或改变土地使用性质时，对城镇土地上的建筑物及附着物进行拆迁，其土地是由国家所有。由于征地与拆迁工作涉及经济发展和社会稳定，政策性也很强，为提高征地与拆迁的公开、公平及公正性，目前其工作一般由政府或委托机构(土地储备中心或国有土地公司)负责完成，不需要开发企业直接参与。

一、土地征用

随着城市化水平的不断提高，城市规模也在不断扩大，这样就需要在城市周围进行扩建，在扩建的过程中，往往就涉及对农村集体所有土地的征用。即政府首先通过征用，转变土地所有权属，然后政府才能出让或划拨给土地使用单位。

(一)土地征用的含义

土地征用是指国家为了公共利益的需要，按照法定程序和条件，将农村集体所有土地转变为国家所有的行为。土地征用的过程就是将待征土地的集体所有权转变为国有土地所有权的过程，同时对原集体土地的集体和个人进行补偿及妥善安置。

(二)土地征用的特征

1. 土地征用具有强制性

强制性是指国家可以凭借政权对土地进行征用，任何单位和个人必须服从，不得蓄意阻挠。但是国家政府也不能随意对农村集体土地进行征用，其必须符合一定的程序和法定条件，如公共利益需要。一旦政府确定对土地进行征用，被征用单位(集体和个人)必须服从，不得进行对抗和阻挠。

2. 土地征用是一种政府行为

所谓政府行为是指对土地进行征用只能由政府行使征地权，其他任何组织或个人没有征地权。为了保护农村集体土地所有权的合法权益，政府不能滥用土地征用权，必须符合一定的程序和法定条件，征用过程必须公开、公平，以减少征地纠纷和征地过程中的腐败行为。

3. 土地征用具有补偿性

国家对集体土地进行征用后,必须对原集体组织和个人进行补偿和妥善安置。

(三)土地征用的程序

根据《土地管理法》的有关规定,列入国家固定资产投资计划的或准许建设的国家建设项目,经过批准,建设单位方可申请用地,其程序一般分为以下六个步骤(见图 4-1)。

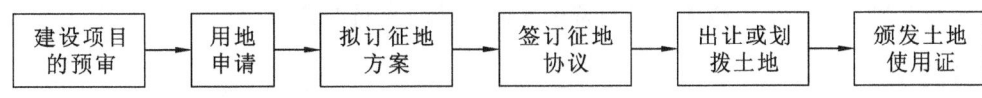

建设项目的预审 → 用地申请 → 拟订征地方案 → 签订征地协议 → 出让或划拨土地 → 颁发土地使用证

图 4-1　土地征用程序

(四)征地的费用

根据《土地管理法》和其他相关法规的规定,建设征地费用包括以下几个主要部分。

1. 土地补偿费

土地补偿费是对农村集体经济组织因土地被征用而造成的经济损失的一种补偿。2004 年修订后的《土地管理法》第四十七条规定,征用土地的,按照被征用土地的原用途给予补偿。征用耕地的补偿费,为该耕地被征前 3 年平均年产值的 6～10 倍。征用其他土地的补偿费标准,由省、自治区、直辖市参照征用耕地的补偿费标准规定。

2. 青苗补偿费

因征地时对其正在生长的农作物受到损害而做出的一种赔偿,视开始协商征地方案前地上青苗的具体情况确定。只补一季,无青苗者则无该项补偿。农民自行承包土地的青苗补偿费应付给本人,属于集体种植的青苗补偿费可纳入当年集体收益。已征用的土地上长有育苗的,在不影响工程正常进行的情况下,应等待农民收获,不得铲毁;不能收获的,应由用地单位按在田作物一季产量、产值计算,给予补偿,具体补偿标准由各省、自治区、直辖市规定。值得注意的是,在办理征用手续时,应明确移交土地的时间,使当地村组及早准备,以免造成过多的损失,凡在协商征地方案后抢种的农作物、树木等,一律不予补偿。

3. 地上附着物补偿费

地上附着物是指房屋、水井、树木、桥梁、公路、水利设施、林木等地面建筑物、构筑物等。地上附着物补偿费视协商征地方案前地上附着物价值与折旧情况确定,应根据"拆什么,补什么;拆多少,补多少,不低于原来水平"的原则确定。如附着物产权属个人,则该项补助费付给个人。地上附着物的补偿标准,由省、自治区、直辖市规定。

4. 安置补助费

该项费用发给被征地劳动力的单位,作为劳动力安置与培训的支出以及作为不能就业人员的生活补助。根据《土地管理法》规定,每一个农业人口的安置补助标准,为该耕地被征用的前 3

年平均年产值的 4～6 倍,但每公顷被征用耕地的安置补助费,最高不得超过被征用前 3 年平均年产值的 15 倍。个别特殊情况可适当增加,以能保证维持群众原有生产和生活水平为原则。但是,土地补偿费和安置补助费的总和不得超过土地被征用前 3 年平均年产值的 30 倍。需要安置的农业人口数,按被征地单位征地前农业人口(按农业户口计算,不包括开始协商征地方案后迁入的户口)和耕地面积的比例及征地数量计算。

5. 新菜地开发建设基金

新菜地开发建设基金是指征用城市郊区商品菜地时支付的费用。

6. 耕地占用税

这是对占用耕地建房或者从事其他非农业建设的单位和个人征收的一种税收,目的是合理利用土地资源,节约用地,保护农用耕地。

二、城市房屋拆迁

(一)城市房屋拆迁的概念

由于城市规划和专项建设工程的需要,对城市国有土地的使用权实行再分配,从而达到土地资源的合理配置,使土地利用效率最大化。这往往就需要拆除大量旧房,在原有土地上进行新的房地产开发建设。但是由于土地的地上附着物凝结了原用户的资金与劳动力,并且是原用户、住户赖以生存和生产的基本物质条件,因而在再建设过程中,拆迁工作的主持者必须对原用户、住户的损失给予适当补偿,并对其进行妥善的安置。

拆房、搬迁等过程中产生了各种各样的法律关系。近十多年,各地制定了许多关于拆迁补偿和安置的地方性法规和规章。1991 年 3 月国务院正式颁布的《城市房屋拆迁管理条例》(现已废止),标志着城市建设走上了依法拆迁的道路。

城市房屋拆迁,是指因国家建设、城市改造、整顿市容和环境保护等需要,由建设单位或个人对现存建设用地上的房屋进行拆除,对房屋所有者或使用者进行迁移安置并视情况给予一定补偿的活动。

城市房屋拆迁的主要内容包括:①房屋拆建,如危旧房改造;②城市功能、用地布局和空间结构的调整,如居住区、商业区、车站、生活服务设施等公共建筑的建设和改造;③环境治理,如扩展绿地、治理污染工程等。因此,城市房屋拆迁是伴随着城市建设项目进行的,是城市建设的重要组成部分,尤其是旧城改造中的一个重要环节,处于建设项目的前期工作阶段。房屋拆迁服从于城市建设,房屋拆迁的规模要与城市的经济发展水平相适应。

(二)城市房屋拆迁的工作程序

1. 颁发拆迁许可证

取得房屋拆迁许可证表明取得了房屋拆迁的资格,是实施房屋拆迁的前提和基础。取得房屋拆迁许可证的单位称为拆迁人,被拆迁房屋的所有人是被拆迁人。

1)申请房屋拆迁许可证

单位和个人(有例外)需要拆迁房屋的,必须持国家规定的批准的文件、拆迁计划和拆迁方案,向房屋所在地的市、县人民政府房屋拆迁管理部门提出房屋拆迁许可申请。

2)审批和核发拆迁许可证

市、县人民政府房屋拆迁管理部门自收到申请之日起 30 日内,对申请事项进行审查,对符合条件的,核发房屋拆迁许可证。拆迁人应当按照房屋拆迁许可证确定的拆迁范围和拆迁期限,实施房屋拆迁。

3)拆迁许可证的续期

拆迁人需要延长拆迁期限的,拆迁人应当在拆迁期限届满 15 日前,向房屋拆迁管理部门提出延期申请。经过审查符合条件的,可延长拆迁许可证的拆迁期限,最大延长期限为半年。延期后,房屋拆迁管理部门应进行延期公告。

2. 发布拆迁公告

房屋拆迁管理部门在核发房屋拆迁许可证时,应当将房屋拆迁许可证中载明的拆迁人、拆迁范围、拆迁期限等事项,以房屋拆迁公告的形式予以公布。房屋拆迁管理部门和拆迁人应当及时向被拆迁人做好宣传、解释工作。

3. 拆迁补偿协商

拆迁公告发布后,拆迁人与被拆迁人进入拆迁补偿协商阶段,此时分为两种情况。

(1)一种情况是,通过协商达成拆迁补偿安置协议。在拆迁公告规定的拆迁期限内,拆迁人与被拆迁人就拆迁补偿方式和补偿金额、安置用房和安置地点、搬迁期限、搬迁过渡方式和过渡期等事项,经过平等、自愿、合法的协商达成一致意见,双方签订拆迁补偿安置协议。

(2)另一种情况是,经过平等、自愿、合法的协商未达成拆迁补偿安置协议。

4. 进行裁决

拆迁人与被拆迁人不能达成拆迁补偿安置协议时,拆迁人、被拆迁人双方任何一方均可向房屋拆迁管理部门申请拆迁补偿安置裁决,房屋拆迁管理部门是被拆迁人的,由同级人民政府裁决。

5. 拆迁实施阶段

拆迁人在获得房屋拆迁许可证后,必须在拆迁许可证规定的拆迁范围和拆迁期限内进行拆迁,不得超越批准的拆迁范围和拆迁期限。

(三)城市房屋拆迁中存在的主要问题

1. 拆迁补偿价格和市场实际价格严重脱节

拆迁补偿标准没有和市场接轨是房屋拆迁矛盾的核心问题,主要表现为以下几种情况。

一是拆迁补偿标准过低。一些地方政府通过拆迁人申请,物价、国土、建设三部门联合下文的方式,代替房屋拆迁市场主体的自由选择,单方确定补偿标准。这就会导致补偿价格与市场价格相差甚远,被拆迁人获得的补偿价远远低于同地段商品房售价,甚至低于同地段的二手房价,在主观上造成了被拆迁人购房的经济负担。

二是房价涨了拆迁补偿价格不变。近几年来,土地使用权出让价、商品房价格和二手房价格不断攀升,而各地政府制订的补偿标准却多年停滞不动,给被拆迁人造成巨大的利益损失。

三是现行的法律法规对被拆迁人的土地使用权没有明确补偿规定,拆迁补偿只补偿被拆迁人的地上建筑物,而其土地使用权没有得到应有的补偿。被拆迁人因土地使用权的丧失而导致的损失,仅以房屋补偿名义是难以完全涵盖的。

2. 公益性拆迁和商业性拆迁没有具体明确的界定

假借"公共利益"之名,行商业拆迁之实,激化了房屋拆迁矛盾,主要表现在以下几个方面。

一是《国有土地上房屋征收与补偿条例》对拆迁项目的公益性和商业性没有区分,偏重于对开发商利益的保护,使被拆迁人的利益要求得不到有效伸张。一些地方政府在房屋拆迁中以个人利益要服从"公共利益"为由,非法地介入商业性目的强制拆迁。

二是目前我国现行法律对"公共利益"内涵没有具体明确规定,导致在实际拆迁工作中,作为政府的一项强制性拆迁行政权力的使用被扩大化了。一些地方政府给一些开发项目挂上"公共利益"的幌子,借助政府的公共权力,侵害被拆迁人私有财产权。

3. 被拆迁困难户得不到妥善安置,失去生存基础

安置房源紧缺、地段偏远、"因拆致贫"的问题,没有引起一些地方政府的足够重视。在房屋拆迁过程中,存在着拖欠、挪用、滞留安置资金以及安置滞后现象,尤其是安置房源紧缺,擅自抬高回迁房价,致使房屋拆迁后,被拆迁人和房屋承租人的居住安置面临较严重的困境。低收入、低补偿的被拆迁人在拿到数目有限的拆迁补偿费后,只能选择迁移到地价相对便宜的城市边缘居住。被拆迁人居住地的"城市边缘化",使被拆迁人生存成本大增,谋生手段又需要从头再来,交通、购物、子女入学都成为棘手的问题,在一定程度上导致了被拆迁人生活水平的下降。

有些城市的"旧城改造"已成了被拆迁人的噩梦。老城区是贫困人群相对比较集中的地方,存在着一定数量小户型房屋、违章房屋,这部分被拆迁人在拆迁前还能够维持基本的生存条件,但拆迁后将使这些家庭住房更困难,生活更加贫困。

(四)城市房屋拆迁的形式

房屋拆迁的形式有三种。

1. 人民政府组织统一拆迁

人民政府组织统一拆迁,即由人民政府或其专门委托的单位统一进行拆除、补偿、安置等工作。它是国家提倡和鼓励采用的拆迁方式。

2. 自行拆迁

它是指拆迁人自己对被拆迁人进行拆迁安置和补偿。主要拆迁业务人员必须在拆迁主管机关进行培训,取得拆迁资格证书后才能上岗。自行拆迁应当到当地城市房屋拆迁主管部门办理核准手续,未经核实不得实施拆迁。

3. 委托拆迁

它是指拆迁人将房屋拆迁的补偿和安置工作委托他人进行。被委托人应当是取得房屋拆迁资格证书的单位。接受委托的单位应当与拆迁人签订委托合同,并须经拆迁主管部门验证。

三、城市房屋拆迁补偿与安置

(一)城市房屋拆迁补偿

1. 城市房屋拆迁补偿对象

房屋拆迁补偿关系到拆迁当事人的经济利益,根据我国《宪法》规定,国家、全民、集体所有的财产受法律保护,国家保护公民的合法收入、储蓄、房屋等合法财产的所有权。房屋被拆除,给被拆迁房屋的所有人造成了一定的财产损失。为保护被拆除房屋所有人的合法权益,拆迁人应当对被拆除房屋及其附属物的所有人(包括代管人、国家授权的国有房屋及其附属物的管理人)给予补偿。应当明确的是,补偿的对象是被拆迁房屋及其附属物的所有人,而不是使用权人。所有人既包括公民,也包括法人。

2. 城市房屋拆迁补偿形式

城市房屋拆迁补偿形式主要有三种。

(1)产权调换,是指拆迁人以原地或异地建设的房屋补偿给被拆迁房屋的所有人,继续保持其对房屋的所有权。产权调换的面积按照被拆迁房屋的建筑面积计算。

(2)作价补偿,是指拆迁人将拆除房屋的价值,以货币结算的方式补偿给被拆迁房屋的所有人。作价补偿金额的计算,按照被拆除房屋建筑面积的重置价格结合当地市场行情计算。

(3)产权调换和作价补偿相结合。

相关法律规定,拆除非公益事业房屋的附属物,不做产权调换,由拆迁人给予货币补偿。拆迁租赁用房时被拆迁人与房屋承租人对解除租赁关系达不成协议时,拆迁人应当对被拆迁人实行房屋产权调换。除上述两种情况外,被拆迁人可以选择拆迁补偿方式。

3. 特殊情况的房屋拆迁补偿

(1)出租房屋的拆迁补偿。拆迁租赁房屋,被拆迁人与房屋承租人解除租赁关系的,或者被拆迁人对房屋承租人进行安置的,拆迁人对被拆迁人给予补偿。被拆迁人与房屋承租人对解除租赁关系达不成协议的,拆迁人应当对被拆迁人实行房屋产权调换。产权调换的房屋由原房屋

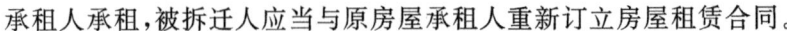

承租人承租,被拆迁人应当与原房屋承租人重新订立房屋租赁合同。

(2)产权不明确房屋的拆迁补偿。拆迁产权不明确的房屋,拆迁人应当提出补偿安置方案,报房屋拆迁管理部门审核同意后实施拆迁,拆迁前拆迁人应当就被拆迁房屋的有关事项向公证机关办理证据保全。

(3)设有抵押权房屋的拆迁补偿。相关法律规定,拆迁设有抵押权的房屋,依照国家有关担保的法律执行。抵押当事人就解除抵押关系或重新设定抵押物达成协议的,拆迁补偿按正常情况进行;抵押当事人无法达成协议的,按照法律规定的清偿顺序进行清偿,不足清偿抵押权人的,抵押权人按照有关担保的法律规定,可向抵押人进行追偿,抵押权因房屋灭失而消失。

(4)拆迁公益事业房屋及其附属物的补偿。公益事业一般指文教、卫生及社会公共福利方面的非生产性事业,拆迁公益事业用房的,拆迁人应当依照有关法律、法规的规定和城市规划的要求予以重建或者给予货币补偿。

(5)临时建筑、违章建筑的拆迁补偿。临时建筑必须在批准的使用期限内拆除。因此,拆除已超过批准使用期限的临时建筑,不给予补偿。对于尚没有超过批准使用年限的临时建筑,可考虑临时建筑在使用期内的残值和剩余合法使用期的长短,给予适当补偿。违章建筑的存在是不合法的,拆除违章建筑坚决不予补偿。

4. 补偿标准

(1)产权调换的补偿标准。补偿标准是被拆除房屋的原建筑面积,其中,偿还面积与原面积相等的部分,按重置价格计算结构差价;偿还面积超过原面积部分,按商品房价格结算;偿还面积不足原面积部分,按重置价格结合成新结算。

(2)作价补偿的标准。按照被拆除房屋建筑面积的重置价格结合成新结算。

(二)城市房屋拆迁安置

1. 城市房屋拆迁安置对象

拆迁人在拆迁活动中除对被拆迁房屋的所有人给予补偿外,还应对被拆除房屋的使用人给予安置,以切实保障被拆除房屋使用人的使用权。因此,安置的对象是被拆除房屋的使用人,而不是所有人。

2. 安置形式

安置形式主要有两种。

(1)一次性安置。把被拆除房屋的使用人直接迁入安置房,没有周转过渡期,拆迁人与被拆迁安置对象就房屋问题一次处理完毕。

(2)过渡安置。被拆迁人不能一次获得安置用房,由拆迁人先对被拆迁安置对象进行临时安置,过一段时间后被拆迁人再迁入安置房。

3. 城市房屋拆迁安置的相关规定

根据相关法律规定,拆迁人应当提供符合国家质量安全标准的房屋,用于拆迁安置,其主要规定如下:拆迁人应当对被拆迁人或者房屋承租人支付搬迁补助费;在过渡期限内,被拆迁人或者房屋承租人自行安排住处的,拆迁人应当支付临时安置补助费;被拆迁人或者房屋承租人使用拆迁人提供的周转房的,拆迁人不支付临时安置补助费;搬迁补助费和临时安置补助费的标准,由省、自治区、直辖市人民政府规定;拆迁人不得擅自延长过渡期限,周转房的使用人应按时腾退周转房;因拆迁人的责任延长过渡期限的,对自行安排住处的被拆迁人或者房屋承租人,应当自逾期之月起增加临时安置补助费;对周转房的使用人,应当自逾期之月起付给临时安置补助费;因拆迁非住宅房屋造成停产、停业的,拆迁人应当给予适当补偿。

4. 安置标准

安置标准,因被拆除房屋的性质的不同而有所区别。

(1) 拆除非住宅房屋,按照原建筑面积安置。

(2) 拆除住宅房屋,由省、自治区、直辖市人民政府根据当地实际情况,可按照原建筑面积,也可以按照原使用面积或者原居住面积安置。对有困难的被拆除房屋使用人,可以适当增加安置面积。

四、拆迁争议的处理

按照民事关系的要求,必须在双方当事人意愿表示一致时,才能签订拆迁协议。由于各种原因,拆迁协议难以订立或是订立协议后,被拆迁人可能不履行拆迁协议,拒绝搬迁,由此引发拆迁争议与纠纷。一般来说,房屋拆迁争议处理的各种情形如图 4-2 所示。

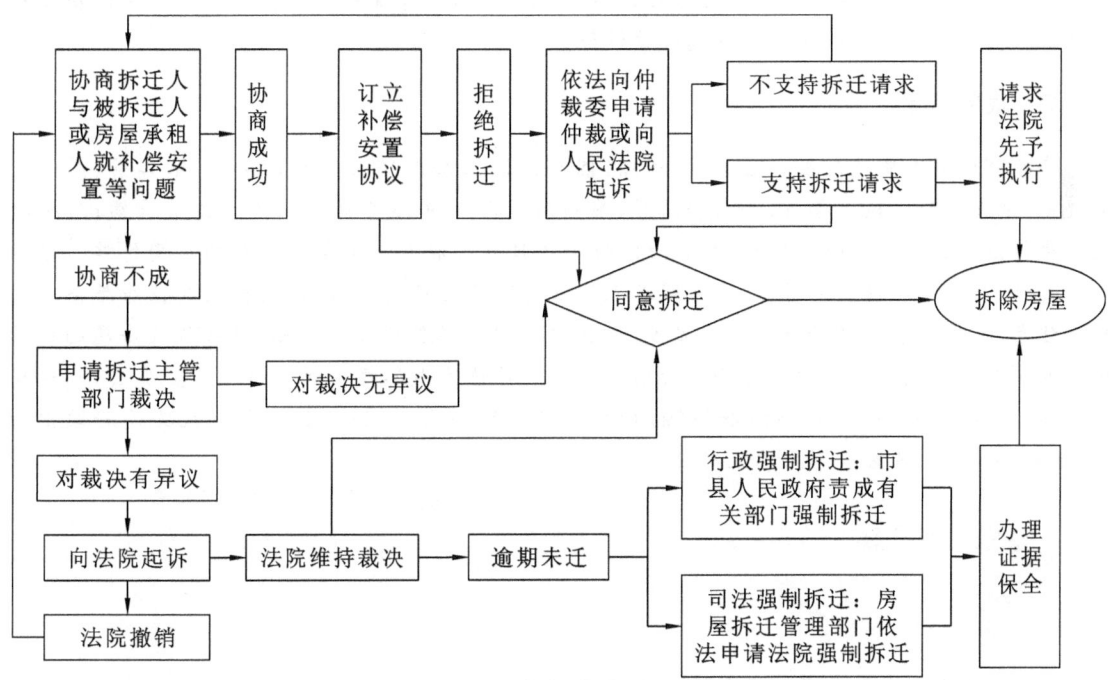

图 4-2 房屋拆迁争议处理

(1) 拆迁人与被拆迁人达成补偿协议时,双方可按协议的约定自动履行各自的义务,拆迁人

将拆迁补偿款支付给被拆迁人,被拆迁人将房屋内的物品搬走,将房屋腾空。

(2) 拆迁人与被拆迁人达成补偿协议后,有一方不履行协议时,对方有权向人民法院提起诉讼,要求对方按补偿协议的约定履行义务。同时,一方可申请法院先予执行。

(3) 因不能达成拆迁补偿协议,一方向房屋拆迁主管部门提出了裁决申请,做出裁决后,如果拆迁人或被拆迁人认可裁决的内容,那么,可按裁决的规定内容自动履行相关的义务。

(4) 房屋拆迁主管部门的裁决做出后,如果拆迁人或被拆迁人一方或双方不服,可在 60 日内向拆迁主管部门的上一级行政机关申请复议,或在 3 个月内向人民法院提起诉讼。

(5) 房屋拆迁主管部门的裁决做出后,如果拆迁人或被拆迁人未在规定的期限内申请复议或提起行政诉讼,一方可申请人民法院强制执行。

◈ 引例导入

房屋拆迁案例

一、基本案情

2011 年 4 月 6 日,泗水县人民政府做出泗政发〔2011〕15 号《泗水县人民政府关于对泗城泗河路东林业局片区和泗河路西古城路北片区实施房屋征收的决定》(以下简称《决定》),其征收补偿方案规定,选择货币补偿的,被征收主房按照该地块多层产权调换安置房的优惠价格补偿;选择产权调换的,安置房超出主房补偿面积的部分由被征收人出资,超出 10 平方米以内的按优惠价结算房价,超出 10 平方米以外的部分按市场价格结算房价;被征收主房面积大于安置房面积的部分,按照安置房优惠价每平方米增加 300 元的标准给予货币补偿。原告孔庆丰的房屋在被征收范围内,其不服该《决定》,提起行政诉讼。

二、裁判结果

济宁市中级人民法院经审理认为,根据《国有土地上房屋征收与补偿条例》第二条、第十九条规定:征收国有土地上单位、个人的房屋,应当对被征收房屋所有权人给予公平补偿;对被征收房屋价值的补偿,不得低于房屋征收决定公告之日被征收房屋类似房地产的市场价格。根据立法精神,对被征收房屋的补偿,应参照就近区位新建商品房的价格,以被征收人在房屋被征收后居住条件、生活质量不降低为宜。本案中,优惠价格显然低于市场价格,对被征收房屋的补偿价格也明显低于被征收人的出资购买价格。该征收补偿方案的规定对被征收人显失公平,违反了《国有土地上房屋征收与补偿条例》的相关规定。故判决:撤销被告泗水县人民政府做出的《决定》。宣判后,各方当事人均未提出上诉。

复习思考题

一、选择题(以下选项中至少有一个是正确的)

(1) 2004 年 8 月 31 日后,房地产开发企业获取土地使用权有哪几种形式?(　　　)

A. 协议　　　　　　B. 招标　　　　　　C. 挂牌　　　　　　D. 拍卖

(2) 土地使用权转让的方式有哪些?(　　　)

A. 出售　　　　　　　B. 交换　　　　　　　C. 赠予　　　　　　　D. 租赁

(3) 可以申请以划拨方式提供土地使用权的用地类型有哪些?(　　　)

A. 国家机关用地和军事用地

B. 城市基础设施用地和公益事业用地

C. 国家重点扶持的能源、交通、水利等项目用地

D. 法律、行政法规规定的其他用地

(4) 根据《中华人民共和国土地管理法》规定,征地补偿及安置费用包括哪些?(　　　)

A. 土地补偿费　　　　　　　　　　　B. 青苗补偿费

C. 地上附着物补偿费　　　　　　　　D. 安置补助费

E. 新菜地开发建设资金

二、简答题

1. 土地使用权的取得方式有哪些?请简述每种土地使用权的取得方式。

2. 简述国有土地使用权出让的方式。

3. 土地使用权转让具有哪些特征?

4. 城市房屋拆迁补偿形式有哪些?

5. 土地征用的基本程序是怎样的?

房地产开发项目可行性研究

学习目标

学习目标

1. 了解可行性研究的内容及步骤。
2. 熟悉房地产市场调查的方法及内容。
3. 掌握财务评价的基本方法。
4. 熟悉可行性研究报告的内容。

技能要求

1. 具有分析和解决问题的能力,能够灵活运用房地产市场调查的方法完成市场调查。
2. 能够编写地块开发的市场定位与可行性分析报告。

任务 1 可行性研究概述

一、可行性研究的含义和目的

可行性研究是在投资决策前,对建设项目进行全面的技术经济分析、论证的科学方法。具体来讲,就是在工程项目投资决策前,对与项目有关的社会、经济和技术等各方面的情况进行深入细致的调查研究,对各种可能拟定的建设方案和技术方案进行认真的技术经济分析、比较和论证,对项目建成后的经济效益进行科学的预测和评价,在此基础上,综合研究建设项目的技术先进性和适用性、经济合理性以及建设的可能性和可行性,由此确定该项目是否应该投资和如何投资等结论性的意见,为决策部门最终决策提供科学的、可靠的依据,并作为开展下一步工作的基础。

可行性研究的根本目的是实现项目决策的科学化、程序化,减少或避免投资决策的失误,提高项目开发建设的经济、社会和环境效益。

房地产开发是一项综合性经济活动,投资额大,建设周期长,涉及面广。要想使开发项目达到预期的经济效果,必须首先做好可行性研究工作,才能使房地产开发项目的重大经济技术和基础资料得到切实的贯彻和落实。

二、可行性研究的阶段划分

一个工程建设项目开发建设全过程,大体可分为三个时期,即建设前期(投资前期)、建设时期(投资时期)和生产时期,每个时期又可以分为若干阶段。可行性研究是建设前期工作的重要内容。可行性研究工作一般分为四个阶段,即机会研究、初步可行性研究、详细可行性研究、评价报告和决策。

(一)机会研究(投资机会论证)

这一阶段的主要任务是提出工程项目投资方向的建议。机会研究要解决两个方面的问题:一是社会是否需要;二是有没有基本条件。

(1)机会研究主要是为项目主体寻求具有良好发展前景,对经济发展有较大贡献,并具有较大成功可能性的投资发展机会。机会研究是从经济、技术、社会及自然状况等大的方面发生的变化中挖掘潜在的发展机会,通过创造性的思维提出项目设想。

(2)机会研究的特点:①研究范围比较大,研究的内容粗略;②效益、费用的估算精度要求为误差在±30%以内。

（二）初步可行性研究（预可行性研究）

这一阶段是在对机会研究的结论仍有怀疑时才进行，一般可以越过这个阶段而进入详细可行性研究。

初步可行性研究主要对项目在市场、技术、环境、选点、效益、资金等方面的可行性进行初步分析，基本上是粗线条的，同时为项目实施设计出主要方案或方案纲要。初步可行性研究，一方面可以为投资发起活动提供资料，另一方面也为了防止项目有明显的不可行性，淘汰不可行方案，最后决定是否要投入必要的资金、人力、材料进行可行性研究。这一阶段估算精度要求误差在±20％以内。

（三）详细可行性研究（技术经济可行性研究）

这一阶段是可行性研究的主要阶段。详细可行性研究一般要对产品的技术、工艺及设备、厂址选择及厂区规划、资金筹措建设计划及项目的经济效果等方面进行全面、系统的分析、论证、计划和规划。这一阶段费用和效益的估算精度要求误差在±10％以内。

（四）评价报告和决策

评价报告是可行性研究的最后结论，回答可行性研究中项目对社会及国家的有利性问题。

三、可行性研究的内容

由于房地产开发项目的性质、规模和复杂程度的不同，其可行性研究的内容也不尽相同，各有侧重，但主要内容是不变的，包括以下三个方面。

（一）项目的必要性

基本标准是该项目是否为社会所需要。解决这个问题需要对拟开发项目所在地区的社会、经济发展状况和拟开发产品的市场供需情况进行调查、分析和预测。

（二）项目实施的可能性

可能性是建立在对项目的外部制约条件分析的基础上的，需要考察固定资产投资规模及城市规划对项目的限制条件，还需要看资金、建筑材料、施工力量、城市基础设施等能否保证开发项目的顺利实施。此外，还需考察开发建设过程和建成投入使用后的道路、通信、供电、供水、供热等的制约条件，以及治安、消防、就学、购物等社会服务条件。项目开发时对这些约束因素的承受力和突破力决定着项目实施的可能性，承受力和突破力强则实施的可能性就大。

（三）项目的技术经济分析

这是可行性研究中的核心部分。相对而言，经济分析又比技术分析更为重要，因为对于企业来说，经济效益是最重要的。

四、可行性研究的步骤

可行性研究一般按如下步骤进行。

（一）明确任务

在项目建议被批准之后,开发商即可组织力量对拟开发项目进行可行性研究。如果开发商自己没有研究力量,可以委托中介机构专业人员对拟开发项目进行可行性研究。受托单位要弄清楚委托方的目的和要求,明确研究内容,制订计划,并收集有关的基础资料、指标、规范、标准等基本数据。

（二）调查研究

调查研究主要从 5 个方面进行:一是市场需求调查;二是市场供给调查;三是资源调查,包括原材料、能源、劳动力、建材、运输条件、环境保护、组织管理和人员培训等自然、社会、经济条件的调查;四是建设地点及所处地段条件的调查;五是金融市场资金供求状况、利率和资金来源的调查等。对调查所得到的信息、情报要加工处理,预测未来市场、社会环境、资源变化趋势。

（三）方案选择和优化

根据项目建议书的要求,结合调查研究结果,在收集到的资料和数据的基础上编制若干个可供选择的开发方案,进行反复的方案论证和比较,会同委托方明确方案选择的原则和标准,采用技术经济分析的方法,评选出合理的方案。

（四）财务评价和国民经济评价

对经上述分析后所确定的最佳方案,在估算项目投资、成本、价格、收入等基础上,对方案进行详细的财务评价和国民经济评价。研究论证项目在经济上的合理性和盈利能力,进一步提出资金筹措建议和项目实施总进度计划。

（五）编制可行性研究报告

经过上述分析与评价,即可编制详细的可行性研究报告,推荐一个以上的可行方案和实施计划,提出结论性意见、措施和建议。

任务 2 房地产市场的调查与研究

一、房地产市场调查的含义

市场调查也称为市场调研、营销调研,是现代市场营销理论的重要组成部分,是适应市场经济、市场营销发展需要的产物。房地产市场调查是指运用科学的方法,有目的、有计划、系统地判断、收集、记录、整理、分析、研究房地产市场过去及现在的各种基本状况及其影响因素,并得出结论的活动与过程,其目的是为房地产经营者预测其未来发展并为制订正确的决策提供可靠依据。

房地产市场调查,有广义和狭义之分。狭义的市场调查,是把市场理解为房地产产品消费对象,针对消费者购买行为所做的调查,即对消费者及其行为的研究。广义的市场调查则把市场理解为商品交换关系的总和,即一个由各种市场要素构成的、有结构的体系,也就是市场调查不再只局限于消费者的购买行为,而是将其调查范围扩大到了房地产营销的每一个阶段。只要是市场要素所涉及的内容,均可视为调查研究的对象。

二、房地产市场市场调查类型

由于范围、功能等方面存在差异,房地产市场调查可以分为不同的类型,表现出不同的特征。

(一)按市场调查的范围分类

1. 专题性市场调查

专题性市场调查,简称专题调研,是指市场调研主体为解决某个具体问题而进行的对市场中的某个方面进行调研,如房地产价格调查、广告调查等。这种市场调研具有组织实施灵活方便、所需人力物力有限、对调研主体无法仅凭此对市场全面了解。在许多情况下,当企业或其他市场调研主体面临某些涉及面有限的具体问题需要做出决策时,只要所提供的信息能保证满足决策所需,专题调研就是合理的选择。事实上,大多数市场调研是专题调研。

2. 综合性市场调查

综合性市场调查,是指市场调研主体为全面了解市场的状况而对市场的各个方面进行的全面调研。相对于专题调研而言,综合调研涉及市场的各个方面,提供的信息能全面地反映市场的全貌,有助于市场调研主体正确了解和把握市场的基本状况。但是,由于这种市场调研涉及面广,组织实施比较困难,不但需要投入相当多的人力、物力、财力,耗费时间,而且对调研人员的要求也相对较高。一般而言,这种市场调研只有在必要时才组织实施,在实践中比较少见。

(二)按市场调查的功能分类

1. 探测性调查

探测性又称非正式调查。当企业对需要研究的问题和范围不明确,无法确定应该调查哪些内容时,可以采用探测性调查来找出症结所在,然后再做进一步研究,以明确调查对象、确定调查重点、选择调查方法、寻找调查时机。例如:某房地产公司近几个月来销售量下降,公司一时弄不清楚是什么原因导致的,是宏观经济形势不好,是广告支出减少,是销售代理效率降低,是消费者偏好转移,是市场上有新的替代品出现,还是有其他设计与质量上的缺陷,等等。在这种情况下,可以采用探测性调查,从中介公司、消费者那里收集资料,以便找出最有可能的原因。

由此可见,探测性调查只是收集一些有关资料,以确定问题所在,至于问题应该如何解决,则有待于进一步的调查研究。探测性调查回答的是"可以做什么",也就是所谓的"投石问路"。探测性调查一般采用简便易行的调查方法,如第二手资料的搜集、小规模的试点调查、专家或相关人员的意见集合或是参照以往发生的类似实例来进行。

2. 描述性调查

所谓描述性调查,是指对确定调查的问题通过收集资料并经甄别、审核、记录、整理、汇总,做更深入、更全面的分析,确认问题真相,并对问题的性质、形式、存在、变化等具体情况做出现象性的描述,并不涉及事物的本质及影响事物发展变化的内在原因。例如,某房地产公司欲弄清购买本公司产品的是哪些消费者,他们的具体分布如何,什么时候进行购买,如何购买,等等,通过调查,把市场活动面貌如实地描述出来,不必下结论。描述性调查是一种最基本、最一般的市场调查。

描述性调查回答的是"是什么",一般可用于房地产市场占有率的调查、销售渠道的调查、消费者行为的调查和市场潜在需求量的调查等。描述性调查常用的方法有二手资料分析、抽样调查、固定样本连续调查、观察法等。

3. 因果性调查

因果性调查是对导致研究对象存在或变化的内在原因和外部因素的相互联系和制约关系做出说明,并对诸因素之间因果关系、主从关系、自变量与因变量的关系进行定量与定性的分析,指出调查对象产生的原因及其形成的结果。例如:价格和销售之间的因果关系如何;降价是否可以使销售量增加;广告与销售之间的因果关系如何;现场广告是否可以促进购买冲动,等等。这些问题和假设可以通过正式的因果关系研究来检验其有效性。

由此可见,因果性调查就是在描述性调查的基础上,找出房地产市场上出现的各种现象之间、各种问题之间相互关系的原因和结果,它回答的是"为什么",常用方法有实验法。

三、房地产市场调查的方法

(一)观察法

这种方法是指调查人员不与被调查者正面接触,而是在旁边观察。这样的话可以使被调查者无压力,表现得自然,因此调查效果也较为理想。观察法有四种形式。

1. 直接观察法

直接观察法就是派调查人员去现场直接察看。例如,可派调查人员去房地产展销会或到各大楼盘的售楼部,观察顾客对哪些房地产产品最喜欢,对哪些房地产产品不感兴趣。又如,要了解一个楼盘的实际入住情况,在白天可观察该小区楼宇的空调安装数量,在晚上可观察该小区住户的亮灯数量,由此可得到较为准确的入住率。再如,要判断一个顾客的收入水平与购买能

力,可从其前来看楼时采用的交通工具略知大概,等等。

2．亲自经历法

亲自经历法就是调查人员亲自参与某项活动来收集有关资料。如某一房地产商,要了解某代理商服务态度的好坏、服务水平的高低,可以派人佯装顾客,到该代理商处去咨询买楼事宜等。通过亲身经历搜集到的资料,一般来讲是非常真实的。

3．痕迹观察法

这种方法不是直接观察被调查对象的行为,而是观察调查对象留下的实际痕迹。

4．行为记录法

因为观察法不直接向调查者提出问题,所以,有些观察工作可以通过录音机、录像机、照相机及其他一些监听、监视设备来进行。

观察法的最大优点是它的直观性和可靠性,它可以比较客观地收集第一手资料,直接记录调查的事实和被调查者在现场的行为,调查结果更接近于实际。此外,观察法基本上是调查者的单方面活动,特别是非参与性观察,它一般不依赖语言交流,不与被调查者进行人际交往,因此,它有利于对无法、无须或无意进行语言交流的现象进行调查,有利于排除语言交流或人际交往中可能发生的种种误会和干扰。而观察法的缺点主要表现在观察不够具体、深入,只能说明事实的发生,而不能说明发生的原因和动机。

（二）实验法

实验法是将调查范围缩小到一个比较小的规模,进行试验后得出一定结果,然后再推断出样本总体可能的结果。所有的实验包括三个基本部分:实验体、处理、结果。实验对象称为"实验体",实际上引入的变化称为"处理","处理"发生在实验对象上的效果称为"结果"。例如,用实验法研究广告对销售的影响,可在其他因素不变的情况下研究广告投放量的变化所引起的销售量的变化,并将它与未投放广告的区域进行比较。当然,由于市场情况受多种因素的影响,在实验期间,消费者的偏好、竞争者的策略,都可能有所改变,从而影响实验的结果。虽然如此,实验法在研究因果关系时仍能提供询问法和观察法所无法得到的材料,因此具有独特的使用价值和应用范围。

（三）询问法

询问法是把调研人员事先拟定的调查项目或问题以某种方式向被调查对象提出,要求给予回答,由此获得信息资料。询问法包括以下五种形式。

1．小组座谈法

小组座谈法又称焦点访谈法,就是采用小型座谈会的形式,挑选一组具有代表性的消费者或客户,在一个装有单面镜或录音录像设备的房间内,在主持人的组织下,就某个专题进行讨论,从而获得对有关问题的深入了解。

小组座谈法的特点在于它所访问的不是一个一个的被调查者,而是同时访问若干个被调查者,即通过与若干个被调查者的集体座谈来了解市场信息。因此,小组座谈过程是主持人与多个被调查者相互影响、相互作用的过程。此方法要想取得预期效果,不仅要求主持人要做好座谈会的各种准备工作,熟练掌握主持技巧,还要求主持人有驾驭会议的能力。

2. 深度访谈法

在市场调查中,常需要对某个专题进行全面深入的了解,同时希望通过访问、交谈发现一些重要情况,要达到此目的,仅靠表面观察和一般的访谈是不够的,这就需要采用深度访谈法。

深度访谈法是一种无结构的、直接的、一对一的访问,在访问过程中,由掌握高级访谈技巧的调查员对调查对象进行深入的访谈,用以揭示被访者对某一问题的潜在动机、态度和情感等,此方法最适于做探测性调查。

3. 电话调查法

电话调查法是由调查人员通过电话向被调查者询问了解有关问题的一种调查方法。电话调查法的优点:取得市场信息资料的速度最快;节省调查时间和经费;覆盖面广,可以对任何有电话的地区、单位和个人进行调查,被调查者没有调查者在场的心理压力,因而能畅所欲言,回答率高;对于那些不易见到面的被调查者,采用此法有可能取得成功。

电话调查法的缺点:被调查者只限于有电话和能通电话者,在经济发达地区,这种方法可得到广泛应用,但在经济不发达、通信条件比较落后的地区很难使用这个方法,这在一定程度上影响调查的完整性;电话提问受到时间限制,询问时间不能过长,内容不能过于复杂,故被调查者只能简单回答,调查者无法深入了解某些情况和问题;由于无法出示调查说明、照片、图表等背景资料,也没有过多时间逐一在电话中解释,因此,被调查者可能因不了解调查的详尽、确切的意图而无法回答或无法正确回答;对于某些专业性较强的内容,如询问对方单位计算机的型号、使用年限等问题,而接电话者未必是这方面的专家时,就无法取得所需的调查资料;无法针对被调查者的性格特点控制其情绪,如对于挂断电话的拒答者,很难做进一步的规劝工作。

电话调查法适用于急需得到市场调研结果的场合,目前我国许多市场调研机构已开始采用这种方法。随着我国电信事业的发展,电话调查作为一种快捷、有效的调查方法,将会得到进一步的重视和广泛运用。

4. 邮寄调查法

邮寄调查法是将问卷寄给被调查者,由被调查者根据调查问卷的填表要求填好后寄回的一种调查方法。

邮寄调查法的优点:可以扩大调查区域,增加更多的调查样本数目,只要通邮的地方,都可以进行邮寄调查;提问内容可增加,信息含量大;调查成本较低,只需花费少量邮资和印刷费用;被调查者有较充分的时间填写问卷,如果需要,还可以查阅有关资料,以便准确回答问题;可以避免被调查者受调查者的态度、形象、情绪等因素的影响;通过让被调查者匿名填写的方式,可对某些敏感或隐私情况进行调查;无须对调查人员进行专门的培训和管理。

邮寄调查法的缺点:征询问卷回收率一般偏低,许多被调查者对此不屑一顾;信息反馈时间长,影响资料的时效性;无法确定被调查者的性格特征,也无法评价其回答的可靠程度,如被调查者可能误解问题意思、填写问卷可能不是调查者本人等;要求被调查者要有一定的文字理解能力和表达能力,对文化程度较低者不适用。

5. 留置问卷法

留置问卷法是指调查者将调查表当面交给被调查者,说明调查意图和要求,由被调查者自行填写回答,再由调查者按约定的日期收回的一种调查方法。

留置问卷法是介于面谈和邮寄调查之间的一种方法,此法既可弥补当面提问时间仓促、被调查者考虑问题不成熟等缺点,又可克服邮寄调查回收率低的不足。此法缺点是调查地区、范围受一定限制,调查费用相对较高。

四、房地产市场调查的内容

房地产业是一个综合性非常强的行业,房地产市场调研也是一个综合分析的过程。一般说来,房地产市场调研的内容主要包括以下四个方面。

(一)房地产市场环境调研

1. 宏观环境调研

市场环境总是处在不断变化之中,总是不断地在产生新的机遇和危机,对市场敏感的企业家往往能够从不同角度看待这些变化,将这些变化看成是企业发展的新机遇。而房地产市场调研最重要的任务就是要摸清企业当前所处的宏观环境,为科学决策提供宏观依据。房地产市场宏观环境主要包括以下几种。

(1)经济环境,主要包括国民经济发展状况、产业结构的变化、城市化的进程、经济体制、通货膨胀的状况、家庭收入和家庭支出的结构等。

(2)政策环境,主要包括与房地产市场有关的财政政策、货币政策、产业政策、土地政策、住房政策、户籍政策等。

(3)人口环境,主要包括人口的总量、年龄结构、家庭结构、知识结构以及人口的迁移特征等。另外,宏观环境还包括文化环境、行业环境、技术环境以及对城市发展概况的描述等。

2. 区域环境调研

区域环境调研是指对项目所在区域的城市规划、景观、交通、人口构成、就业中心、商圈等区域条件进行分析,对项目地块所具有的区域价值进行判断。具体包括:结合项目所在城市的总体规划,分析项目的区域规划、功能定位、开发现状及未来定位;进行区域的交通条件研究;对影响区域发展的其他因素和条件进行研究,如历史因素、文化因素、发展水平等;对区域内楼盘的总体价格水平与供求关系进行分析。

3. 项目微观环境调研

项目微观环境调研又称为项目开发条件分析。其目的是分析项目自身的开发条件及发展状况,对项目自身价值提升的可能性与途径进行分析,同时为以后的市场定位做准备。其具体包括以下内容。

（1）对项目的用地现状及开发条件进行分析。

（2）对项目所在地的周边环境进行分析。项目所在地周边环境主要指地块周围的物质和非物质的生活配套情况，包括水、电、气等市政配套，公园、银行、超市、体育场馆、学校、医院、邮局、集贸市场等生活配套情况，以及空气、卫生、景观等生态环境，还包括由人口数量和素质所折射出来的人文环境等。

（3）对项目的对外联系程度、交通组织等进行分析。

（二）房地产消费者

房地产企业研究买家时需要回答七个问题（可简称为"6W1H"）：哪些人是买家（who）；买家要买什么样的房（what）；买家为什么要买这些房子（why）；谁参与买家的购买行为（whom）；买家什么时候买房（when）；买家在哪里买房（where）；买家以什么样的方式买房（how）。具体说来，对消费者的调查应包括以下三个方面。

（1）消费者的购买力水平。消费者的购买力水平是影响住房消费最重要的因素，它直接决定了消费者的购房承受能力。消费者购买力水平的主要衡量指标是家庭年收入。

（2）消费者的购买倾向。消费者的购买倾向主要包括物业类别、品牌、户型、面积偏好、位置偏好、预期价格、物业管理、环境景观等。

（3）消费者的共同特性。消费者的共同特性主要包括消费者的年龄、文化程度、家庭结构、职业、原居住地等。

一般说来，在未确定目标消费者之前，可通过二手资料的收集对房地产市场的消费者做一个普遍、粗略的了解；在确定了目标消费者之后，则主要通过问卷调查的形式就想要了解的问题对目标调查对象进行调查。目标消费者的确定可参照同类物业的已成交客户进行划分。必要的时候，甚至还可针对核心购买者进行再一次调查，如此反复，直至得到较为准确可靠的结论。因此可以说，对消费者的调研可视为动态的全过程调研。

（三）竞争楼盘调研

竞争性楼盘分为两种情形：一类是与所在项目处在同一区域的楼盘；另一类是不同区域但市场定位相似的楼盘。竞争楼盘调研包括对这些楼盘进行营销策略组合的调查与分析，还包括产品、价格、广告、销售推广和物业管理等方面的分析。具体来说，竞争楼盘调研主要包括以下五个方面。

1. 产品调研

产品调研又可细分为区位调研、产品特征调研、公司组成调研、交房时间调研。①区位调研，主要包括地点位置、交通条件、区域特征、发展规划及周边环境等。②产品特征调研，主要包括建筑参数、面积户型、绿化率、装修标准、配套设施。③公司组成调研。一个楼盘主要的营运公司就是开发商、设计单位、承建商和物业管理公司这四家，它们分别负责项目的投资建设、建筑设计、工程建造和物业管理服务。这四家公司的雄厚实力和有效联合是楼盘成功的保证，而其中开发商的实力是最为关键的因素。④交房时间调研。对期房楼盘而言，交房日期是影响购房人购买决策的重要因素。

2. 价格调研

价格是房地产营销中最基本、最便于调控的因素,在实际的调查中也是最难取得真实信息的。一般是从单价、总价和付款方式来描述一个楼盘的价格情况。

1) 单价

它是楼盘各种因素的综合反映,是判断一个楼盘真正价值的指标。单价可以从以下几种价格来把握:起价——一个楼盘最差房屋的销售价格,为了促销,加入了人为的夸张成分,不足为凭;平均价——总销售金额除以总销售面积得出的单价;主力单价——占总销售面积比例最高的房屋的标定单价,这才是判断楼盘价格的主要依据。

2) 总价

虽然总价是销售价格和销售面积的乘积,但单价反映的是楼盘品质的高低,而总价反映的是目标客户群的支付能力。通过对楼盘总价的调研,能够掌握产品的市场定位和目标市场。

3) 付款方式

这是房屋总价在时间上的一种分配,实际上也是一种隐蔽的价格调整手段和促销工具,用以缓解购房人的付款压力,扩大目标客户群的范围,提高销售率。付款方式不外乎以下几种类型:一次性付款,按照工程进度付款的建筑期付款,按照约定时间付款,利用商业贷款或公积金贷款付款等。

3. 广告调研

广告是房地产促销的主要手段,对楼盘的广告分析是市场调研的重要组成部分。

4. 销售情况调研

销售情况是判断一个楼盘最终的指标,同时也是最难获得准确信息的。销售情况的调研主要包括以下几个方面。

(1) 销售率调研。销售率是一个最基本的指标,它反映了一个楼盘被市场的接纳程度。

(2) 销售顺序调研。销售顺序是指不同房屋的成交先后顺序,可以按照总价的顺序,也可以按户型的顺序或是面积的顺序来排列。可从中分析出不同价位、不同面积、不同户型的房地产单元被市场接纳的原因,它反映了市场需求结构和细节。

(3) 客户群分析。通过对客户群职业、年龄、家庭结构、收入的统计,可以反映出购房人的信息,从中分析其购买动机,找出本楼盘影响客户购买行为的因素以及各因素影响力的大小。通过对单个楼盘的调研,可以分析竞争对手产品规划的特点、价格策略、广告策略,以及销售的组织、实施情况,以此为基础可制订出本公司项目的营销策略和相应的对策。

5. 物业管理调研

物业管理调研包括调查物业管理的内容、管理情况、管理费以及管理公司等。

对竞争楼盘的调研,应特别注意保证楼盘基本数据的准确性。最后还应对竞争楼盘进行综合对比分析。

（四）竞争对手调研

有市场的地方,就存在着竞争,在房地产市场研究中,对竞争对手的调研主要包括以下十个方面。

（1）专业化程度,指竞争对手将其力量集中于某一产品、目标顾客群或所服务的区域的程度。

（2）品牌知名度,指竞争对手主要依靠品牌知名度而不是价格或其他度量进行竞争的程度。目前,房地产企业已经越来越重视品牌知名度,不仅重视项目品牌,更重视企业品牌。

（3）推动度或拉动度,指竞争对手在销售楼盘时,是寻求直接在最终用户中建立品牌知名度来拉动销售,还是支持分销渠道来推动销售的程度。

（4）开发经营方式,指竞争对手对所开发的楼盘是出售、出租还是自行经营,如果出售,是自己销售还是通过代理商销售等。

（5）楼盘质量,指竞争对手所开发楼盘的质量,包括设计、户型、材料、耐用性、安全性能等各项外在质量与内在质量标准。

（6）纵向整合度,指竞争对手采取向前(贴近消费者)或向后(贴近供应商)进行整合所能产生的增值效果的程度,包括企业是否能控制分销渠道,是否能对建筑承包商、材料供应商施加影响,是否有自己的物业管理部门等。

（7）成本状况,指竞争对手的成本结构是否合理,企业开发的楼盘是否具有成本优势等。

（8）价格策略,指竞争对手的商品房在市场中的相对价格状况。价格因数与其他变量关系密切,如财务、成本、质量、品牌等。它是一个必须认真对待的战略性变量。

（9）竞争对手历年来的项目开发情况。

（10）竞争对手的土地储备情况以及开发动态、未来的开发方向等。

任务 3 房地产开发项目的财务评价

一、财务评价的含义

房地产开发项目的财务评价是根据国家现行财税制度和价格体系,在科学估算项目的成本和收入基础上,通过计算一系列评价指标来评价项目的盈利能力、清偿能力以及外汇平衡能力,并据此判断项目的财务可行性和经济合理性,为投资决策提供依据。它是可行性研究的核心内容。

二、财务评价的步骤

财务评价分三个步骤。

第一步,分析和估算开发项目的财务数据,即通过市场调查、预测分析以及技术与投资方案分析,确定房地产开发项目的建设规模、建设地点和投资方案,拟订项目实施进度计划。据此进行财务预测,获得项目总投资、资金筹措方案、开发成本、销售或出租收入和利润、税金等一系列财务基础数据。

第二步,编制财务基本报表。财务基本报表是根据财务数据填列的,包括现金流量表、资产负债表、利润表、借款还本付息表等,是计算反映项目盈利能力、清偿能力的技术经济指标的基础。

第三步,计算财务评价指标。财务评价指标主要有财务净现值、财务内部收益率、投资回收期、成本利润率等。通过分析这些指标的计算结果来评价项目的经济可行性。

三、项目投资估算

一个房地产开发项目需要投入大量的资金,在项目的前期阶段,为了对项目进行经济效益评价并做出投资决策,必须对项目的投资和预期收入进行准确的估算,这项工作由估价师会同造价工程师完成。一般来说,房地产开发项目成本及费用包括以下几个部分。

一是土地费用,即为取得项目用地而发生的费用,主要包括以下几个方面。

(1)土地使用权出让金及征地费等。

(2)基础设施配套费用。这些费用的估算可根据各地的具体规定和标准进行。

(3)拆迁安置补偿费。按照有关规定给予安置所发生的费用。

二是前期工程费,主要包括项目的可行性研究、水文地质勘查、规划、设计以及"三通一平"等土地开发工程费支出。项目的规划、设计、可行件研究所需的费用支出一般可按项目总投资的一个百分比估算。"三通一平"等土地开发费用,主要根据实际工作量,参照有关计费标准估算。

三是房屋建造费,包括建安工程费、附属工程费和室外工程费。

四是销售费用,这是指在销售房地产产品过程中发生的各项费用,包括广告宣传费、代理费、销售许可证申领费、销售人员工资、奖金等。

五是税费。在投资估算中还应考虑项目所负担的各种税金和地方政府或有关部门征收的费用。各项税费应根据当地有关法规标准估算。

六是财务费用。企业为筹集资金而发生的各项费用,主要是指借款或债券的利息,还包括金融机构手续费、融资代理费以及企业筹资发生的其他财务费用。

七是管理费。为管理和组织生产经营活动而发生的各种费用,包括公司经费、职工教育培训经费、劳动保险费、诉讼费、坏账损失及其他管理费用,可按项目投资的一个百分比计算。

八是其他费用,主要包括临时用地费和临时建设费、施工图预算和标底编制费、招标管理费、施工执照费、工程监理费、合同公证费、保险费等杂项费用。这些费用一般按当地有关部门规定的费率估算。

九是不可预见费。根据项目的复杂程度和前述各项费用估算的准确程度,以上述各项费用的 3%~7% 估算。

四、房地产开发项目收入估算

在进行房地产开发项目收入估算之前,应先确定项目租售方案,租售方案一般应包括以下几个方面的内容:①项目是出租、出售还是租售结合,出租面积和出售面积的比例是多少;②租金和售价水平;③出租和出售的时间进度安排,以及各时间段内租售面积数量;④收款计划。租售方案确定后,则可据此估算项目收入。房地产开发项目用于销售时,收入快,时间短;房地产开发项目用于出租时,收入慢,时间长。

五、财务评价基本报表

在财务评价前,必须进行财务预测,也就是先要收集、估计和测算一系列财务数据,作为财务评价所需的基本数据。财务预测的结果主要汇集于辅助报表中,再根据辅助报表就可以编制财务评价的基本报表,以及计算一系列财务评价的指标。房地产开发项目财务评价报表分为基本报表和辅助报表。其中,基本报表包括现金流量表、损益表、资金来源与运用表、资产负债表及财务外汇平衡表等;辅助报表包括成本费用估算表、投资计划与资金筹措表、折旧摊销表、营业成本表、贷款还本付息表、租售收入估算表等。

(一) 现金流量表

现金流量表反映项目计算期内各年的现金流入和现金流出,用以计算财务内部收益率、财务净现值及投资回收期等评价指标,分析项目财务盈利能力。现金流量表分为现金流量表(全部资金)和现金流量表(自有资金)。

1. 现金流量表(全部资金)

现金流量表(全部资金)(见表 5-1)从项目本身出发,以全部投资作为计算基础,用以计算全部投资财务内部收益率、财务净现值及投资回收期等评价指标,考察房地产项目全部投资的盈利能力,为各个投资方案(不论其资金来源及利息多少)进行比较建立共同的基础。

表 5-1　现金流量表(全部投资)　　　　　　　　　　　　　(单位:万元)

序　号	项　　目	合　　计	建　设　期		经　营　期	
			第　一　年	…	第　二　年	…
1	现金流入(CI)					
1.1	产品销售(经营)收入					
1.2	回收固定资产余值					
1.3	回收流动资金					
2	现金流出(CO)					
2.1	固定资产(建设)投资					

续表

序　号	项　　目	合　　计	建　设　期		经　营　期	
			第　一　年	…	第　二　年	…
2.2	流动资金投资					
2.3	经营成本					
2.4	销售(经营)税金及附加					
2.5	土地增值税					
2.6	所得税					
3	净现金流量(CI－CO)					
4	累计净现金流量					
5	折现净现金流量					
6	累计折现净现金流量					
	所得税前					
7	净现金流量					
8	累计净现金流量					
9	折现净现金流量					
10	累计折现净现金流量					

项　　目	建　设　期		经　营　期	
	第　一　年	…	第　二　年	…
计算指标	所得税后		所得税前	
财务净现值	万元		万元	
静态投资回收期	年		年	
动态投资回收期	年		年	
财务内部收益率	％		％	

表5-1中的现金流入包括产品销售(经营)收入、回收固定资产余值、回收流动资金等。其中,产品销售(经营)收入是指企业通过销售产品或提供劳务服务等取得的收入,如商品房销售收入、出租房租金收入、土地转让收入等,其数据来源于销售(经营)收入和销售(经营)税金及附加估算表。回收固定资产余值是指用于出租经营的房地产项目经过折旧后在计算期最后一年的固定资产残值。回收流动资金指在计算期最后一年回收的全部流动资金。现金流出包括固定资产(建设)投资(含投资方向调节税)、流动资金投资、经营成本、销售(经营)税金及附加、土地增值税、所得税等。其中,固定资产(建设)投资和流动资金投资按投资计划和资金筹措表填列;经营成本根据总成本费用表填列,但不包括折旧、摊销费和借款利息。

2. 现金流量表(自有资金)

现金流量表(自有资金)(见表5-2)从投资者的角度出发,以投资者的出资额作为计算基础,把借款本金偿还和利息支付作为现金流出,用以计算自有资金财务内部收益率、财务净现值等评价指标,考察项目自有资金盈利能力。

表 5-2　现金流量表(自有资金)　　　　　　　　　　　　　　(单位:万元)

序　号	项　目	合　计	建 设 期		经 营 期	
			第 一 年	…	第 二 年	…
1	现金流入(CI)					
1.1	产品销售(经营)收入					
1.2	回收固定资产余值					
1.3	回收流动资金					
2	现金流出(CO)					
2.1	资本金					
2.2	借款本金偿还					
2.3	借款利息支付					
2.4	经营成本					
2.5	经营税金及附加					
2.6	土地增值税					
2.7	所得税					
3	净现金流量(CI−CO)					
4	累计净现金流量					
5	折现净现金流量					
6	累计折现净现金流量					
	所得税前					
7	净现金流量					
8	累计净现金流量					
9	折现净现金流量					
10	累计折现净现金流量					

项　目		建 设 期		经 营 期	
		第 一 年	…	第 二 年	…
计 算 指 标		所 得 税 后		所 得 税 前	
财务净现值		万元		万元	
静态投资回收期		年		年	
动态投资回收期		年		年	
财务内部收益率		%		%	

与现金流量表(全部资金)相比,表 5-2 的不同点在于:将"现金流出"的固定资产(建设)投资和流动资金投资中的自有资金汇总列为"自有资金"(资本金)栏目,其数据按投资计划与资金筹措表中的"自有资金"数据填列;在"现金流出"中增列"借款本金偿还"和"借款利息支付"栏目,逐年填列各种借款(长期借款、流动资金借款、其他短期借款)本金偿还之和及利息支付之和。

现金流量表(自有资金)主要考察自有资金的盈利能力和向外部借款对项目的有利程度。在对拟建项目进行投资分析时,要分别对两种现金流量表进行审查和分析,并根据分析人员所估算的基础数据编制两种现金流量表,从而计算相应的分析指标。

(二)损益表

损益表(见表 5-3)反映项目计算期内各年利润总额、所得税及税后利润的分配情况,用以计算投资利润率指标。该表根据总成本费用估算表、销售(经营)收入和销售(经营)税金及附加估算表填写。用损益表可求得项目税前和税后的投资利润率。

表 5-3 损益表 (单位:万元)

序 号	项 目	合 计	计 算 期			
			第 一 年	第 二 年	第 三 年	…
1	销售(经营)收入					
2	销售(经营)税金及附加					
3	增值税					
4	总成本费用					
5	利润总额(1[①]-2-3-4)					
6	弥补以前年度亏损					
7	应纳税所得额(5-6)					
8	所得税					
9	税后利润(5-8)					
10	提取法定盈余公积金					
11	提取公益金					
12	提取任意盈余公积金					
13	可供分配利润(9-10-11-12)					
14	应付利润					
15	未分配利润(13-14)					
16	累计未分配利润					

① 这里"1"表示项目序号,后同。

（三）资金来源与运用表

资金来源与运用表(见表 5-4)反映项目计算期内各年的资金盈余或短缺情况,用于选择资金筹措方案,判定适宜的借款及偿还计划,并为编制资产负债表提供依据,同时还可用以计算借款偿还期。

表 5-4　资金来源与运用表　　　　　　　　　　　　（单位:万元）

序　号	项　　目	合　　计	计　　算　　期			
			第 一 年	第 二 年	第 三 年	…
1	资金来源					
1.1	销售(经营)收入					
1.2	长期借款					
1.3	短期借款					
1.4	发行债券					
1.5	项目资本金					
1.6	其他					
2	资金运用					
2.1	固定资产(建设)投资(不含建设期利息)					
2.2	经营成本					
2.3	销售(经营)税金及附加					
2.4	增值税					
2.5	所得税					
2.6	流动资金					
2.7	各种利息支出					
2.8	偿还长期借款本金					
2.9	分配股利或利润					
2.10	其他					
3	盈余资金(1—2)					
4	累计盈余资金					

（四）资产负债表

资产负债表的主体结构包括三大部分:资产、负债和所有者权益。其平衡关系用会计等式表示为:资产＝负债＋所有者权益。该表综合反映了项目计算期内各年末资产、负债和所有者权益的增减变化及对应关系,以考察项目资产、负债、所有者权益的结构是否合理,用以计算资产负债率、流动比率、速动比率等指标,进行清偿能力分析与资本结构分析。

(五)财务外汇平衡表

该表适用于有外汇收支的房地产开发项目,用以反映项目计算期内各年外汇余缺程度,进行外汇平衡分析。

六、房地产开发项目财务评价指标

(一)房地产开发项目财务评价指标体系

一般而言,财务评价包括项目财务盈利能力分析和偿债能力分析,对于涉及外汇的项目有时还需要进行外汇平衡分析。这些财务评价的内容与指标如表5-5所示。

表 5-5 财务评价的内容与指标

评 价 内 容	基 本 报 表	评价指标	
		静 态 指 标	动 态 指 标
项目财务盈利能力分析	现金流量表(全部投资)	静态投资回收期	财务内部收益率 财务净现值 财务净现值率 动态投资回收期
	现金流量表(自有资金)	静态投资回收期	财务内部收益率 财务净现值 动态投资回收期
	损益表	投资利润率 投资利税率 资本金净利润率	
偿债能力分析	资金来源与运用表	借款偿还期	
	资产负债表	资产负债率 流动比率 速动比率	
外汇平衡分析	财务外汇平衡表		

(二)房地产开发项目财务评价静态指标

所谓静态指标,就是在不考虑资金的时间价值前提下,对开发项目或方案的经济效果进行的经济计算与度量。财务评价主要有以下八个静态指标。

90

1. 静态投资回收期

静态投资回收期是指以项目的净收益来抵偿全部投资（包括固定资产投资和流动资金）所需的时间，是反映项目投资回收能力的重要指标。静态投资回收期自建设开始年算起，也可自建成后开始经营年算起。静态投资回收期的表达式为：

$$\sum_{t=1}^{P_t}(\text{CI}-\text{CO})_t = 0 \qquad\qquad (\text{式 5-1})$$

式中：CI——现金流入量；

    CO——现金流出量；

    $(\text{CI}-\text{CO})_t$——第 t 年的净现金流量；

    P_t——静态投资回收期。

静态投资回收期也可以用财务现金流量表累计净现金流量计算求得，其公式为：

$$\text{静态投资回收期}=\text{累计净现金流量出现正值的年数}-1+\frac{\text{上年累计净现金流量绝对值}}{\text{当年净现金流量}}$$

$$(\text{式 5-2})$$

例 5-1 某房地产公司拟投资新增一条流水线，预计初始投资 900 万元，使用期为 5 年，新增流水线可使公司每年销售收入增加 513 万元，运营费用增加 300 万元，第 5 年年末的残值为 200 万元。公司确定的基准收益率为 10%。试计算该投资方案的静态投资回收期。

解 表 5-6 所列的是累计净现金流量的计算过程。

表 5-6 累计净现金流量表 （单位：万元）

年 数	0	1	2	3	4	5
净现金流量	−900	213	213	213	213	413
累计净现金流量	−900	−687	−474	−261	−48	365

根据静态投资回收期的公式可得：

$$P_t = 5-1+\frac{|-48|}{413}\approx 4.12 \text{ 年}$$

即该方案静态投资回收期为 4.12 年。

财务评价求出的静态投资回收期（P_t）与房地产行业的基准静态投资回收期（P_c）相比较，当 $P_t \leqslant P_c$ 时，表明项目投资能在规定的时间内收回。静态投资回收期作为静态指标，其主要优点是概念明确、计算简单。用它来判断项目或方案的标准是回收资金速度越快越好。因此，静态投资回收期这一指标在投资风险分析中有一定的作用，特别是在资金短缺、强调项目清偿能力的情况下尤为重要。但该指标没有考虑项目回收资金以后的情况，不能评价项目计算期内的总收益和盈利能力，因此通常不能仅根据静态投资回收期的长短来判断项目的优劣，需要与其他指标结合使用。所以，静态投资回收期法是一种短期分析法，可作为评价房地产开发效益的辅助分析方法。

2. 投资利润率

投资利润率指项目达到设计生产或服务功能后的正常年份的年利润总额（或平均的利润总

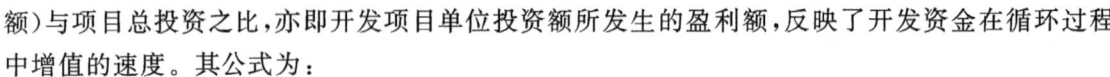

额)与项目总投资之比,亦即开发项目单位投资额所发生的盈利额,反映了开发资金在循环过程中增值的速度。其公式为:

$$投资利润率 = \frac{年利润总额或年平均利润总额}{项目总投资} \times 100\%$$ （式 5-3）

该方法适用于出租经营的房地产开发项目(如宾馆、商场、办公楼等)的投资分析。此时,年经营收入主要为租金收入,年总成本费用为出租物业在经营过程中按使用年限分期摊销和价值损耗,以及出租经营发生的管理费、维修费和其他相关费用。投资利润率是描述投资项目获利的静态指标,适用于开发经营期短、规模不大的项目的经济评价或作为项目评价的辅助分析指标。

3. 投资利税率

投资利税率是指房地产开发项目建设达到正常盈利年份时正常年度的年利税总额或投资计算期内的年平均利税总额与项目总投资的比率。计算公式为:

$$投资利税率 = \frac{年利税总额或年平均利税总额}{项目总投资} \times 100\%$$ （式 5-4）

投资利税率指标值越大,说明项目的获利能力越大。在财务评价中,将投资利税率与房地产行业投资利税率相比,可以判断单位投资对国家和社会的贡献水平是否达到房地产业的平均水平。

4. 资本金利润率

资本金利润率是指房地产开发项目建设达到正常盈利年份时正常年度的年利税总额或投资计算期内的年平均利税总额与项目资本金的比率。它反映投入项目的资本金的盈利能力。计算公式为:

$$资本金利润率 = \frac{年利税总额或年平均利税总额}{资本金} \times 100\%$$ （式 5-5）

5. 借款偿还期

借款偿还期是指以项目投产后可用于还款的资金偿还固定资产投资国内借款本金和建设期利息所需的期限(不包括已用自有资金支付的建设期利息和生产经营期应付利息,生产经营期应付利息列于总成本费用的财务费用)。借款偿还期涉及的计算公式为:

$$I_d = \sum_{t=1}^{P_d} R_t$$ （式 5-6）

式中: I_d——固定资产投资国内借款本金和建设期利息之和;

P_d——从借款开始年计算的固定资产投资国内借款偿还期;

R_t——第 t 年可用于还款的资金,包括可用于还款的利润、折旧、摊销及其他还款资金。

6. 资产负债率

资产负债率是反映开发项目用债权人提供资金进行经营活动的能力,并反映债权人发放贷款的安全程度。此指标可以由资产负债表求得,计算公式为:

$$资产负债率 = \frac{负债总额}{全部资产总额} \times 100\% \tag{式 5-7}$$

7. 流动比率

流动比率是反映流动资产在短期债务到期以前可以变为现金用于偿还流动负债的能力。其计算公式为：

$$流动比率 = \frac{流动资产}{流动负债} \times 100\% \tag{式 5-8}$$

8. 速动比率

速动比率是反映项目流动资产中可以立即用于偿付流动负债的能力。其计算公式为：

$$速动比率 = \frac{速动资产}{流动负债} \times 100\% \tag{式 5-9}$$

$$速动资产 = 流动资产 - 存货 \tag{式 5-10}$$

（三）房地产开发项目财务评价动态指标

1. 财务净现值

财务净现值（FNPV）也简称为净现值（NPV），是反映项目在计算期内获利能力的动态指标，是指按设定的贴现率将各年的净现金流量折现到投资起点的现值代数和，以此反映项目在计算期内的获利能力。其计算公式为：

$$FNPV = \sum_{t=1}^{n} (CI - CO)_t (1 + i_c)^{-t} \tag{式 5-11}$$

式中：FNPV——财务净现值；

i_c——贴现率；

CI——现金流入量；

CO——现金流出量；

t——年限；

n——项目的计算期。

例 5-2 根据例 5-1 的条件，试计算该方案的净现值。

解 该方案的净现值为：

$$NPV = -900 + 213(P/A, 10\%, 4) + 413(P/F, 10\%, 5) = 31.5 \text{ 万元}$$

净现值可以通过现金流量表计算求得。当 FNPV ≥ 0 时，表明该项目获利能力达到或超过贴现率要求的投资收益水平，应认为该项目在经济上是可取的，反之则不可取。

运用净现值法评价项目投资效益的一个重要问题是选择合适的贴现率。这是因为贴现率的微小变化可以引起净现值的较大的变动。未来现金流量的预测时间越长，贴现率变化影响就越大。投资者为了补偿各种风险和负担，将其不利的情况反映在贴现率上，即将各影响因素用一定的补偿率表示，其累加值为投资项目的贴现率。

2. 财务内部收益率

财务内部收益率（FIRR）也称内部收益率（IRR），是指项目在整个计算期内，各年净现金流量现值累计等于零时的折现率。FIRR 是评估项目营利性的基本指标。这里的计算期,对房地产开发项目而言是指从购买土地使用权开始到项目全部售出为止的时间。财务内部收益率涉及的计算公式为:

$$\sum_{t=1}^{n} (CI - CO)_t (1 + FIRR)^{-t} = 0 \qquad (式\ 5\text{-}12)$$

式中:t——年限;

　　　n——项目的计算期;

　　　FIRR——财务内部收益率;

　　　CI——现金流入量;

　　　CO——现金流出量。

财务内部收益率的经济含义是:项目在这样的折现率下,到项目寿命终了时,所有投资可以被完全收回。计算 FIRR 的方法主要有两种。

(1)插值法,即先按目标收益率或基准收益率求得项目的财务净现值,如为正,则采用更高的折现率使净现值为接近于零的正值和负值各一个,最后用内插公式求出。运用插值法求 FIRR 的示意图如图 5-1 所示。

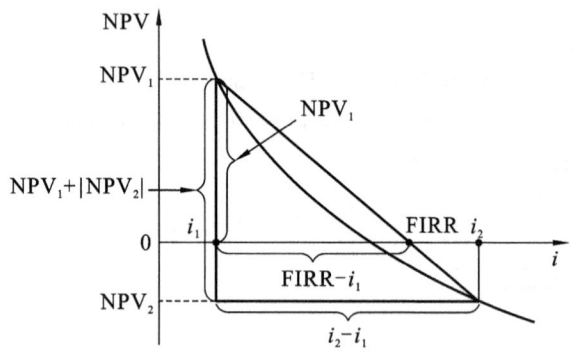

图 5-1　运用插值法求 FIRR 示意图

根据图 5-1,可以建立如下方程式:

$$\frac{FIRR - i_1}{i_2 - i_1} = \frac{NPV_1}{NPV_1 + |NPV_2|} \qquad (式\ 5\text{-}13)$$

可以得出

$$FIRR = i_1 + \frac{NPV_1}{NPV_1 + |NPV_2|} (i_2 - i_1) \qquad (式\ 5\text{-}14)$$

式中:i_1——当净现值为接近于零的正值时的折现率;

　　　i_2——当净现值为接近于零的负值时的折现率;

　　　NPV_1——采用低折现率时净现值的正值;

　　　NPV_2——采用高折现率时净现值的负值。

注:i_1 与 i_2 之差不应超过 1%～2%,否则,折现率 i_1、i_2 和净现值之间不一定呈线性关系,从而使所求得的内部收益率失真。

例 5-3　根据例 5-1 的条件,用插值法计算其 FIRR。

解　分别取 $i = 11\%$ 及 $i = 12\%$ 代入下式计算:

$$NPV(i)=-900+213\times\frac{(1+i)^4-1}{i\,(1+i)^4}+\frac{413}{(1+i)^5}$$

得出 NPV($i=11\%$)=5.29 万元，NPV($i=12\%$)=－18.7 万元，则：

$$FIRR=11\%+\frac{5.92}{5.92+|-18.7|}\times(12\%-11\%)=11.24\%$$

(2) Excel 函数法，即运用 Excel 中计算内部收益率函数 IRR(X:Y)计算 FIRR。函数中 X 表示净现金流量的第一个数据的位置，Y 为最后一个数据的位置。通过这种方法计算 FIRR 非常简便、实用，计算结果精确度也高。计算示例如图 5-2 所示。

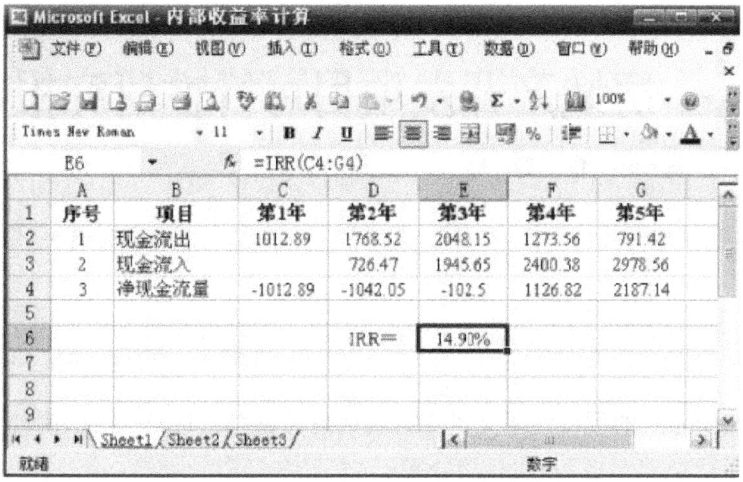

	A	B	C	D	E	F	G
1	序号	项目	第1年	第2年	第3年	第4年	第5年
2	1	现金流出	1012.89	1768.52	2048.15	1273.56	791.42
3	2	现金流入		726.47	1945.65	2400.38	2978.56
4	3	净现金流量	-1012.89	-1042.05	-102.5	1126.82	2187.14
5							
6				IRR=	14.90%		
7							
8							
9							

图 5-2 用 Excel 函数法求 FIRR

内部收益率表明项目投资所能支付的最高贷款利率。如果贷款利率高于内部收益率，项目投资就会面临亏损。因此，所求出的内部收益率是可以接受贷款的最高利率。将所求出的内部收益率与部门或行业的基准收益率或目标收益率 i_o 比较，当 FIRR$\geqslant i_o$ 时，则认为项目在财务上是可以接受的。

3. 动态投资回收期

动态投资回收期的表达式为：

$$\sum_{t=1}^{P'_t}(CI-CO)_t\,(1+i_c)^{-t}=0 \qquad \text{(式 5-15)}$$

式中：i_c ——贴现率；

CI——现金流入量；

CO——现金流出量；

$(CI-CO)_t$——第 t 年的净现金流量；

P'_t——动态投资回收期。

动态投资回收期也可以用财务现金流量表累计净现金流量计算求得，其公式为：

$$\text{动态投资回收期}=\text{累计净现金流量出现正值的年数}-1+\frac{\text{上年累计净现金流量绝对值}}{\text{当年净现金流量折现值}} \qquad \text{(式 5-16)}$$

按上述公式可计算得出例 5-1 中的方案的动态投资回收期为 4.8 年。

计算出来的动态投资回收期同样要与基准动态投资回收期 P'_c 相比较,判断开发项目的投资回收能力,如果小于或等于 P'_c,则项目在财务方面是可以接受的。动态投资回收期指标一般用来评价开发完成后用于出租或经营的房地产开发项目。与静态投资回收期相比,动态投资回收期的优点是考虑了现金收支的时间因素,能真正反映资金的回收时间;缺点是这一指标只强调投入资金的回收快慢,忽视了投入资本的盈利能力,没有考虑投资回收以后的收益情况,计算也比较麻烦,因此,只能作为评价投资项目的辅助指标。

任务 4 房地产开发项目可行性研究报告的撰写

可行性研究要进行大量的工作,但最终都要靠一份研究报告来体现出来,发挥作用。

一、可行性研究报告的基本构成

一般来说,一份正式的可行性研究报告应包括封面、摘要、目录、正文、附件(如附表和附图)等内容。

(1)封面。封面应反映评估项目的名称、评估机构和委托评估机构的名称,以及报告编写的时间。

(2)摘要。摘要应用简洁的语言概要介绍项目的情况和特点、所处地区的市场情况、评估的结论,一般不超过 1 000 字。

(3)目录。如果可行性研究报告较长,最好要有目录,以便读者能很快地了解可行性研究报告所包括的具体内容以及前后关系,根据自己的需要快速地找到相关的部分。

(4)正文。这是可行性研究报告的主体。

(5)附件。对于正文中不便于插入的较大型表格或图案等内容,为了使读者便于阅读,通常将其按顺序编号附于正文之后,即附件。如项目工程进度计划表、项目投资估算表、资金筹措表、项目销售计划表等。为了辅助说明,通常还会有一些附图,如项目位置示意图、建筑设计方案平面图等。此外,还有土地使用权证、施工许可证、规划设计方案审定通知书、建筑设计方案平面图、公司营业执照、经营许可证等附件。

二、可行性研究报告正文部分的编写

正文部分是可行性研究报告的核心,一般包括以下内容。

(1)概况。这部分要求写清楚进行可行性研究的背景,所研究项目的名称、性质、地址、其周边的基础设施和市政配套设施的现状,可行性研究的目的,可行性研究的编写依据,可行性研究的假设和说明。

（2）市场调查分析。这部分对项目进行宏观、区域和微观的市场分析和调查，预测未来的供给、需求和价格水平。

（3）规划设计方案。这部分应写出项目所具备的规划设计方案及市政条件的满足程度，并附上具备市政条件的书面文件。

（4）建设方式及进度安排。这部分应交代分析人员对项目提出的建设方式建议，或由开发商提供建设方式和进度安排，一旦确定下来就成为其后进行经济评价的基础。

（5）投资估算及资金筹措。这部分应写出项目建设过程中必须发生的各项费用并逐一计算，资金筹措部分要就整个项目投资额和相应的支付时间做出融资安排。

（6）项目经济评价。这部分应写出对主要评价指标的计算过程及计算结果。

（7）结论。这部分应写出该项目可行性研究的结论，明确说明该项目是否可行，是否具有较强的盈利能力和较强的抗风险能力。

（8）有关建议。这部分应提出一些有利于项目获得更佳的经济效益、社会效益、环境效益等方面的建议，供决策者参考。

一、选择题

1. 选择题（以下选项中至少有一个是正确的）

（1）在初步可行性研究阶段，其投资估算的精度可以达到（   ）。

A. ±5%　　　　　　　B. ±10%　　　　　　　C. ±20%　　　　　　　D. ±30%

（2）下列房地产市场调查的方法中，属于观察法的是（   ）。

A. 行为记录法　　　　　　　　　B. 询问法

C. 深度访谈法　　　　　　　　　D. 电话调查法

（3）在开发项目财务评价中，动态投资回收期肯定大于（   ）。

A. 基准回收期　　　　　　　　　B. 静态投资回收期

C. 项目开发期　　　　　　　　　D. 项目销售期

（4）房地产开发项目财务评价基本报表有（   ）。

A. 现金流量表　　　　　　　　　B. 投资计划与资金筹措表

C. 营业成本表　　　　　　　　　D. 资产负债表

二、简答题

1. 简述房地产开发项目可行性研究的主要内容。

2. 简述房地产市场调查的步骤和方法。

3. 简述房地产市场调研的内容。

4. 房地产开发项目财务评价的指标体系有哪些？怎么计算？

5. 房地产开发项目的成本及费用包括哪几个部分？

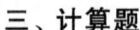

三、计算题

某房地产开发项目的现金流入、现金流出情况如表 5-7 所示。

表 5-7　某房地产开发项目现金流入、现金流出情况　　　（单位:万元）

序　号	项　　目	第 一 年	第 二 年	第 三 年	第 四 年	第 五 年
1	现金流出	302.27	425.71	527.20		
2	现金流入			444.19	663.46	864.52
3	净现金流量					
4	累计现金流量					
5	折现净现金流量					
6	累计折现净现金流量					

(1) 若取折现率为 8%，试完成上述表格。

(2) 分别计算项目的静态投资回收期、动态投资回收期。

(3) 用本章介绍的插值法计算项目的 FIRR。

学习情境 6

房地产开发项目的前期准备

学习目标

学习目标

1. 了解房地产"一书两证"的办理程序。
2. 熟悉房地产规划设计的内容。
3. 掌握房地产项目规划设计的基本原则。
4. 熟悉房地产招投标管理与流程。

技能要求

1. 能够执行"一书两证"办理的工作程序。
2. 能熟练运用房地产开发规划原则与方法对具体项目进行规划设计构思。
3. 能够从事一般的房地产招投标管理工作。
4. 具有分析和解决问题的能力,能够做地块开发的整体规划设计方案。

任务 1 房地产开发资金筹措

一、房地产开发资金筹措的原则

房地产开发资金的有效筹集,应保证房地产开发资金投入与回收在时间上、数量上的协调平衡,从而保证资金循环运动和房地产开发项目建设的顺利进行。其筹措的原则主要有以下四点。

(一)时机适当原则

房地产项目开发过程中,随着工程进度逐步投入资金,其资金占用呈现逐步增加的形态,所以,如果全部工程所需资金筹措一步到位,在相当长一个阶段内会出现资金过多。反之,如果资金筹措跟不上工程进度需要,甚至工程建到中途筹措不到资金也会带来严重的后果。因此,在房地产开发筹集资金过程中,必须根据房地产项目的投资时间和投资需要(年度或分期)安排确定适当合理的筹集时机和规模,从而避免因获得资金过早而造成资金闲置或因筹资时间滞后而影响房地产开发项目正常进行。

(二)安全性原则

房地产开发企业在筹集资金过程中,必须全面地、理性地衡量项目现有或预期的收益能力和偿债能力,使房地产开发企业的权益资本和债务资本保持合理的比例,负债率和还债率控制在一定的范围之内,降低房地产开发企业的财务风险。安全性按风险程度大小分为 A、B、C、D四个等级:A 级表示风险很小;B 级表示风险较小;C 级表示风险较大;D 级表示风险极大。房地产开发企业应该尽可能选择风险程度为 A 级的筹资方案,因为它的安全性最大。

(三)经济性原则

首先,必须根据和适应投资的要求,以投资定筹资,充分考虑房地产开发企业的筹资能力。其次,要合理降低筹资成本(包括使用成本),筹资的期限(包括付息和还本的时间)及不同来源和用途的资金都会影响项目的付息水平,因此筹资时必须考虑房地产开发项目的财务安排。再次,必须考虑房地产开发项目的各种生产要素、开发进程与筹集资金的配套和协调。最后,要考虑固定资产投资所需要的资金与维持项目正常营运所需要的资金的配套,经济合理地筹集资金。筹资方案的经济性按综合筹资成本费用率标准划分,共分为 A、B、C、D 四个等级:A 级表示筹资成本最低;B 级表示筹资成本较低;C 级表示筹资成本较高;D 级表示筹资成本很高。房地产开发企业应该尽可能选择筹资成本为 A 级的筹资方案。

（四）可行性原则

在筹集资金的过程中,除了要考虑企业的筹资能力、偿还能力、盈利能力和经营能力外,还必须考虑筹资方式的落实程度。按筹资方案的落实程度,筹资方案的可行性分为 A、B、C、D 四个等级:A 级表示筹资方式及所筹资金全部落实;B 级表示筹资方式及所筹资金能基本落实;C 级表示筹资方式及所筹资金尚不能肯定;D 级表示筹资方式及所筹资金没有落实。

根据上述四项原则,房地产开发企业应该在确定适当合理的筹集时机和规模条件下,选择 AAA 级标准的筹资方案为最佳筹资决策方案,因为它的安全性、经济性和可行性均是最佳的,而 DDD 级方案则是最差的,通常不被选用。

二、房地产开发资金筹措方式

（一）动用自有资金

自有资金作为股本金,是房地产开发商对其所投资项目投入的资本金。股本金既是投资者赚取利润的本钱,也是其承担投资风险的具体表现。房地产开发商的自有资金包括现金和其他速动资产,以及在近期内可以回收的各种应收款等。速动资产包括各种应收的银行票据、股票和债券,以及其他可立即售出的建成楼宇等。至于各种应收款,可包括已定合同的应收售楼款、近期可出售的各类物业付款等。

（二）争取银行贷款

银行是房地产开发项目最主要的资金来源,如果开发商不会利用银行信贷资金,完全靠自有资金周转,就很难扩大投资项目的规模或提高自有资金的投资效益水平,还会由于投资能力不足而失去许多良好的机会。因此,银行贷款对于房地产开发商来说相当重要,是主要的间接融资方式。我国的房地产开发项目中,一般银行的资金占 60% 以上,房地产开发资金对银行的依赖程度较大。

房地产开发企业向银行贷款是一种较好的筹资方法:一是贷款这种筹资方式的筹资成本较低,贷款利息较其他筹资方式的利息低;二是手续比较简单;三是有房地产作担保。一般金融机构都愿意进行房地产贷款业务,我国大多数商业银行都设有房地产信贷部专门负责办理房地产贷款业务。投资者可以选择商业银行作为借款对象,还可以向信托投资公司申请委托贷款。按照有关规定,凡经工商行政管理部门登记并在银行开户,具有法人资格的国家、集体、个体、中外合资、中外合作、外商独资企业和个人,在从事房地产开发、经营和购买活动中资金不足时,均可申请贷款。贷款发放的基本条件是:借款企业须持有国家批准的开发计划,拥有一定比例的自有流动资金,并已在贷款银行开设账户。

（三）利用证券化资金

1. 发行房地产股票

房地产股票是股份制房地产开发商发放的股份入股凭证。股票购买者就是股份制房地产企业的股东,他们对企业拥有以股票体现的部分所有权,股东有权根据企业的经营成果获得股息和红利,但必须对企业经营不良的后果负相关责任。股东不能向企业要求退股,但可以把股票转让给别人。房地产开发股份有限公司可根据企业不同时期、不同经营情况的需要,选择发行不同种类的房地产股票,包括普通股和优先股。股份制房地产开发企业在投资开发房地产项目时,可以通过发行股票的办法筹措资金。发行股票的范围,可以在境内,也可以在境外,但均需要经过严格的审查与审批程序。国内股票市场上的房地产板块,目前已成为我国股市的一支重要力量,万科、宝安等房地产股票在股票市场都有很高的知名度。

2. 发行房地产债券

房地产债券是房地产企业为了筹措房地产资金而向社会发行的借款信用凭证。债券的发行者是债务人,债券的购买者是债权人,债券持有人有权按照约定的期限和利率获得利息,并到期收回本金,但无权参与房地产企业的管理,也不对其经营状况承担责任或享受权益。房地产债券有记名式和无记名式两种。由于记名式房地产债券具有手续烦琐、流通性差的特点,而无记名式房地产债券具有手续简便、流通性良好、风险性小等特点,所以房地产投资者一般会选择无记名式房地产债券。发行房地产债券的好处很多,主要有:可在需要资金时及时筹集到账,又可在资金充裕时停止筹措行为,灵活且高效;没有银行贷款那种中途停贷或回收的风险;发行债券易于被大众接受。

(四)通过联建和参建筹资

联建和参建筹资实际上是一种合伙制融资,指合伙人按照彼此达成的协议共同出资投资于某一房地产项目。在实践中,联建一般是指各单位之间的共同投资行为。参建一般是指个人参与某一房地产项目的投资行为,而这一房地产项目是由一个或几个房地产企业为主开发经营的。开发商如果确实筹资困难,那么寻找一家或几家有经济实力的国际或国内公司联合开发,是一种分散和转移资金压力的较好办法。开发商可以组织合作成员发挥各自的优势,并由各成员分别承担和筹集各自需要的资金。

(五)利用外资

利用外资是房地产融资的一种渠道和方式,具体形式有中外合资、合作开发,外商独资开发等。据有关部门资料,外商投资房地产呈现逐年递增趋势,投资规模不断扩大。有条件的企业可以利用外资进行房地产投资,但所承受的政治风险较大,一旦出现意外,损失非常大。

(六)通过预售筹资

在房地产开发进行到一定程度,符合规定的预售条件时即可预售。对房地产开发商来说,预售部分房屋既可以筹集到必要的建设资金,又可以降低市场风险。尽管可能损失部分未来收益,但对习惯于"借鸡生蛋"的开发商来说,适时、"适价"地预售部分房屋是必要的。

(七)利用承包商垫资

在建筑市场竞争激烈的情况下,许多有一定经济实力的承包商,有可能愿意带资承包建设工程,以争取到建设任务。这样,开发商可以将一部分筹资的困难和风险分摊给了承包商。

三、房地产开发资金成本及其计算

(一)房地产开发资金成本

房地产开发资金成本是投资者在房地产开发项目实施中,为筹集和使用资金而付出的代价。房地产开发资金成本由资金筹集成本和资金使用成本两部分组成。房地产开发资金筹集成本是指房地产投资者在资金筹措过程中支付的各项费用,主要包括向银行借款的手续费、发行股票或债券而支付的各项代理发行费用,如印刷费、手续费、公证费、担保费和广告费等。房地产开发资金筹集成本一般属于一次性费用,筹资次数越多,资金筹集成本也就越大。房地产开发资金使用成本又称资金占用费,它包括支付给股东的各种股利、向债权人支付的贷款利息以及支付给其他债权人的各种利息费用等。房地产开发资金使用成本一般与所筹集资金的多少以及所筹集资金使用时间的长短有关,具有经常性、定期支付的特点,是资金成本的主要内容。房地产开发资金成本可用绝对数表示,也可用相对数表示。为便于分析比较,房地产开发资金成本通常用相对数来表示,即支付的报酬与提供的资本之间的比率,也称房地产开发资金成本率,可用下列公式来计算:

$$K = \frac{D}{P-F} \times 100\% \qquad \text{(式 6-1)}$$

或
$$K = \frac{D}{P(1-f)} \times 100\% \qquad \text{(式 6-2)}$$

式中:K ——资金成本率(一般通称为资金成本);

D ——使用费;

P ——筹资总额;

F ——筹资费用;

f ——筹资费用率,即筹资费用与筹资总额之比。

按照房地产开发资金成本的计算对象和计算方式的不同,可分为个别资金成本、综合(加权平均)资金成本。

(二)个别资金成本的计算

个别资金成本是指按各种资金筹资方式计算确定的成本。采用不同筹资方式取得的资金由于影响资金成本的具体因素不同,其资金成本也就高低不等。个别资金成本是比较不同筹资方式优劣的一个标准。下面主要介绍几种长期筹资方式下的个别资金成本。

1. 长期借款资金成本率公式

房地产开发企业向银行借款,所支付的利息费用一般可作为财务费用,通常在所得税前扣除,这可使房地产开发企业少缴一部分所得税,因此,长期借款的资金成本率计算公式可以写成:

$$K_l = \frac{I_l(1-T)}{1-f_l} \qquad \text{(式 6-3)}$$

式中：K_l——长期借款资金成本率；

　　I_l——长期借款利率；

　　f_l——长期借款筹资费用率；

　　T——所得税税率。

例 6-1　某房地产企业长期借款 200 万元，年利率 10.8％，借款期限 3 年，每年付息一次，到期一次还本，企业所得税税率为 33％，筹资费用忽略不计，试计算这笔长期借款的资金成本率。

解　　　　$K_l = \dfrac{10.8\% \times (1-33\%)}{1-0} = 10.8\% \times (1-33\%) = 7.236\%$

上述公式仅适用于每年末支付利息、借款期末一次全部还本的情况。

2. 债券资金成本率公式

房地产开发企业发行债券的成本主要是指债券利息和筹资费用。债券利息的处理与长期借款利息的处理相同，应以税后的债务成本为计算依据。房地产开发债券筹资费用一般比较高，不可在计算融资成本时省略。债券资金成本率可按下列公式计算：

$$K_b = \frac{R_b(1-T)}{(1-f_b)} \qquad\qquad （式 6-4）$$

或

$$K_b = \frac{I_b(1-T)}{B(1-f_b)} \qquad\qquad （式 6-5）$$

式中：K_b——债券资金成本率；

　　R_b——债券利率；

　　f_b——债券筹资费用率；

　　T——所得税税率；

　　I_b——债券年利息；

　　B——债券筹资额。

例 6-2　某房地产开发企业发行总面值为 500 万元的 10 年期债券，票面利率为 8％，发行费用率（即筹资费用率）为 5％，发行价格 550 万元。公司所得税税率为 33％，试计算该公司债券的资金成本。

解　根据公式得：

$$K_b = \frac{500 \times 8\% \times (1-33\%)}{550 \times (1-5\%)} \approx 5.13\%$$

3. 普通股资金成本率公式

普通股股息不是固定的，普通股持有者的投资风险最大，股息率也最高。另外，普通股息率将随着房地产开发项目经营状况而变化，发行普通股票也有较高的筹资费，所以普通股筹资成本很高。普通股资金成本率计算公式为：

$$K_c = \frac{D_c}{S_c(1-f_c)} \times 100\% + g_c \qquad\qquad （式 6-6）$$

式中：K_c——普通股资金成本率；

　　D_c——普通股预期年股利支出；

　　S_c——普通股筹资额；

f_c——普通股筹资费用率；

g_c——普通股利年增长率。

例 6-3 某房地产开发公司发行普通股正常市价 400 万元，筹资费用率为 5％，第一年支付股利率为 10％，预计每年股利增长率为 9％，试计算其资金成本率。

解 根据公式有

$$K_c = \frac{D_c}{S_c(1-f_c)} \times 100\% + g_c$$

$$= \frac{400 \times 10\%}{400 \times (1-5\%)} + 9\% = 19.53\%$$

4. 优先股资金成本率公式

房地产开发企业发行优先股，也需要支付筹资费，其股息要分期支付。优先股的股息率一般高于债券的利率，所以筹资成本也高于债券的筹资成本。优先股的显著特点是股利支出是固定的。其计算公式如下：

$$K_p = \frac{D_p}{S_p(1-f_p)} \times 100\% \qquad （式 6-7）$$

式中：K_p——优先股资金成本率；

D_p——优先股预期年股利支出；

S_p——优先股票面价值；

f_p——优先股筹资费用率。

例 6-4 某房地产开发公司为某项目发行优先股股票，票面额按正常市价计算为 200 万元，筹资费用率为 4％，股息年利率为 14％，试求其优先股资金成本率。

解 根据公式得：

$$K_p = \frac{14\%}{1-4\%} \approx 14.58\%$$

5. 留用利润资金成本率公式

房地产开发项目的税后利润除了用于支付股息外，一般都要留有一部分用于投资。留用利润是房地产企业内部的一种资金来源。股东虽然没有以股息的形式分得这部分利润，但可以从股票市价的提高中得到好处。房地产开发企业留用一部分利润等于普通股股东对房地产开发企业进行了追加投资，使普通股的资金增加。股东对这一部分追加投资同以前缴给企业的股本一样，也要求给予相应比率的报酬。因此，房地产开发企业对这部分资金并不能无偿使用，也应计算其资金成本。留用利润不需要支付筹资费，其资金成本计算公式如下：

$$K_n = \frac{D_1}{P_n} + g_c \qquad （式 6-8）$$

式中：K_n——留用利润资金成本率；

D_1——第一年股利；

p_n——留用利润总额；

g_c——普通股利年增长率。

（三）综合筹资成本率的计算

房地产开发需要多种渠道来筹措长期资金，为了进行筹资和投资决策，确定最佳资本结构，还需测算企业或项目各种长期资金来源综合的资金成本，即以各种资金占全部资金的比重为权数，对各种资金成本进行加权平均计算，是由个别资金成本和加权平均权数两个因素决定的，计算公式如下：

$$K = \sum_{j=1}^{n} \omega_j K_j \qquad \text{（式 6-9）}$$

式中：K——加权平均资金成本（即综合筹资成本率）；

ω_j——第 j 种来源资金占全部资金的比重（权重）；

K_j——第 j 种来源资金的资金成本。

例 6-5 某房地产企业预计下年度增加资金 2 000 万元，拟订筹资方案是：银行借款 1 200 万元，年利率 12%，筹资费用率 1%；发行普通股 800 万元，第一年支付股利率 13%，以后每年增加 2.5%，筹资费用率 2%。企业缴纳所得税税率为 33%。试计算该筹资方案的综合筹资成本率。

解 银行借款：

$$\omega_1 = \frac{1\ 200}{2\ 000} \times 100\% = 60\%$$

$$K_1 = \frac{12\% \times (1-33\%)}{1-1\%} \approx 8.12\%$$

普通股票：

$$\omega_2 = \frac{800}{2\ 000} \times 100\% = 40\%$$

$$K_2 = \frac{800 \times 13\%}{800 \times (1-2\%)} + 2.5\% \approx 15.77\%$$

综合筹资成本率 = 60% × 8.12% + 40% × 15.77% = 11.18%

任务 **2** 房地产开发项目规划设计与报建管理

一、项目规划设计的原则

房地产项目在开发前必须对市场进行周密的调查和准确定位，对不同类型、不同规模的房地产项目，其规划设计有不同的具体要求。总体而言，房地产项目的规划设计应遵循以下基本原则。

（一）突出以人为本的经营理念

规划设计必须以人为本，注重开发项目的文化定位，满足客户需要。要坚持和发扬富有文化特色的开发理念，如在小区规划设计过程以及物业管理中，充分融入地域文化的内涵，营造具有当地文化传统色彩的社区文化环境。要以《商品住宅性能认定管理办法（试行）》的要求为标准，以提高城市居民的生活质量和生活水平为最终目的，努力实现在限定的条件下，建设布局合理、设计新颖、质量优良、功能齐全、配套完善、环境优美、具有本地建筑风格的住宅小区，在不大的空间内创造较高的居住生活舒适度，既能满足居民当前的基本需要，又能适应市场的需求变化。

（二）体现人文关怀

设计住宅就是设计生活。人文关怀成了楼市发展新方向——能提升住宅品质，能满足购房者需要。就建筑本身而言，它是承载文化的一个载体，是人文环境的一个反映。由实践经验可知，开发亲情住宅是开发商人文关怀的努力方向。什么样的家是幸福的？也许一千个人有一千种回答，不过有一点是肯定的，即充满亲人的相互关爱和精神交流的家是幸福的。同样，一个好的社区，不应只是一栋栋漂亮的房子，而应有一种可以让大家凝聚、想念、熟悉的人文氛围。所以打造亲情住宅是规划设计的努力方向，它需要开发商在项目规划设计上体现人文关怀，规划设计出"亲人社区，因爱而居"的居住新模式。为了满足渴望亲情的家庭需要，大的住宅开发项目可以主体设计规划出70%的中年公寓、10%的老年公寓和20%的青年公寓，三种产品有机结合，使三代甚至四代大家庭里两三个小家庭能够毗邻而居，为渴望亲情交流的人群提供绝佳的居所。特别是在我国的传统思维中，大部分老年人尤其看重家庭生活和来自亲人间的关爱，其乐融融的家庭生活是人们的精神享受，是人们理想中健康生活的全部内涵。

◈ 引例导入

某市 QKL 城，其规划设计体现出水景园林、艺术景观、网球场、篮球场、林间休闲道、人文居住与绿色景观和谐统一，营造出现代人理想的居住环境。为了居住者不同层次的个性与追求，精心设计了30多种丰富多彩的户型，从50平方米的一居室、90平方米的两居室、120平方米的三居室及230平方米的空中 TOWNHOUSE 等，多种空间形态，随意选择。户型整体精巧实用，功能完善，动静分区，干湿分离，大面宽，短进深，明厨明客明卧，通透采光，空间利用率高，并且几乎80%以上楼前有水系。森林绿化区内，低密度板式花园社区，绿化率高达70%，环境优美，空气清新，空气中负氧离子浓度高，建有运动休闲主题公园，喷泉雕塑布置合理，生活配套完善，体现了独有的绿色景观和人文关怀，使绿色景观与人文居住和谐统一，是高品质生活的健康选择。

（三）符合城市总体布局

强调房地产项目规划设计符合城市布局结构，其原因是城市布局结构是构成良好城市环境的关键，是功能组织良好的标志，离开合理的布局结构是不可能建设一个优良的城市的。房地产项目建设应起到补充、完善城市布局结构的作用，进一步加强城市的职能，使城市的功能更加完善。

（四）丰富和创造最佳的城市空间环境

房地产项目是城市空间的一部分,规划设计不但要创造自身的优良空间环境,同时还要与城市整体相联系,创造一个完整统一的、和谐美好的城市空间环境。

◈ 引例导入

把家建在公园里

要有"把家建在公园里"的规划理念,营造水景住宅与水岸住宅。那么,如何打造水景住宅和水岸住宅呢？水景住宅可以说将水的景观从视线引入居住空间,而水岸住宅却是将水引入居住环境,或者更好地说,是将居住引到水环境中。无论是水景住宅还是水岸住宅,都能给人以公园里的真实感受。

（五）房地产项目规划设计应满足的具体要求

房地产项目规划设计应满足的具体要求主要有六个方面。

(1) 使用要求,即满足居民生活的多种需要,为居民创造一个方便、舒适的生活居住环境,这是衡量居住区规划设计优劣的基本条件。

(2) 卫生要求,即为居民创造一个卫生、安静的居住环境,要有良好的日照、通风,防止噪声和空气的污染。

(3) 安全要求,即为居民创造一个安全的居住环境,防火防盗,保护居民人身、财产安全。

(4) 经济要求,即在确定居住建筑标准、公共建筑规模时,应符合实际经济条件,与当时当地的建设投资、经济、生活条件相适应,尽量降低房地产项目造价,节约用地。

(5) 施工要求,即房地产项目规划设计应考虑施工技术和条件,有利于施工的组织进行。

(6) 美观要求,即创造一个优美的居住环境和城市面貌。

二、项目规划设计的内容

房地产开发项目规划设计主要有建筑规划设计、道路规划设计和绿化规划设计三大块内容。

（一）建筑规划设计

建筑规划设计是房地产开发项目规划设计的核心内容。

1. 建筑类型的选择

建筑类型直接影响房地产项目投资和经营效益,同时也影响城市用地及城市面貌。因此,建筑类型的选择要在满足城市规划要求的同时,综合考虑项目自身的技术经济条件,决定具体的建筑物类型,如在住宅项目的挑选过程中是选择超高层、多层还是别墅群建筑等。

2. 建筑布局

建筑布局受建筑容积率和规划建设用地面积的限制,建筑容积率(也简称容积率)是居住区规划设计方案中主要的技术经济指标之一。规划建设用地面积是指允许建设的用地范围,其居住区外围的城市道路、公共绿地、城市停车场等均不包括在内。总建筑面积=规划建设用地面积×建筑容积率。

(1) 建筑布局要考虑容积率。容积率高,说明居住区用地内房子建得多,人口密度大。一般说来,居住区内的楼层越高,容积率也越高。以多层住宅(6层及以下)为主的居住区容积率一般为 1.2~1.5,高层、高密度的居住区容积率往往大于 2。在房地产开发中,为了取得更高的经济效益,一些开发商千方百计地要求提高建筑高度,争取更高的容积率,但容积率过高,会出现楼房高、道路窄、绿地少的情形,将极大地影响居住区的生活环境。容积率只是一个简单的指标,有些项目虽然看上去容积率不高,但是为了增大中庭园林的面积,而使得楼座拥挤一隅也是不恰当的。

(2) 建筑布局还应考虑日照间距。如果住宅的日照间距不够,北面住宅的低层就不能获得有效日照。在房地产项目规划中,应使住宅布局合理、日照充分。为保证每户都能获得规定的日照时间和日照质量,要求条形住宅纵向外墙之间保持一定距离,即为日照间距。北京地区的日照间距条形住宅采用 $1.6h \sim 1.7h$(h 为前排住宅檐口和后排住宅底层窗台的高差)的日照间距标准。塔式住宅,也叫点式住宅,采用大于或等于 $1h$ 的日照间距标准。

3. 配套公建

居住区内配套公建是否方便合理,是衡量居住区质量的重要标准之一。稍大的居住小区内人口众多,应设有小学,且住宅离小学校园的距离应在 300 米左右,近则扰民,远则不便。菜市场、食品店、小型超市等居民每天都要光顾的社区商店等配套公建,服务半径最好不要超过200 米。

4. 居住建筑的规划布置原则

(1) 要有适当的人口规模。多层住宅组团以 500 户左右为宜,高层住宅的组团户数可多一些。住宅组团的公共服务设施的服务半径以 100 米左右为宜。

(2) 日照充分。大部分住宅应南北向布置,小部分东西排列;应保证住宅之间的日照间距,尽量减少遮挡。

(3) 通风良好。住宅布置应保证夏季有良好的通风,冬季则防止冷风直接贯入。住宅布置还应有利于住宅内部的小气候条件的改善。

(4) 美观舒适。住宅区要有一定的绿化面积,多布置建筑景观,开辟儿童及老人的休息场所,创造优美的居住外环境。

(5) 安静整洁。住宅区级道路只为住宅区内部服务。排放污染物的建筑如饭店、锅炉房等,不应紧靠住宅群。垃圾站与住宅楼要保持一定距离。

5. 居住建筑的布置形式

居住建筑群体平面组合的基本形式有以下几种。

（1）行列式，即按一定的朝向和间距成排布置住宅建筑。大部分居住建筑群体是南北向重复排列，如图 6-1 所示，其优点是每户都有好的朝向，施工较方便，但形成的空间比较单调。

图 6-1　行列式

（2）周边式，即沿街坊或院落周围布置。其优点是内庭院有封闭的空间感，比较安静，土地利用率高，如图 6-2 所示，但其中部分住宅的通风及朝向均较差。

图 6-2　周边式

（3）混合式，即采用行列式和周边式相结合的方法布置住宅建筑，可以取两种形式之长，形成半敞开式的住宅院落，是较理想的布置形式。

（4）自由式，即结合地形地貌、周围条件，成组自由灵活的布置，以追求空间的变化和较大的绿化、活动空间。灵活布置还有利于取得良好的日照和通风效果。

（二）道路规划设计

房地产项目道路是城市道路系统的组成部分，不仅要满足房地产项目内部的功能要求，而且要与城市总体取得有机的联系。

1. 房地产项目道路功能

（1）满足居民日常生活方面的交通活动需要。如职工上下班、学生上下学、购物及其他活动需要，一般以步行或骑自行车为主，同时要有汽车道，满足居民私人汽车进出。

（2）方便市政公用车辆的通行和货运需要。如邮电传递，消防、救护车辆的通行，家具的搬运，垃圾的清除及偶尔街道、工厂货运交通的需要等。

2. 道路规划内容

房地产项目道路主要为住宅区内部服务，以保证房地产项目内居民的安全和安宁。

（1）住宅区内部不应有过多的车道出口通向城市干道，两出口间距不小于150～200米。

（2）住宅区道路走向应符合人流方向，方便居民出入。住宅区与公交车站的距离不宜大于500米。

（3）住宅区尽端式道路长度不宜超过200米，在尽端处应留有回车空间。

（4）住宅单元入口至最近车行道之间的距离一般不宜超过60米，如果超出，宅前小路就应放宽到2.6米以上，以便必须入内的车辆通行。建筑物外墙与行人道边缘距离应不小于1.5米，与车行道边缘应不小于3米。

（5）住宅区道路应结合地形布置，尽可能结合自然分水线和汇水线设计，以利于排水和减少土石方工程量。在旧住宅区改造时，应充分利用原有道路系统及其他设施。

（三）绿化规划设计

绿化可以提升房地产项目档次、树立楼盘形象，所以绿化规划设计越来越受到开发商的高度重视，如图6-3所示。

1. 房地产项目绿化系统分类

房地产项目绿化将起到遮阳、通风、防尘、隔噪音等作用，一般分为四类。

（1）公共绿地，包括房地产项目公园、居住小区公园、住宅组群的小块绿地。

（2）公共建筑和公共设施绿地，如商务会所、社区商店周围的绿地。

（3）住宅旁绿化和庭院绿地。

（4）道路绿化。在干道、小路两旁种植的乔木或灌木丛。

2. 房地产项目绿化的布置内容

房地产项目绿化的布置内容主要有三项。

（1）依地形绿化，美化和丰富环境，要充分利用自然地形和现状条件，尽可能利用劣地、坡地、洼地等不利建设的用地作为绿化用地，节约用地，化不利因素为有利因素。

（2）要合理选种和配置绿化品种，花草结合，常绿树与落叶树相结合，力求四季常青，以提高

图6-3 绿化优美的小区

居住环境的品质,提高物业品质。

（3）形成完整绿化系统,应根据功能和使用要求,采取重点与一般相结合的原则进行布置,形成系统并与周围的城市绿化相协调。

◈ 引例导入

苏州DDY项目的规划设计

一、项目概况

地块总占地面积6万多方米,要求容积率为0.77、绿化率高达68.7%。地处苏州工业园金鸡湖东高档别墅区,紧邻湖东CBD商务中心,北靠琼姬路,长约329米,西是万盛街的延伸,约175米,东面有长195米的沿河绿地及20米宽的自然河流,南面有全长约310米、宽60米的自然河流。沿地块南面是由市政部门正在建设中的32 000平方米的沿河开放式景观公园。

二、项目的市场分析

苏州的房地产开发在2001年以后进入快速发展期,每年的增长速度都保持在40%以上。

2004年,苏州房地产开发额达334.32亿元,同比增长87.9%,居全国40大城市第7位,增幅居全国第2位,住宅投资不断加大,占投资的主导地位。

2005年,苏州商品房销售面积707.1万平方米,同步增长22.9%;销售额为226.4亿元,同比增长54.1%;预售面积为690.1万平方米,同比增长19.5%;商品房空置面积从去年年初的88.37万平方米到现在的128.3万平方米,同比增长55.6%;住宅预售单价4 690元/平方米。公寓价格平稳,整体微有上涨。

2005年,苏州各板块的商品房均价大致为:高新区5 000～5 100元/平方米,基本没有涨;工业园区5 300～5 500元/平方米,有200元/平方米的小涨幅,个别楼盘上涨较快(湖左岸、天城);吴中4 300～4 600元/平方米,涨幅小;相城区3 900～4 000元/平方米,有200～300元/平方米的涨幅;老城区(苏州古城)中心板块5 500～7 000元/平方米,中心区附近区域4 600～5 100元/平方米。

2006 年,苏州房价基本处于平稳状态。高价房需求形势严峻,而中低价位、高品质楼市市场需求依然较大;普通住宅购房者以自住、25～35 岁的年轻人为主,别墅以私企老板自住、台商投资为主。

三、项目周边的环境分析

项目位于金鸡湖东高档别墅区,市政府也比较重视湖东的发展,把行政中心搬到了湖东,近年来房地产发展很快,房子的品质也越来越高,产品越来越丰富齐全,房子的价格也在稳中上涨,现在的湖东吸引着更多的苏州、上海、外籍人士、外地人士的落户。

项目的具体地理位置:步行 15 分钟左右可以到达金鸡湖,就可欣赏金鸡湖的美丽风景,居住环境好;只要步行 10 分钟就可以到达湖东邻里中心,购物非常方便;交通相当便利,公交路线有 4 路,距离上海也仅仅 1 小时路程;周边配套有行政中心、会展中心、科教文化艺术中心等,且商业设施、教育设施、医疗设施等比较齐全。

周边主要楼盘的情况:该地块周边的楼盘主要以高层、小高层为主,如枫情水岸、东湖林语、第五元素、欧洲城、春之韵、埃拉国际自由水岸、东湖大郡等;往南靠斜塘河和往西靠湖以别墅为主,如半岛华府、金鸡湖花园别墅、中海湖滨一号等。

四、项目的规划设计

(1)项目定位:根据市场调研和地块周边的环境分析,以及该地块规划条件,项目定位为纯别墅小区。

(2)建筑类型:根据项目定位,建筑类型为独栋别墅和连体别墅,楼层为 2～6 层。

(3)建筑布局:小区采用自由式建筑布局,以低层建筑为主,容积率仅为 0.77,绿化率高达 68.7%,完全符合规划要求的容积率以及日照间距。

(4)建筑风格:简洁现代的德式风格,秉承德式建筑理念,坚持构造精密性、建筑功能性和形象简洁性的和谐统一,建筑立面以大面积玻璃与墙体相结合,简洁现代。

(5)配套公建:小区内有商业街,有 1 860 平方米会所;小区采用双车位,可以满足停车需要;其他公共设施配套齐全。

(6)建筑景观设计:采用台式绿地、台式景观,设有高出地面约 2 米的坡型公共绿地,建筑景观具有整体性、实用性、艺术性、趣味性,能让你享受更多的绿化。

(7)品质特点:①外立面采用白色乳胶漆、高级紫砂劈离面砖的结合,这种面砖可以很好地保持外立面的整洁,不容易折旧,能起到很好的防水、隔热、隔音的效果;②坡面屋顶采用高档拉法基平板混凝土瓦,能有效防水、隔热;③新型建材采用五面保温(东、南、西、北、顶)设计,配铝合金内衬的德国威迈多孔板的森鹰实木门;④小区的人文环境好。

三、房地产开发项目报建流程及建设工程规划许可证审批流程

(一)房地产开发项目报建流程

房地产开发项目报建是指在原规划设计方案的基础上,房地产开发企业委托规划设计单位

提出各单体建筑的设计方案,并对其布局进行定位,对开发项目用地范围内的道路和各类工程管线做更深入的设计,使其达到施工要求,并提交有关部门审批的过程。用于报建的建筑设计方案经城市规划、消防、抗震、人防、环卫、供水、供电等管理部门审查通过后,可以进一步编制项目的施工图和技术文件,再报城市规划行政主管部门及有关专业管理部门审批。房地产开发项目的报建流程如图 6-4 所示。

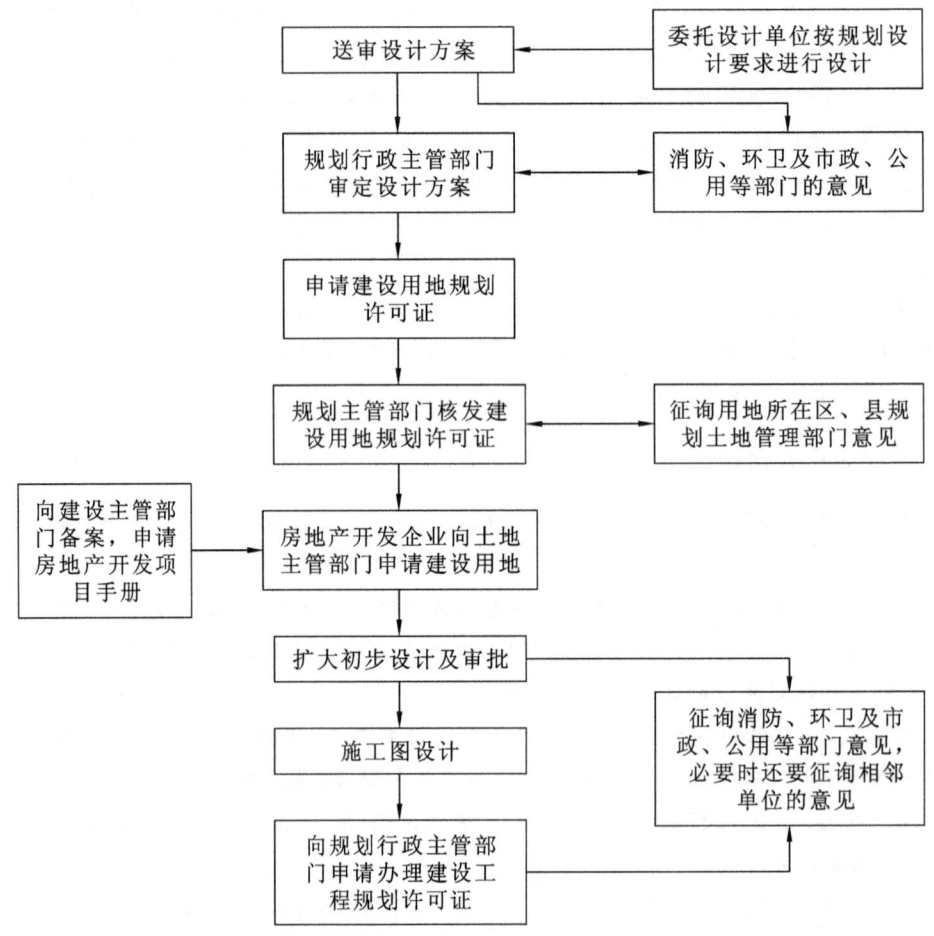

图 6-4 房地产开发项目报建流程

(二)建设工程规划许可证的审批流程

建设工程规划许可证是由城市规划行政主管部门核发的,用于确认建设工程是否符合城市规划要求的法律凭证。建设工程规划许可证的作用主要表现在:确认建设单位和个人有关建设活动的合法地位;作为建设活动过程中接受监督检查时的法律依据;作为城市规划行政主管部门有关城市建设活动的重要历史资料和城市建设档案的重要内容。建设工程规划许可证的审批程序分为以下五个步骤。

1. 建设工程规划许可证申请

房地产企业应当持设计任务书、建设用地规划许可证等有关批准文件,向城市规划行政主管部门提出建设工程规划许可证核发申请。

2. 初步审查

城市规划行政主管部门受理申请后,应对申请进行审查,确定建设工程的性质、规模等是否符合城市规划的布局和发展要求,并应征求环境保护、环境卫生、交通、通信等相关部门的意见。

3. 核发规划设计要点意见书

城市规划行政主管部门根据对申请的审查结果和工程所在地段详细规划的要求,向房地产企业核发规划设计要点意见书,提出建设高度限制、与城市规划红线的边界限制、与四周已有工程的关系限制等规划设计要求。房地产企业要严格按照规划设计要点意见书的要求,委托设计部门进行方案设计工作。

4. 设计方案审查

房地产企业根据规划设计要点意见书完成方案设计后,应将多个方案(应不少于 2 个)的有关图样、模型、文件报送城市规划行政主管部门。城市规划行政主管部门对各个方案的总平面布置、工程周围环境关系和个体设计规模、层次、造型等进行审查比较后,将核发设计方案通知书并提出规划修改意见,房地产企业据此委托设计单位进行施工图设计。

5. 核发建设工程规划许可证

房地产企业按照设计方案通知书的要求完成施工图设计后,将注明勘察设计证号的初步设计文件,有总平面图、个体建筑设计的平面图、立面图、剖面图、基础图、地下室平面图、剖面图等施工图及相关设计说明,报城市规划行政主管部门审查。经审查批准后,核发建设工程规划许可证。

总之,房地产开发项目规划作为房地产开发前期工作的一项重要内容,对整个房地产项目有着重要影响,甚至关系到房地产开发的成败,房地产开发商应该对房地产开发项目规划的内容及相关知识有一个充分的了解,并组织好规划设计工作。

任务 3 房地产开发项目招投标管理

一、房地产开发项目招标概述

(一)工程招标的基本概念

工程招标是招标单位就拟建设的工程项目发出要约邀请,对应邀请参与竞争的承包商(供应商)进行审查、评选,并择优做出承诺,从而确定工程项目建设承包人的活动。它是招标单位订立建设工程合同的准备活动。建设工程招标与投标,是承发包双方合同管理工程项目的第一个重要环节。招标投标(也简称招投标)是一种市场交易行为。房地产经营的招投标则是指房地产企业设定"开发项目建设"这一标的,招请若干个建设单位进行秘密报价竞争,从中选择优胜者,并与之达成协议,签订合同,按合同实施。房地产企业通过招标方式发包工程,其目的在于选择适当的承建单位。对于众多的投标者,只能按照一定标准,例如技术先进、质量最佳、工期最短、造价最低等方面综合考虑选择中标者。招标投标是房地产企业与承建单位双方的事,双方必须坚持自愿、公平、等价、有偿的原则,诚实守信,讲求职业道德,双方行为不仅受到法律制约,同时还受到法律保护。除工程施工可以通过招标发包外,项目设计、设备供应、材料供应等均可通过招标发包。

(二)建设工程招标的范围和规模标准

1.建设工程招标的范围

总投资或单项合同估算价在限额以上的下列工程建设项目,包括项目的勘察、设计、施工、监理以及与工程建设有关的重要设备、材料等的采购,必须进行招标:

(1)大型基础设施、公用事业等关系社会公共利益、公众安全的项目;

(2)全部或者部分使用国有资金投资或者国家融资的项目;

(3)使用国际组织或者外国政府贷款、援助资金的项目。

2.建设工程招标的规模标准(额度)

建设工程项目的勘察、设计、施工、监理和重要建设物资的采购,达到下列标准之一必须进行招标:

(1)施工单位合同估算价在200万元人民币以上的;

(2)重要设备、材料等货物的采购,单项合同估算价在100万元以上的;

(3)勘察、设计、监理等服务,单项合同估算价在50万元以上的;

(4)单项合同估算价低于第(1)、(2)、(3)项规定的标准,但总投资额在3 000万元人民币以上的项目,也须进行招标。

3.可以不进行招标的项目

《中华人民共和国招标投标法》(后简称《招标投标法》)第六十六条规定:涉及国家安全、国家秘密、抢险救灾或者属于利用扶贫资金实行以工代赈、需要使用农民工等特殊情况,不适宜进行招标的项目,按照国家有关规定可以不进行招标。

二、房地产项目招标方式

在国际市场上,招标方式主要有公开招标、邀请招标和议标三种。我国《招标投标法》则规定招标的方式只有两种,即公开招标和邀请招标。房地产企业可结合项目的建设规模、复杂程度等具体情况选择其中某种方式。

（一）公开招标

公开招标，也叫开放型招标，是一种无限竞争性招标。公开招标是指房地产企业本身或委托招标单位，通过海报、报刊、广播、电视等手段，在一定范围内，如全市、全国、全世界，公开发布招标公告，或直接将招标通告寄给具有投标潜力的某些公司，通知具备相应条件而又愿意参加的一切单位前来投标。

公开招标的优点：为承包商提供公平竞争的平台，同时使招标单位有较大的选择余地，有利于降低工程造价，缩短工期和保证工程质量。公开招标的缺点：投标单位多且良莠不齐，不仅招标工作量大，所需时间较长，而且容易被不负责任的单位抢标。因此对投标单位进行严格的资格预审就特别重要。

公开招标的适用范围：全部使用国有资金投资，或国有资金投资占控制地位或主导地位的项目，应当实行公开招标。一般情况下，投资额度大、工艺或结构复杂的较大型建设项目，实行公开招标较为合适。

（二）邀请招标

邀请招标又称有限竞争性招标、选择性招标，是由招标单位根据工程特点，有选择地邀请若干个具有承包该项工程能力的承包人前来投标，是一种有限竞争性招标。邀请招标一般邀请 5～10 家承包商参加投标，最少不得少于 3 家。

邀请招标的优点：招标所需的时间较短，工作量小，目标集中且招标花费较省；被邀请的投标单位的中标概率高。邀请招标的缺点：不利于招标单位获得最优报价，不利于招标单位取得最佳投资效益；投标单位的数量少，竞争性较差；招标单位在选择邀请人前所掌握的信息不可避免地存在一定的局限性，招标单位很难了解市场上所有承包商的情况，常会忽略一些在技术、报价方面更具竞争力的企业，使招标单位不易获得最合理的报价，有可能找不到最合适的承包商。

邀请招标的适用范围：全部使用国有资金投资或国有资金投资占控制或主导地位的项目，必须经国家计委或者省级人民政府批准方可实行邀请招标。其他工程项目则由招标单位自行选用邀请招标方式或公开招标方式。

（三）公开招标和邀请招标的区别

1. 发布信息的方式不同

公开招标采用公告的形式发布；邀请招标采用投标邀请书的形式发布。

2. 选择的范围不同

公开招标针对的是一切潜在的对招标项目感兴趣的法人或其他组织，招标人事先不知道投标人的数量；邀请招标针对已经了解的法人或其他组织，招标人事先已经知道投标者的数量。

3. 竞争的范围不同

公开招标的竞争范围较广，竞争性体现得也比较充分，容易获得最佳招标效果；邀请招标中投标人的数量有限,竞争的范围有限,有可能将某些在技术上或报价上更有竞争力的承包商漏掉。

4. 公开的程度不同

公开招标中,所有的活动都必须严格按照预先指定并为大家所知的程序和标准公开进行,大大减少了作弊的可能;邀请招标的公开程度低,产生不法行为的机会也就多一些。

5. 时间和费用不同

邀请招标不需要发公告,招标文件只送几家,缩短了整个招投标时间,其费用相对减少;公开招标的程序复杂,耗时较长,费用也比较高。

三、房地产项目招标程序

招标人和投标人都必须按照招投标法律和法规的规定进行招标投标活动。按照招标人和投标人参与程度,可将招标过程粗略划分成招标准备阶段、招标投标阶段和定标签约阶段。

(一)招标准备阶段

招标准备阶段的工作由招标人单独完成,主要工作有四项。

1. 选择招标方式

(1)根据项目特点和招标人的管理能力确定发包范围。
(2)依据项目建设总进度计划,确定开发项目建设过程中的招标次数和每次招标的内容。
(3)按每次招标前项目的准备工作完成情况,选择合同的计价方式,如总价合同、单价合同。
(4)综合考虑,最终确定招标方式。

2. 办理招标备案

招标人向建设行政主管部门办理申请招标手续。招标备案文件应说明招标工作范围、招标方式、计划工期、对投标人的资质要求、招标项目的前期准备工作的完成情况、自行招标还是委托代理招标等内容,获得认可后才可以开展招标工作。

3. 编制招标有关文件

这些文件大致包括招标广告、资格预审文件、招标文件、合同协议书以及资格预审和评标的方法。

4. 编制招标工程标底

招标标底是建筑产品价格的表现形式之一,是业主对招标工程所需费用的预测和控制,是招标工程的期望价格。它由招标单位自行编制或委托具有编制标底资格和能力的代理机构编制,它是业主筹集建设资金的依据,也是业主及其上级主管部门核实建设规模的依据。招标标底是衡量投标单位投标报价的准绳,是评价的重要尺度。投标单位报价若高于标底,它便失去竞争能力;若低于标底过多,业主有理由怀疑其报价的合理性,应进一步分析其低于标底的原因。

(二)招标投标阶段

在招标投标阶段,招标投标双方分别或共同做好下列工作。

1. 确定招标方式,发布招标公告或邀请投标函

开发商完成标底编制后,即可决定采用何种招标方式,并在招标申请书中提出,经当地招标管理部门批准后实施。开发商根据所批准的形式,发出招标公告或邀请投标函。如果招标人采用邀请招标方式,应当向三个或三个以上具备承担招标项目能力的、资信良好的企业发出投标邀请书。

2. 资格审查

资格预审是工程招标过程中的第一个重要步骤,其目的是确定有资格的投标者名单,淘汰不合格的投标者,减少评标阶段的工作时间和评审费用,为选择一个优秀的投标者打下良好的基础,排除将合同授予不合格投标者的风险。资格审查分为资格预审和资格后审两种。资格预审是指招标单位或招标代理机构在发放招标文件前,对报名参加投标的承包商的承保能力、业绩、资格和资质等进行审查,并确定合格的投标单位名单;在评标时进行的资格审查称为资格后审。两种资格审查的内容基本相同。通常公开招标采用资格预审的方法,邀请招标采用资格后审的方法。

资格预审主要从以下几个方面对投标者资格能力进行判断。

一是财务状况。对于参加招标单位的财务状况将依据资格预审申请文件中提交的财务报表,以及银行开具的资金情况报告来判断。其中特别需要考虑的是承担新工程所需财务能力,未完工程合同的数量及其目前的进度,投标者必须有足够的资金承担新的工程。

二是施工经验与过去履约情况。投标者应提供在过去几年中,所完成的相似类型和规模,以及复杂程度相当的工程项目的施工情况。此外,资格预审时还要考虑投标者过去的履约情况、是否诚信。

三是人员情况。投标者不能派出有足够经验的人员将导致其资格审查不合格。投标者应认真填写拟选派的主要工地管理人员(项目经理)、技术人员,以及监督人员的姓名及有关资料供审查。

四是设备情况。投标者应清楚地填写拟用于该项目的主要施工设备,设备的类型应适合工程项目的具体情况,数量和能力应满足工程项目施工的需要。

3. 发售招标文件

招标人根据招标项目特点和需要编制招标文件,招标文件是投标人编制投标文件和报价的依据,因此应当包括招标项目的所有实质性要求和条件。招标文件应对有资格的投标人进行发售活动。招标文件的内容必须正确,原则上不能修改或是补充。如果必须进行修改或补充的,必须报招标投标管理机构备案,并在投标截止前 15 天以书面形式通知每一个投标单位。

招标单位发放招标文件可以收取工本费,对其中的设计文件可以收取押金,宣布中标人后收回设计文件并退还押金。

4. 现场考察

招标人在投标须知规定的时间组织投标人自费进行现场考察。设置此程序的目的,一方面让投标人了解工程项目的现场情况、自然条件、施工条件及周围环境条件,以便于编制投标书;另一方面也是要求投标人通过自己的实地考察确定投标的原则和策略,避免合同履行过程中投标人以不了解现场情况为由推卸应承担的合同责任。

5. 解答投标人的质疑,组织开标前会议

投标人研究招标文件和现场考察后会以书面形式提出某些质疑问题,招标人应及时给予书面解答。招标人对任何一位投标人所提问题的问答,必须发送给每一位投标人,保证招标的公开和公平。回答函件作为招标文件的组成部分,如果书面解答的问题与招标文件中的规定不一致,以函件的解答为准。

(三)定标签约阶段

从开标日到签订合同这一期间称为定标签约阶段,是对各投标书进行评审比较,最终确定中标人的过程。

1. 开标

招标人在规定的时间和地点,在要求投标人参加的情况下,当众公开拆开投标资料(包括投标函件),宣布各投标人的名称、投标报价、工期等情况,这个过程叫工程开标。

公开招标和邀请招标均应举行开标会议,体现招标的公平、公正和公开原则。开标时间为投标截止时间同一天同一时刻。晚于投标截止时间递交的投标文件一律作为废标处理,在开标时不予启封。在投标须知规定的时间和地点由招标人或委托的招标代理机构主持开标会议,所有投标人均应参加,并邀请项目建设有关部门代表出席。开标时,由投标人或其推选的代表检验投标文件的密封情况,确认无误后,工作人员当众拆封,宣读投标人名称、投标价格和投标文件的其他主要内容。所有在投标致函中提出的附加条件、补充声明、优惠条件、替代方案等均应宣读,如果有标底也应公布。开标过程应当记录,并存档备查。开标后,任何投标人都不允许更改投标书的内容和报价,也不允许再增加优惠条件。同时,也不得再更改招标文件中说明的评标、定标办法。下面从开标的程序以及无效标认定两个方面介绍开标阶段。

一是开标的工作程序。

开标一般包括以下几个程序。

(1)招标人签收投标人递交的投标文件。

(2)投标人出席开标会的代表签到。

(3)开标会主持人宣布开标会开始,主持人宣布开标人、唱标人、记录人和监督人员。

(4)开标会主持人介绍主要与会人员。

(5)主持人宣布开标会程序、开标会纪律和当场废标的条件。

(6)核对投标人授权代表的身份证件、授权委托书及出席开标会人数。

（7）主持人介绍招标文件、补充文件或答疑文件的组成和发放情况，投标人确认。

（8）主持人宣布投标文件截止和实际送达时间。

（9）招标人和投标人的代表共同（或公证机关）检查各投标书密封情况。

（10）主持人宣布开标和唱标次序。

（11）唱标人依唱标顺序依次开标并唱标。

（12）公布标底。

（13）开标会记录签字确认。

（14）投标文件、开标会记录等送封闭评标区封存。

（15）开标会结束。

二是开标时无效投标文件的认定。

开标时无效投标文件的认定情况有以下三种。

（1）投标文件未按照招标文件的要求予以标志、密封、盖章。

（2）投标文件中的投标函未加盖投标人的企业及企业法定代表人印章，或企业法定代表人委托代理人没有合法、有效的委托书（原件）及委托代理人印章。

（3）投标文件未按照招标文件规定格式、内容和要求填报，投标文件的关键内容字迹模糊、无法辨认。

2. 评标

评标是对各投标书优劣的比较，由评标委员会负责评标工作，以便最终确定中标人。

1）评标委员会

由招标人的代表和有关技术、经济等方面的专家组成，成员人数为 5 人以上的单数，其中招标人以外的专家不得少于成员总数的 2/3。专家人选应来自于国务院有关部门或省、自治区、直辖市政府有关部门提供的专家名册，或从招标代理机构的专家库中以随机抽取方式确定。为保证评标的公平和公正，与投标人有利害关系的人不得进入评标委员会，已经进入的应当更换。

2）评标工作程序

大型开发项目的评标通常分成初评和详评两个阶段进行。

一是初评。评标委员会以招标文件为依据，审查各投标书是否为响应性投标，确定投标书的有效性。检查内容包括投标人的资格、投标保证有效性、报送资料的完整性、投标书与招标文件的要求有无实质性背离、报价计算的正确性等。出现差错的标书将作为废标处理。

二是详评。评标委员会对各投标书实施方案和计划进行实质性评价与比较。评审时不应再采用投标文件中要求投标人考虑因素以外的任何条件作为标准。设有标底的，评标时应参考标底。详评首先对各投标书进行技术和经济方面的审查，评定其合理性，以及若将合同授予该投标人在履行过程中可能给招标人带来的风险。评标委员会认为必要时可以单独约请投标人对标书中含义不明确的内容作必要的澄清或说明，但澄清或说明不得超出投标文件的范围或改变投标文件的实质性内容。澄清内容也要整理成文字材料，作为投标书的组成部分。在对标书审查的基础上，评标委员会依据评标规则量化比较各投标书的优劣，并编写评标报告。详评中，由于开发项目的规模不同、各类招标的标的不同，评审方法可以分为定性评审和定量评审两大类，对于标的额较小的中小型工程评标可以采用定性比较的专家评议法。

3）评标方法

评标方法一般有定性评审和定量评审两种。

（1）定性评审。

对于标的额较小的中小型工程，评标可以采用定性比较的专家评议法，评标委员通过对投标人的投标报价、施工方案、业绩等内容进行定性的分析与比较，选择投标人在各项指标都较优良者为中标人，也可以用表决的方式确定中标人，或者选择能够满足招标文件各项要求，并且经过评审的投标价格最低、标价合理者为中标人。

（2）定量评审。

① 经评审的最低投标价法。经评审的最低投标价法简称为最低投标价法，是指能够满足招标文件的实质性要求，并经评审的投标价格最低的（低于成本的例外）应推荐为中标人的方法。最低投标价既不是投标价，也不是中标价。经评审的最低投标价法是将一些因素折算为价格，用价格指标作为评审标书优劣的衡量方法，评标价最低的投标书为最优。定标签订合同时，仍以中标人的报价作为中标的合同价。

② 综合评标法。综合评标法是指通过分析比较找出能够最大限度地满足招标文件中规定的各项综合评价标准的投标，并推荐为中标候选人的方法。综合评标法是一种定量的评标办法，在评定因素较多而且繁杂的情况下，可以综合地评定出各投标人的素质情况和综合能力。综合评标法长期以来一直是建设工程领域采用的主流评标方法，它适用于大型复杂的工程施工评标。

◈ 引例导入

运用综合评标法评标

背景：某建设工程项目采用公开招标的方式，有 A、B、C、D、E、F 共 6 家承包商参加投标，经资格预审，这 6 家承包商均满足业主要求。该工程通过两个阶段来评标，评标委员会由 7 名委员组成。评标的具体规定如下。

1. 第一阶段：评技术标

技术标共计 40 分，其中施工方案 15 分，总工期 8 分，工程质量 6 分，项目班子 6 分，企业信誉 5 分。技术标各项内容的得分为各评委的评分去掉一个最高分和一个最低分的算术平均值。技术标合计得分不满 28 分者，不再评其商务标。评标情况如表 6-1、表 6-2 所示。

表 6-1　各评委对 6 家承包商施工方案评分的汇总表

投标单位＼评委	一	二	三	四	五	六	七
A	13.0	11.5	12.0	11.0	11.0	12.5	12.5
B	14.5	13.5	14.5	13.0	13.5	14.5	14.5
C	12.0	10.0	11.5	11.0	10.5	11.5	11.5
D	14.0	13.5	13.5	13.0	13.5	14.0	14.5
E	12.5	11.5	12.0	11.0	11.5	12.5	12.5
F	10.5	10.5	10.5	10.0	9.5	11.0	10.5

表 6-2　各承包商总工期、工程质量、项目班子、企业信誉得分汇总表

投标单位	总 工 期	工程质量	项目班子	企业信誉
A	6.5	5.5	4.5	4.5
B	6.0	5.0	5.0	4.5
C	5.0	4.5	3.5	3.0
D	7.0	5.5	5.0	4.5
E	7.5	5.5	4.0	4.0
F	8.0	4.5	4.0	3.5

2. 第二阶段：评商务标

商务标共计 60 分。以标底的 50％与承包商报价算术平均数的 50％之和为基准价，但最高（最低）报价高于（低于）次高（次低）报价的 15％者，在计算承包商报价算术平均数时不予考虑，且商务标得分为 15 分。以基准价为满分（60 分），报价比基准价每下降 1％，扣 1 分，最多扣 10 分；报价比基准价每增加 1％，扣 2 分，扣分不保底。标底和各承包商的报价汇总表如表 6-3 所示。

表 6-3　标底和各承包商的报价汇总表　　　　　　　（单位：万元）

投标单位	A	B	C	D	E	F	标 底
报 价	13 656	11 108	14 303	13 098	13 241	14 125	13 790

问题：请按综合得分最高者中标的原则确定中标单位，这里中标单位是哪一家？

案例评析

1. 计算各承包商施工方案的得分，以及技术标的得分（见表 6-4 和表 6-5）

表 6-4　计算各承包商施工方案的得分

投标单位 \ 评委	一	二	三	四	五	六	七	平 均 得 分
A	13.0	11.5	12.0	11.0	11.0	12.5	12.5	11.9
B	14.5	13.5	14.5	13.0	13.5	14.5	14.5	14.0
C	12.0	10.0	11.5	11.0	10.5	11.5	11.5	11.1
D	14.0	13.5	13.5	13.0	13.5	14.0	14.5	13.7
E	12.5	11.5	12.0	11.0	11.5	12.5	12.5	11.9
F	10.5	10.5	10.5	10.0	9.5	11.0	10.5	10.4

表 6-5　计算各承包商技术标的得分

投标单位	总工期	工程质量	项目班子	企业信誉	施工方案	合计
A	6.5	5.5	4.5	4.5	11.9	32.9
B	6.0	5.0	5.0	4.5	14.0	34.5
C	5.0	4.5	3.5	3.0	11.1	27.1
D	7.0	5.5	5.0	4.5	13.7	35.7
E	7.5	5.5	4.0	4.0	11.9	32.9
F	8.0	4.5	4.0	3.5	10.4	30.4

由于承包商 C 的技术标仅得分 27.2 分,小于 28 分的最低限,按规定不再评其商务标,实际上其已经作为废标处理。

2. 计算各承包商的商务标得分

对于承包商 B 的报价,因为 $(13\ 098-11\ 108)/13\ 098\approx15.19\%>15\%$,所以承包商 B 的报价(11 108 万元)在计算承包商报价算术平均数时不予考虑。

那么,基准价 $=13\ 790\times50\%+(13\ 656+13\ 098+13\ 241+14\ 125)/4\times50\%=13\ 660$ 万元。

各承包商的商务标得分如表 6-6 所示。

表 6-6　计算各承包商的商务标得分

投标单位	报价/万元	报价与基准价的比例(%)	扣分	得分
A	13 656	$(13\ 656/13\ 660)\times100\approx99.97$	$(100-99.97)\times1=0.03$	59.97
B	11 108			15.00
D	13 098	$(13\ 098/13\ 660)\times100\approx95.89$	$(100-95.89)\times1=4.11$	55.89
E	13 241	$(13\ 241/13\ 660)\times100\approx96.93$	$(100-96.93)\times1=3.07$	56.93
F	14 125	$(14\ 125/13\ 660)\times100\approx103.40$	$(103.40-100)\times2=6.80$	53.20

3. 计算各承包商的综合得分(见表 6-7)

表 6-7　各承包商的综合得分

投标单位	技术标得分	商务标得分	综合得分
A	32.9	59.97	92.87
B	34.5	15.00	49.50
D	35.7	55.89	91.59
E	32.9	56.93	89.83
F	30.4	53.20	83.60

因为承包商 A 综合得分最高,故应选择承包商 A 为中标单位。

3. 定标

招标人应该根据评标委员会提出的评标报告和推荐的中标候选人确定中标人,也可以授权评标委员会直接确定中标人。评标委员会推荐的中标候选人应该为1~3人,并且要排列先后顺序,招标人优先确定排名第一的中标候选人作为中标人。中标人确定后,招标人向中标人发出中标通知书,同时将中标结果通知未中标的投标人,并退还他们的投标保证金或保函。中标通知书发出后的 30 天内,双方应按照招标文件和投标文件订立书面合同,不得做实质性修改。招标人不得向中标人提出任何不合理要求作为订立合同的条件,双方也不得私下订立背离合同实质性内容的协议。招标人在确定中标人后 15 天内,应向有关行政监督部门提交招标投标情况的书面报告。中标通知书对招标人和中标人具有法律效力,招标人改变中标结果或中标人拒绝签订合同的应承担相应的法律责任。

一、选择题(以下选项中至少有一个是正确的)

1. 某房地产企业长期借款 200 万元,年利率 10.8%,借款期限 3 年,每年付息一次,到期一次还本,企业所得税率 33%,筹资费用忽略不计,这笔长期借款的资金成本率是(　　)。

A.7.24%　　　　　　B.8.23%　　　　　　C.6.95%　　　　　　D.8.15%

2. 某房地产开发公司发行普通股正常市价 400 万元,筹资费用率为 5%,第一年支付股利率为 10%,预计每年股利增长率为 9%,其资金成本率是(　　)。

A.18.95　　　　　　B.18.47　　　　　　C.16.95%　　　　　　D.19.53%

3. 某省跨海大桥项目,在招标文件中明确规定提交投标文件截止时间为 2005 年 3 月 8 日上午 8 点 30 分,开标地点为建设单位 11 楼大会议室。有甲、乙、丙、丁、戊 5 家单位参与投标,根据《招标投标法》的有关规定,下列说法正确的是(　　)。

A. 开标时间是 2005 年 3 月 8 日上午 8 点 30 分之后的某一时间

B. 可以改变开标地点

C. 开标由该建设单位主持

D. 由于丙单位中标,开标时只要邀请丙单位即可

4. 根据《招标投标法》的有关规定,下列关于评标委员会的说法准确的有(　　)。

A. 评标委员会的名单应向社会公布,以体现招标活动的公开性

B. 评标委员会可以由 7 个人组成

C. 评标委员会可以由 9 个人组成,其中经济专家 2 人、技术专家 2 人

D. 评标委员会可以由 5 个人组成,其中经济专家 2 人、技术专家 2 人

二、简答题

1. 简述房地产开发资金的筹资方式。
2. 简述房地产开发资金成本的计算方法。
3. 简述房地产开发项目报建的流程。
4. 公开招标和邀请招标的区别有哪些？
5. 简述施工招标应该具备的条件。
6. 简述房地产招标的基本程序。

三、计算题

某房地产企业资金来源情况如下：

(1) 面值发行 5 年期债券 400 万元，年利率 6%，筹资费用率为 2%；

(2) 面值发行累积优先股 200 万元，年股利率 8%，筹资费用率为 3%；

(3) 面值发行普通股 100 万股，每股面值 10 元，预计第一年每股股利 1 元，以后每年增长 3%，筹资费率为 4%。

该企业适用企业所得税率为 25%，则该旅游企业综合资金成本率是多少？

四、案例分析题

1. 某省博物馆建筑工程，被省政府列为重点工程项目，招标人考虑到工程本身技术难度大、结构类型复杂，一般的建筑企业难以胜任，遂决定采用邀请招标的方式招标，并于 2008 年 3 月 8 日向通过资格预审的 A、B、C、D、E 五家施工承包企业发出了投标邀请书，五家企业均接受邀请并购买了招标文件，招标文件规定，2008 年 5 月 10 日上午 9 时为投标截止时间。

在投标截止时间之前，A、C、D、E 四家企业提交了投标文件，B 企业由于路途遇到交通管制其投标文件于 2008 年 5 月 10 日上午 9 时 15 分送达。2008 年 5 月 11 日上午在当地招投标监督管理办公室主任主持下进行了公开开标。

评标过程中，评标委员会发现 A 企业投标文件无法定代表人签字和单位公章，后经评标委员会评标确定 D 企业中标。2008 年 5 月 15 日招标人向 D 企业发出了中标通知书，2008 年 6 月 25 日双方签订了书面合同。

问题

(1) 招标人自行决定采用邀请招标方式的做法是否妥当？请说明理由。

(2) A 企业和 B 企业的投标文件是否有效？请说明理由。

(3) 请指出开标工作的不妥之处，并说明理由。

(4) 招标人签订合同的日期有何不妥？请说明理由。

2. 某学院综合楼项目经有关部门批准由业主自行进行工程施工招标。该工程业主邀请 A、B、C、D 四家施工企业进行总价投标。

业主确定的招标工作程序为：成立招标工作小组；发出投标邀请书；编制招标文件；编制标底；发放招标文件；招标答疑；组织现场踏勘；接受投标文件；开标；确定中标单位；评标；签订承

发包合同;发出中标通知书。

招标文件规定评标采用四项指标综合评标法,四项指标及其权重分别为:投标报价 0.6,施工组织设计合理性 0.2,施工管理能力 0.1,单位业绩和信誉 0.1。各指标均以 100 分为满分。其中,投标报价的评定方法为:报价不超过各投标报价算术平均值的 5% 者为有效标,超过者为废标。在此基础上,报价每增加或降低 1%,扣 1 分(四舍五入取整数)。其中 A 企业投标报价为 3 850 万元,B 企业投标报价为 3 800 万元,C 企业投标报价为 3 920 万元,D 企业投标报价为 3 790 万元。四家投标单位得分统计表如表 6-8 所示。

表 6-8　投标单位得分统计表

四项指标 ＼ 投标单位	A	B	C	D
投标报价/万元	3 850	3 800	3 920	3 790
施工组织设计合理性	92	89	95	94
施工管理能力	93	85	95	95
单位业绩与信誉	88	93	94	92

问题

(1) 业主确定的招标工作程序是否合理?若不合理,请确定合理的顺序。

(2) 请利用综合评标法计算各施工企业的综合得分,并确定中标企业。

房地产项目管理

学习目标

学习目标

1. 掌握项目投资(费用)控制与措施。
2. 熟悉项目质量控制与措施。
3. 熟悉项目进度控制与措施。
4. 了解竣工验收的方式方法。
5. 掌握合同变更管理的程序以及索赔的计算方法。

技能要求

1. 能够进行一般房地产项目的简单的"三控三管"。
2. 能够进行一般房地产项目的合同管理。
3. 能够进行合同工期索赔的计算。

任务 1 房地产项目工程质量控制

质量管理是在质量方面指挥和控制组织的协调的活动。这些活动通常包括制订质量方针和质量目标,以及进行质量策划、质量控制、质量保证和质量改进等一系列工作。组织必须通过建立质量管理体系实施质量管理,其中质量方针是组织最高管理者的质量宗旨、经营理念和价值观的反映。在质量方针的指导下,编制组织的质量手册、程序性管理文件和质量记录,进而落实组织制度,合理配置各种资源,明确各级管理人员在质量活动中的责任分工与权限界定等,形成组织质量管理体系的运行机制,保证整个体系的有效运行,从而实现质量目标。

一、质量管理原则

质量管理八项原则是 ISO 9000 族标准的编制基础,是世界各国质量管理成功经验的科学总结,其中不少内容与我国全面质量管理的经验相吻合。它的贯彻执行能促进企业管理水平的提高,提高顾客对其产品或服务的满意程度,帮助企业达到持续成功的目的。质量管理八项原则的具体内容如下。

(一)以顾客为关注焦点

组织(从事一定范围生产经营活动的企业)依存于其顾客。组织应理解顾客当前的和未来的需求,满足顾客要求并争取超载顾客的期望。

(二)领导作用

领导者确立本组织统一的宗旨和方向,并营造和保持使员工充分参与实现组织目标的内部环境。因此领导在企业的质量管理中起着决定性的作用。只有领导重视,各项质量活动才能有效开展。

(三)全员参与

各级人员都是组织之本,只有全员充分参加,才能使他们的才干为组织带来利益。

产品质量是产品形成过程中全体人员共同努力的结果,其中也包含着为他们提供支持的管理、检查、行政人员的贡献。企业领导应对员工进行质量意识等各方面的教育,激发他们的积极性和责任感,为其能力的提高提供机会,发挥创造精神,鼓励持续改进,给予必要的物质奖励和精神奖励,使全员积极参与,为达到让顾客满意的目标而奋斗。

(四)过程方法

将活动和相关的资源作为过程进行管理,可以更高效地得到期望的结果。任何使用资源的生产活动和将输入转化为输出的一组相关联的活动都可视为过程。ISO 9000 族标准是建立在过程控制的基础上的。一般在过程的输入端、过程的不同位置及输出端都存在着可以进行测量、检查的机会和控制点,对这些控制点实行测量、检测和管理,便能控制过程的有效实施。

(五) 管理的系统方法

将相互关联的过程作用系统加以识别、理解和管理,有助于组织提高实际其目标的有效性和效率。不同企业应根据自己的特点,建立资源管理、过程实现、测量分析改进等方面的关联关系,并加以控制。即采用过程网络的方法建立质量管理体系,实施系统管理。建立实施质量管理体系的工作内容一般包括:①确定顾客期望;②建立质量目标和方针;③确定实现目标的过程和职责;④确定必须提供的资源;⑤规定测量过程有效性的方法;⑥实施测量确定过程的有效性;⑦确定防止不合格并清除产生原因的措施;⑧建立和应用持续改进质量管理体系的过程。

(六) 持续改进

持续改进总体业绩是组织的一个永恒目标,其作用在于增强企业满足质量要求的能力,包括产品质量、过程及体系的有效性和效率的提高。持续改进是增强和满足质量要求能力的循环活动,是使企业的质量管理走上良性循环轨道的必由之路。

(七) 基于事实的决策方法

有效的决策应建立在数据和信息分析的基础上,数据和信息分析是对事实的高度提炼。以事实为依据做出决策,可防止决策失误,为此企业领导应重视数据信息的收集、汇总和分析,以便为决策提供依据。

(八) 与供方互利的关系

组织与供方是相互依存的,建立双方的互利关系可以增强双方创造价值的能力。供方提供的产品是企业提供产品的一个组成部分。处理好与供方的关系,涉及企业能否持续稳定地提供给顾客满意的产品。因此,对供方不能只讲控制,不讲合作互利,特别是关键供方,更要建立互利关系,这对企业与供方双方都有利。

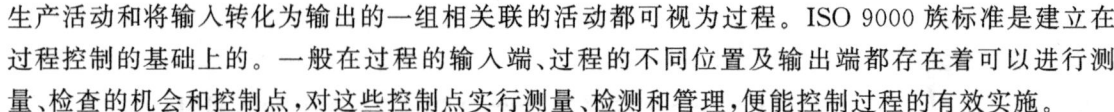

二、质量管理的数理统计方法

(一) 因果分析法的应用

因果分析法,也称为质量特性要因分析法,其基本原理是对每一个质量特性或问题逐层深入排查可能原因,然后确定其中最主要的原因,进行有的放矢的处置和管理。

1. 因果分析法的应用示例

图 7-1 为预制构件安装就位不合格的原因分析,其中,第一层面从人员、机械、材料、工作方法和工作环境进行分析,第二层面、第三层面依此类推。

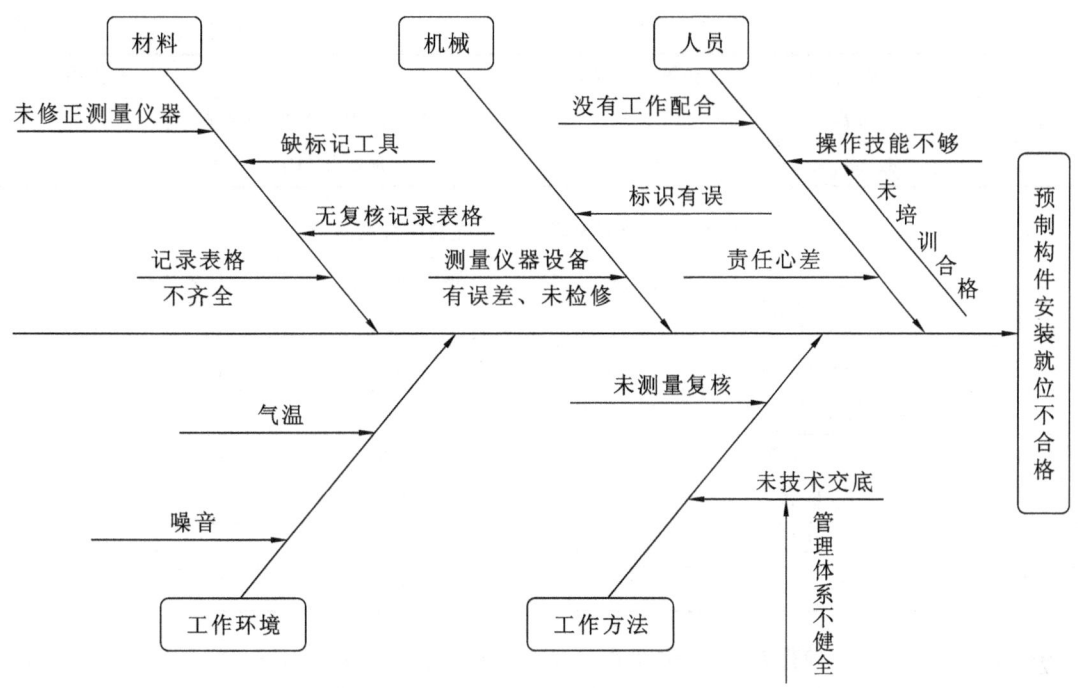

图 7-1　预制构件安装就位不合格的原因分析

2. 使用因果分析法应注意的事项

使用因果分析法时,应特别注意的事项:

(1) 一个质量特性或一个质量问题使用一张图分析;

(2) 通常采用 QC 小组(质量控制小组)活动的方式进行,集思广益,共同分析;

(3) 必要时可以邀请小组以外的有关人员参与,广泛听取意见;

(4) 分析时要充分发表意见,层层深入,列出所有可能的原因。

选择因果要素在充分分析的基础上,由各参与人员采用投票方式或其他方式,从中选择 1～5 项多数人达成共识的最主要原因,然后制订针对性处置方案。

(二)排列图法的应用

在质量管理过程,通过抽样检查或检验试验所得到的质量问题、偏差、缺陷、不合格等统计数据,以及造成质量问题的原因分析统计数据,均可采用排列图进行状况描述,它具有直观、主次分明的特点。如表 7-1 所示,对某项模板施工精度进行抽样检查,得到 150 个不合格点数的统计数据。之后按照质量特性不合格点数(频数)由大到小的顺序,重新整理为表 7-2,并分别计算出累计频数和累计频率。

表 7-1　构件尺寸抽样检查统计表

序　号	检查项目	不合格点数	序　号	检查项目	不合格点数
1	轴线位置	1	5	平面水平度	15
2	垂直度	8	6	表面平整度	75

序　号	检查项目	不合格点数	序　号	检查项目	不合格点数
3	标高	4	7	预埋设施中心位置	1
4	截面尺寸	45	8	预留孔洞中心位置	1

表 7-2　构件尺寸不合格点数顺序排列表

序　号	项　目	频　数	频　率（%）	累计频率（%）
1	表面平整度	75	50.0	50.0
2	截面尺寸	45	30.0	80.0
3	平面水平度	15	10.0	90.0
4	垂直度	8	5.3	95.3
5	标高	4	2.7	98.0
6	其他	3	2.0	100.0
合计	—	150	100.0	—

　　根据表 7-2 的统计数据画排列图（见图 7-2），并将其中累计频率 0%～80% 定为 A 类问题，即主要问题，进行重点管理；将累计频率在 80%～90% 区间的问题定为 B 类问题，即次要问题，作为次重点管理；将其余累计频率在 90%～100% 区间的问题定为 C 类问题，即一般问题，按照常规适当加强管理。排列图法也称为 ABC 分类管理法。

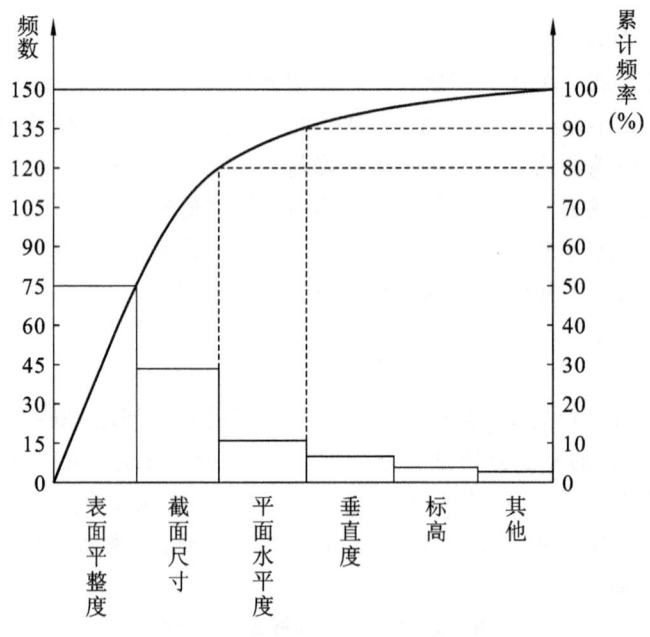

图 7-2　构件尺寸不合格点数排列图

（三）分层法的应用

　　由于工程质量形成的影响因素多，因此，对工程质量状况的调查和质量问题的分析，必须分门别类地进行，以便准确有效地找出问题及其原因，这就是分层法的基本思想。

1. 分层说明

关键是调查分析的类别和层次划分，根据管理需要和统计目的，通常可按照以下分层方法取得原始数据。

(1) 按时间分：月、日、上午、下午、白天、晚间、季节。

(2) 按地点分：地域、城市、乡村、楼层、外墙、内墙。

(3) 按材料分：产地、厂商、规格、品种。

(4) 按测量分：方法、仪器、测量人、取样方式。

(5) 按作业分：班组、工长、工人、分包商。

(6) 按工程分：住宅、办公楼、道路、桥梁、隧道。

(7) 按合同分：总承包、专业分包、劳务分包。

2. 分层法的实际应用

例如：一个焊工班组有 A、B、C 三位工人实施焊接作业，共抽检 60 个焊接点，发现共有 18 个点不合格，约占 30%。究竟问题出在哪里？根据分层调查的统计数据表（见表 7-3）可知，主要是作业工人 C 的焊接质量影响了总体的质量水平。

表 7-3　分层调查的统计数据表

作 业 工 人	抽 检 点 数	不合格点数	个体不合格率(%)	占不合格点总数百分率(%)
A	20	2	10	11
B	20	4	20	22
C	20	12	60	67
合　　计	60	18	—	—

经过第一次分层调查和分析，找出主要问题的所在以后，还可以针对这个问题再次分层进行调查分析，一直到分析结果满足管理需要为止。层内类别划分越明确、越细致、就越能够准确有效地找出问题及其原因所在。

（四）直方图法的应用

在质量管理中，会收集到大量貌似无序的数据，如果把这些数据分门别类地用矩形图画出来，就能一目了然地反映出产品质量的分布情况，判断和预测质量及不合格率。直方图，又称质量分布图，是一种几何形图表，它是根据从生产过程中收集来的质量数据分布情况，画成以组距为底边，以频数为高度的一系列连接起来的矩形图，如图 7-3 所示。

直方图的主要用途是：整理统计数据，了解统计数据的分布特征，即数据分布的集中或离散状况，从中掌握质量能力状态；观察、分析生产过程质量是否处于正常、稳定和受控状态，以及质量水平是否保持在误差允许的范围内。

1. 通过分布形状观察分析

所谓形状观察分析，是指将绘制好的直方图形状与正态分布图的形状进行比较分析：一看

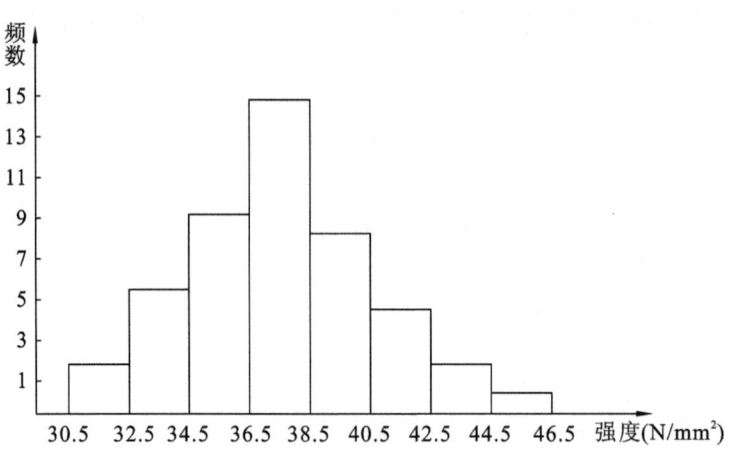

图 7-3 混凝土强度分布直方图

形状是否相似，二看分布区间的宽窄。正常直方图反应生产过程质量处于正常、稳定状态。数理统计研究证明，当随机抽样方案合理且样本数量足够大时，在生产能力处于正常、稳定状态时，质量特性检测数据趋于正态分布。直方图的分布形态如表 7-4 所示。

表 7-4 直方图的分布形态

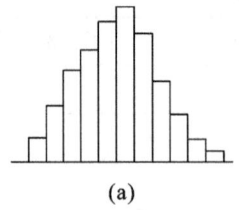 (a)	直方图的分布形状及分布区间宽窄是由质量特性统计数据的平均值和标准偏差所决定的。正常直方图呈正态分布，其形状特征是中间高、两边低、成对称，如(a)所示
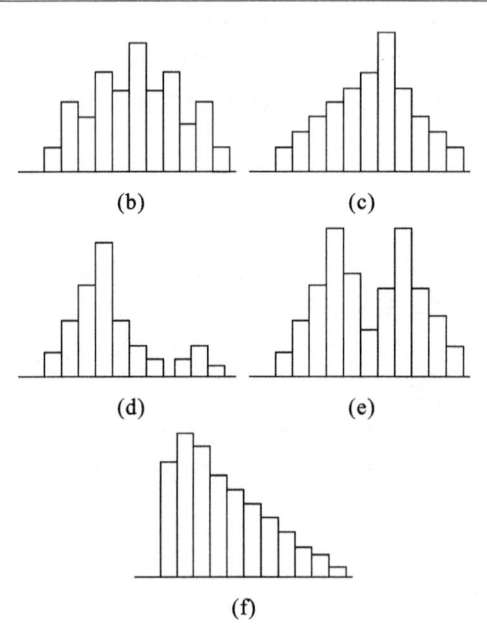 (b)　(c)　(d)　(e)　(f)	异常直方图呈偏态分布，常见的异常直方图有：(b)折齿型、(c)陡坡型、(d)孤岛型、(e)双峰型、(f)峭壁型。出现异常的原因可能是生产过程存在影响质量的系统因素，或收集整理数据制作直方图的方法不当所致，具体的原因要具体分析

2. 通过分布位置观察分析

所谓分布位置观察分析,是指将直方图的分布位置与质量控制标准的上下限范围进行比较分析,如表 7-5 所示。

表 7-5   直方图的分布位置观察分析

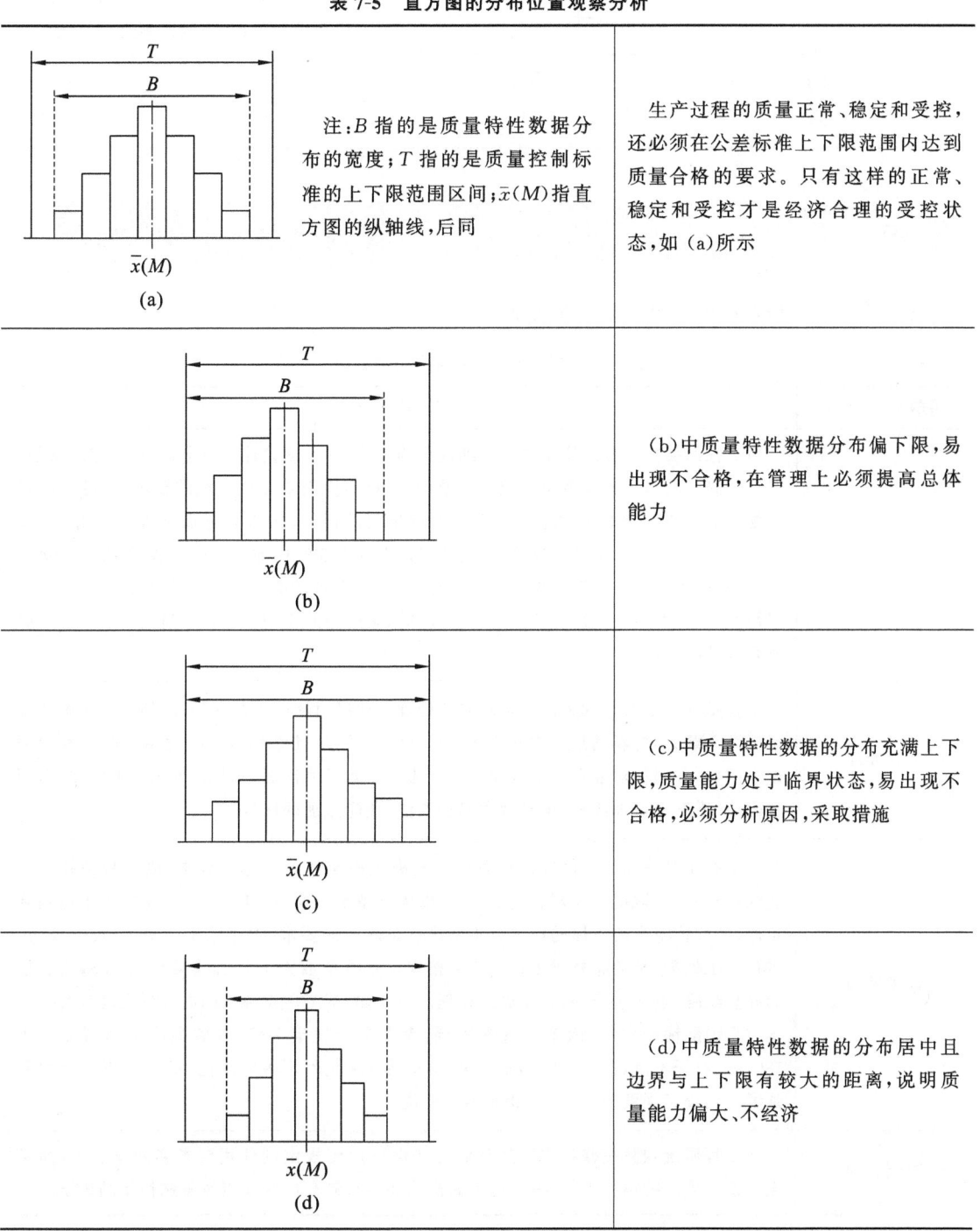

注:B 指的是质量特性数据分布的宽度;T 指的是质量控制标准的上下限范围区间;$\bar{x}(M)$ 指直方图的纵轴线,后同 (a)	生产过程的质量正常、稳定和受控,还必须在公差标准上下限范围内达到质量合格的要求。只有这样的正常、稳定和受控才是经济合理的受控状态,如(a)所示
(b)	(b)中质量特性数据分布偏下限,易出现不合格,在管理上必须提高总体能力
(c)	(c)中质量特性数据的分布充满上下限,质量能力处于临界状态,易出现不合格,必须分析原因,采取措施
(d)	(d)中质量特性数据的分布居中且边界与上下限有较大的距离,说明质量能力偏大、不经济

续表

| 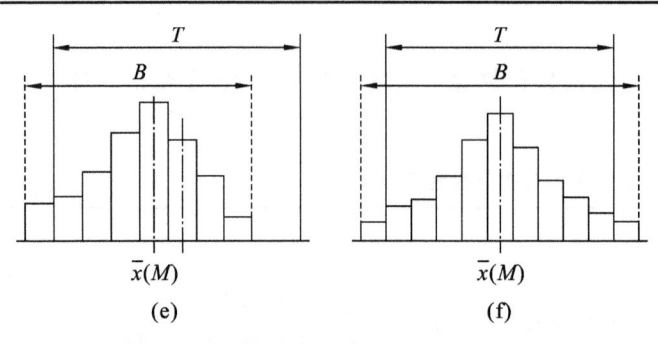 | （e）和（f）中均已出现超出上下限的数据，说明生产过程存在质量不合格，需要分析原因，采取措施进行纠偏 |

三、施工质量不合格产品的处理

施工质量不合格产品的处理如表 7-6 所示。

表 7-6　施工质量不合格产品的处理

事故处理分类	具体要求
修补处理	当工程的某些部分的质量虽未达到规定的规范、标准或设计的要求，存在一定的缺陷，但经过修补后可以达到要求的质量标准，又不影响使用功能或外观的要求时，可采取修补处理的方法。例如，某些混凝土结构局部出现的损伤，如结构受撞击、局部未振实、冻害、火灾、酸类腐蚀、碱骨料反应等，当这些损伤仅仅在结构的表面或局部，不影响其使用和外观，可进行修补处理。再比如：当混凝土结构出现的裂缝宽度不大于 0.2mm 时，可采用表面密封法；当裂缝宽度大于 0.3mm 时，采用嵌缝密闭法；当裂缝较深时，则应采取灌浆修补的方法
加固处理	主要是针对危及承载力的质量缺陷的处理。通过对缺陷的加固处理，使建筑结构恢复或提高承载力，重新满足结构安全性与可靠性的要求，使结构能继续使用或改作其他用途。例如，常用的对混凝土结构加固的方法主要有增大截面加固法、外包角加固法、粘钢加固法、增设支点加固法、增设剪力墙加固法、预应力加固法等
返工处理	当工程质量缺陷经过修补处理后仍不能满足规定的质量标准要求，或不具备补救可能性，则必须采取返工处理。例如：某防洪堤坝填筑压实后，其压实土的干密度未达到规定值，经核算将影响土体的稳定且不满足抗渗能力的要求，须挖除不合格土，重新填筑，进行返工处理；某公路桥梁工程预应力按规定张拉系数为 1.3，而实际仅为 0.8，属严重的质量缺陷，也无法修补，只能返工处理。再比如，某工厂设备基础的混凝土浇筑时掺入木质素磺酸钙减水剂，因施工管理不善，掺量多于规定 7 倍，导致混凝土坍落度大于 180mm，石子不沉，混凝土结构不均匀，浇筑后 5 天仍然不凝固硬化，28 天的混凝土实际强度不到规定强度的 32%，不得不返工重浇
限制处理	在工程质量缺陷按修补方法处理后无法保证达到规定的使用要求和安全要求，而又无法返工处理的情况下，不得已时可做出诸如结构卸荷或减荷以及限制使用的决定

续表

事故处理分类	具 体 要 求
不做处理	某些工程质量问题虽然达不到规定的要求或标准，但其情况不严重，对工程或结构的使用及安全影响很小，经过分析、论证、法定检测单位鉴定和设计单位等认可后可不做专门处理。一般不做专门处理的情况有以下几种。 （1）不影响结构安全、生产工艺和使用要求的。例如，有的工业建筑物出现放线定位的偏差，且严重超过规范标准规定，若要纠正会造成重大经济损失，但经过分析、论证，其偏差不影响生产工艺和正常使用，在外观上也无明显影响，可不做处理。又如，某些部位的混凝土表面的裂缝，经检查分析，属于表面养护不够的干缩微裂，不影响使用和外观，也可不做处理。 （2）后道工序可以弥补的质量缺陷。例如，混凝土结构表面的轻微麻面，可通过后续的抹灰、刮涂、喷涂等弥补，也可不做处理。再比如，混凝土现浇楼面的平整度偏差达到10mm，但由于后续垫层和面层的施工可以弥补，所以也可不做处理。 （3）法定检测单位鉴定合格的。例如，某检验批混凝土试块强度值不满足规范要求，强度不足，但经法定检测单位对混凝土实体强度进行实际检测后，其实际强度达到规范允许和设计要求值时，可不做处理；对经检测未达到要求值，但相差不多，经分析论证，只要使用前经再次检测达到设计强度，也可不做处理，但应严格控制施工荷载。 （4）出现的质量缺陷，经检测鉴定达不到设计要求，但经原设计单位核算，仍能满足结构安全和使用功能的。例如，某一结构构件截面尺寸不足，或材料强度不足，影响结构承载力，但按实际情况进行复核验算后仍能满足设计要求的承载力时，可不进行专门处理。这种做法实际上是挖掘设计潜力或降低设计的安全系数，应谨慎处理
报废处理	出现质量事故的工程，通过分析或实践，采取上述处理方法后仍不能满足规定的质量要求或标准，则必须予以报废处理
施工质量事故处理的基本要求	（1）质量事故的处理应达到安全可靠、不留隐患、满足生产和使用要求、施工方便、经济合理的目的； （2）重视消除造成事故的原因，注意综合治理； （3）正确确定处理的范围和正确选择处理的时间和方法； （4）加强事故处理的检查验收工作，认真复查事故处理的实际情况； （5）确保事故处理期间的安全

任务 2 房地产项目的进度控制

　　一个项目能否在预定时间内完成，这是项目最为重要的问题之一，也是项目管理所追求的目标之一。项目进度管理就是采用科学的方法制订进度目标，编制进度计划，在项目实施过程中检查项目进度计划的执行情况，若发现实际进度计划与计划进度不一致，及时分析原因，并采取有效的措施对原计划进行调整修改的过程。工程项目进度管理的目的就是为了实现最优工期。

一、项目进度管理概念

工程项目进度管理是指项目管理者围绕目标工期要求编制计划,付诸实施且在此过程中经常检查计划的实际执行情况,分析进度偏差原因并在此基础上不断调整、修改计划直至工程竣工交付使用。工程项目进度管理通过对进度影响因素实施控制及各种关系协调,综合运用各种可行方法、措施,将项目的计划工期控制在事先确定的目标工期范围之内,在兼顾成本、质量控制目标的同时,努力缩短建设工期。建设工程项目进度管理流程如图 7-4 所示。

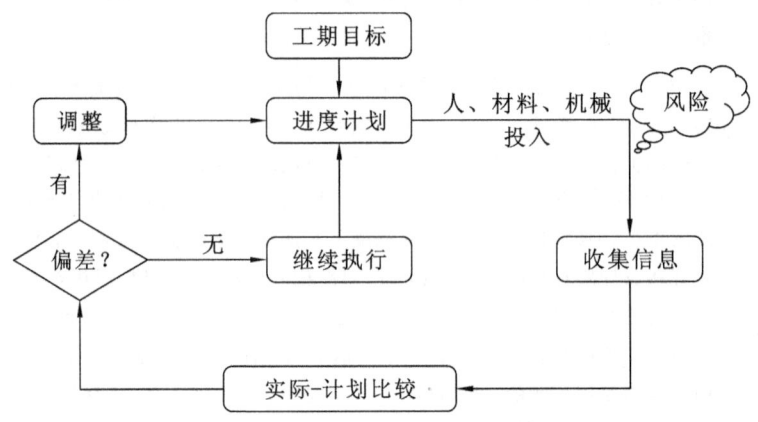

图 7-4　建设工程项目进度管理流程

二、项目进度管理原理

(一)动态控制原理

工程项目进度控制是一个不断进行的动态控制,也是一个循环进行的过程。它是从项目施工开始,实际进度就出现了运动的轨迹,也就是计划进入执行的动态。当实际进度按照计划进度进行时,两者相吻合;当实际进度与计划进度不一致时,便产生超前或落后的偏差。分析偏差的原因,采取相应的措施,调整原来的计划,使两者在新的起点上重合,继续按其进行施工活动,并且尽量发挥组织管理的作用,使实际工作按计划进行。但是在新的干扰因素作用下,又会产生新的偏差。进度计划控制就是采用这种动态循环的控制方法。

(二)系统控制原理

1. 工程项目进度计划系统

为了对工程项目实行进度计划控制,首先必须编制工程项目的各种进度计划。其中有工程项目总进度计划、单位工程进度计划、分部分项工程进度计划、季度和月(旬)作业计划,这些计划组成一个工程项目进度计划系统。计划的编制对象由大到小,计划的内容从粗到细。编制时从总体计划到局部计划,逐层进行控制目标分解,以保证计划控制目标落实。执行计划时,从月(旬)作业计划开始实施,逐级按目标控制,从而达到对工程项目整体进度目标控制。

2. 工程项目进度实施组织系统

工程项目进度实施全过程的各专业队伍都是遵照计划规定的目标去努力完成一个个任务的。工程项目经理和有关劳动调配、材料设备、采购运输等各职能部门都按照工程进度规定的要求进行严格管理、落实和完成各自的任务。施工组织各级负责人,从项目经理、施工队长、班组长及其所属全体成员组成了工程项目实施的完整组织系统。

3. 工程项目进度控制组织系统

为了保证工程项目进度实施还有一个项目进度的检查控制系统。自公司经理、项目经理,一直到作业班组都设有专门职能部门或人员负责检查汇报,统计整理实际施工进度的资料,并与计划进度比较分析和进行调整。当然不同层次人员负有不同进度控制职责,分工协作,形成一个纵横连接的工程项目进度控制组织系统。事实上,有的领导可能既是计划的实施者又是计划的控制者。实施是计划控制的落实,控制是保证计划按期实施。

(三)信息反馈原理

信息反馈是工程项目进度控制的主要环节,施工的实际进度通过信息反馈给基层施工项目进度控制的工作人员,在分工的职责范围内,经过对其加工,再将信息逐级向上反馈,直到主控制室,主控制室整理统计各方面的信息,经比较分析做出决策,调整进度计划,仍使其符合预定工期目标。若不应用信息反馈原理,不断地进行信息反馈,则无法进行计划控制。工程项目进度控制的过程就是信息反馈的过程。

(四)弹性原理

工程项目进度计划工期长、影响进度的原因多,其中有的已被人们掌握,根据统计经验估计出影响的程度和出现的可能性,并在确定进度目标时,进行实现目标的风险分析。在计划编制者具备了这些知识和实践经验之后,编制施工项目进度计划时就会留有余地,使工程进度计划具有弹性。在进行工程项目进度控制时,便可以利用这些弹性,缩短有关工作的时间,或者改变它们之间的搭接关系,使检查之前拖延的工期,通过缩短剩余计划工期的方法,仍然达到预期的计划目标。这就是工程项目进度控制中对弹性原理的应用。

(五)封闭循环原理

项目的进度计划控制的全过程是计划、实施、检查、比较分析、确定调整措施、再计划。从编制项目进度计划开始,经过实施过程中的跟踪检查,收集有关实际进度的信息,比较和分析实际进度与施工计划进度之间的偏差,找出产生原因和解决办法,确定调整措施,再修改原进度计划,形成一个封闭的循环系统。

(六)网络计划技术原理

在工程项目进度的控制中利用网络计划技术原理编制进度计划,根据收集的实际进度信息,比较和分析进度计划,又利用网络计划的工期优化理论,工期与成本优化理论和资源优化的理论调整计划。网络计划技术原理是工程项目进度控制的完整的计划管理和分析计算理论基础。

三、建设工程项目进度计划的编制

(一)工程横道进度计划

1. 横道图概述

工程横道进度计划最基本的内容是横道图。横道图又叫甘特图(Gantt chart),也称条状图(bar chart),是以图示的方式通过活动列表和时间刻度形象地表示出任何特定项目的活动顺序与持续时间。横道图最初是在1917年由亨利·甘特开发的,其内在思想简单,基本是一幅线条图,横轴表示时间,纵轴表示活动(项目),线条表示在整个期间上计划和实际的活动完成情况。它直观地表明任务计划在什么时候进行,以及实际进展与计划要求的对比。管理者由此可极为便利地弄清一项任务(项目)还剩下哪些工作要做,并可评估工作是提前的还是滞后的,抑或正常进行的。如图7-5所示,某工程施工进度计划用横道图表示。

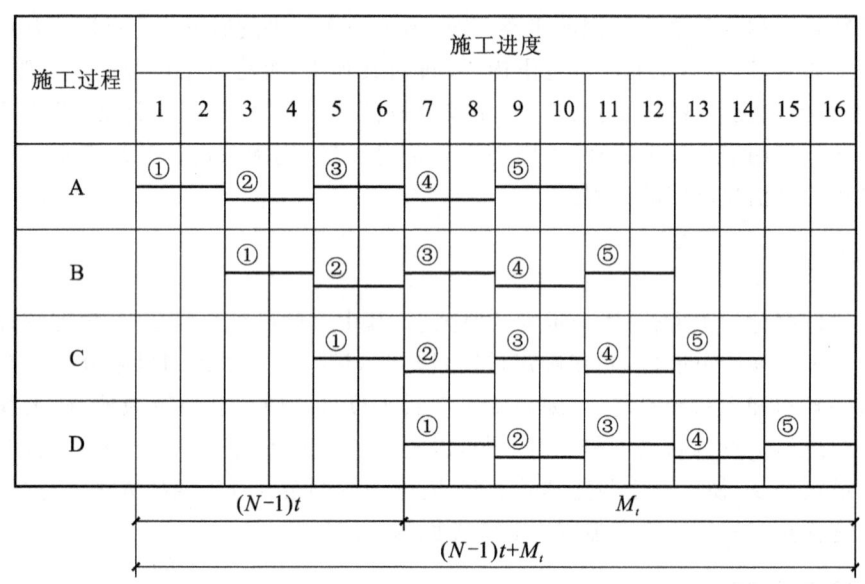

施工过程	施工进度															
	1	2	3	4	5	6	7	8	9	10	11	12	13	14	15	16
A	①		②		③		④		⑤							
B			①		②		③		④		⑤					
C					①		②		③		④		⑤			
D							①		②		③		④		⑤	

$(N-1)t$ 　　　　　 M_t
$(N-1)t+M_t$

图7-5 某工程施工进度计划横道图

注:N 是施工过程数;M_t 是最后一个施工过程的持续时间;t 是流水节拍。

2. 横道图的特点

利用横道图编制计划和进度控制的优点是它能够清楚地表达活动的开始时间、结束时间和持续时间,一目了然,使用方便,制作简单,易于理解,并能够为各层次的人员所掌握和运用。但同时横道图也存在一些缺点,具体如下。

（1）很难表达工程活动之间的逻辑关系。如果一个活动提前或推迟，或延长持续时间，很难分析出它会影响哪些后续的活动。

（2）不能表示活动的重要性，如哪些活动是关键的，哪些活动有推迟或拖延的余地。

（3）横道图上所能表达的信息量较少。

（4）不能用计算机处理，即对一个复杂的工程不能进行工期计算，更不能进行工期方案的优化。

3. 横道图的应用范围

横道图的优缺点决定了它既有广泛的应用范围和很强的生命力，同时又有局限性。它可直接应用于一些简单的小项目，由于活动较少，可以直接用它排工期计划。

（二）工程网络进度计划

工程网络进度计划的形式有两种：一种是双代号网络计划；另一种是单代号网络计划。目前，在国内工程施工中，所采用的网络计划大多是双代号网络计划，且多为时标网络计划。双代号网络图如图7-6所示。

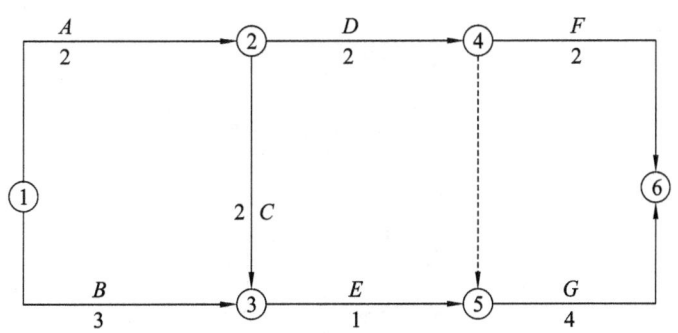

图 7-6　双代号网络图

网络计划技术的基本原理可以表述为：用网络图的形式和数学运算来表达一项计划中各项工作的先后顺序和相互关系，通过时间参数的计算，找出关键工作、关键线路及工期，在满足既定约束条件下，按照规定的目标，不断改善网络计划，选择最优方案并付诸实施。在计划实施过程中，不断进行跟踪检查、调整，保证计划自始至终有计划、有组织地顺利进行，从而达到工期短、费用低、质量好的目的。

网络计划技术与横道图计划方法在性质上有一致的地方，都可用于表达工程生产进度计划。但网络计划技术克服了横道图的许多不足之处，具有下列优点。

（1）能全面而明确地反映出各项工作之间的逻辑关系，使各工作组成一个有机整体。

（2）能进行各种时间参数的计算，明确对全局有影响的关键工作和关键线路，便于管理者抓住主要矛盾，确保工程按计划工期完成。

（3）可以对网络计划进行调整和优化，更好地调配人力、物力和财力，根据选定的目标寻求最优方案。

（4）在计划实施过程中，可通过时间参数计算预先知道各工作提前或推迟完成对整个计划的影响程度,并能根据变化的情况迅速进行调整,保证计划始终受到控制和监督。

(5)能利用计算机编制程序,使网络计划的绘图、调整和优化均由计算机来完成,这是横道图所不能达到的。

但是网络计划技术也存在一些缺点,具体表现为:绘图较麻烦,表达不直观,不能反映流水施工的特点,不宜显示资源需要量等。采用时标网络计划有助于克服这些缺点。

综上所述,网络计划技术的最大特点是其能够提供施工管理所需的多种信息,有利于加强工程管理。所以,网络计划技术已不仅仅是一种编制计划的方法,还是一种科学的工程管理方法。它有助于管理人员合理地组织生产,使他们做到心中有数,知道管理的重点应放在何处,怎样缩短工期,在哪里挖掘潜力,如何降低成本。在工程管理中提高应用网络计划技术的水平,必然能够进一步提高工程管理的水平。

四、建设工程项目进度计划控制的程序

进度控制是各项目标实现的重要工作,其任务是实现项目的工期或进度目标,主要分为进度的事前控制、事中控制和事后控制。建设工程项目进度计划控制的程序如图7-7所示。

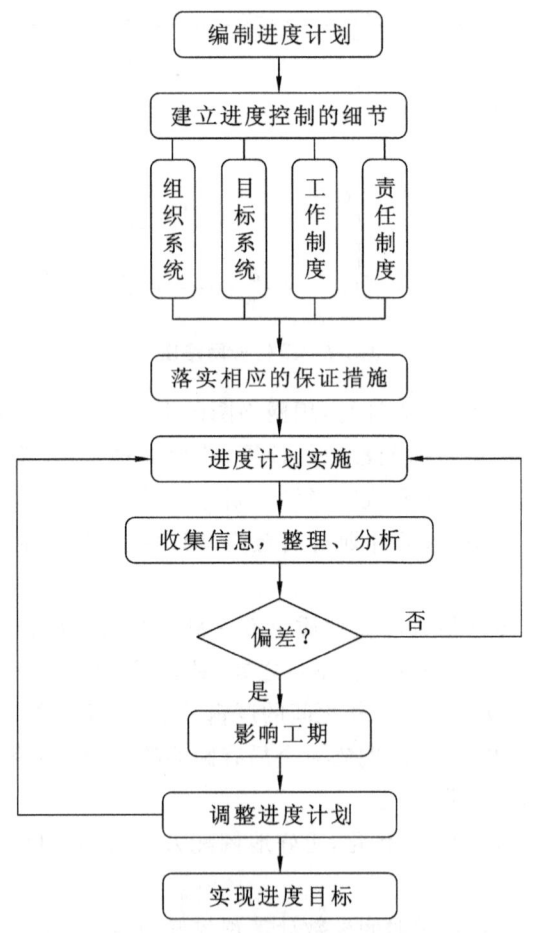

图7-7 项目进度计划控制的程序

任务 3 房地产项目的投资控制

工程项目成本是指工程项目从设计到完成期间所需要的全部费用的总和。工程项目成本对于不同的工程建设参与方来讲其内涵是不同的。从业主角度来讲,工程项目成本就是指建设项目的投资;从承包商角度来讲,工程项目成本指承包商在整个工程中所花费的所有生产资料转移价值和劳动者的必要劳动所创造的价值的货币形式。

工程项目成本主要包括决策成本、招标成本、勘察设计成本、施工成本等。其中,施工成本是项目总成本的主要组成部分,虽然决策质量、勘察设计结果都将直接影响施工成本,但在正确的决策和勘察设计条件下,在项目总成本中,施工成本一般占总成本的90%以上。

一、工程项目投资计划的编制方法

项目投资计划的编制以成本预测为基础,关键是确定目标成本。计划的制订,需结合施工组织设计的编制过程,通过不断地优化施工技术方案和合理配置生产要素,进行工、料、机消耗的分析,制订一系列节约成本和挖潜措施,确定施工投资计划。一般情况下,施工投资计划总额应控制在目标成本的范围内,并使投资计划建立在切实可行的基础上。

施工总成本目标确定之后,还需通过编制详细的实施性施工投资计划把目标成本层层分解,落实到施工过程的每个环节,有效地进行成本控制。

施工投资计划的编制方式有以下几种。

1. 按施工成本组成编制施工投资计划

施工成本可以按成本构成分解为人工费、材料费、施工机械使用费、措施费和间接费等。按施工成本组成编制的施工投资计划如图7-8所示。

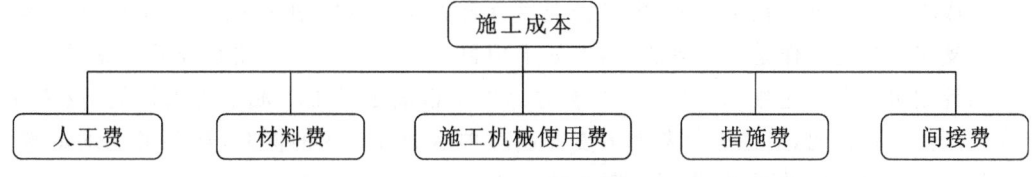

图 7-8 按施工成本组成编制的施工投资计划

2. 按施工项目组成编制施工投资计划

大中型工程项目通常是由若干个单项工程构成的,而每个单项工程包括了多个单位工程,每个单位工程又是由若干个分部工程构成的,每个分部工程又包含多个分项工程。因此,可以把项目总施工成本分解到单项工程和单位工程中,再进一步分解到分部工程和分项工程中,如图 7-9 所示。

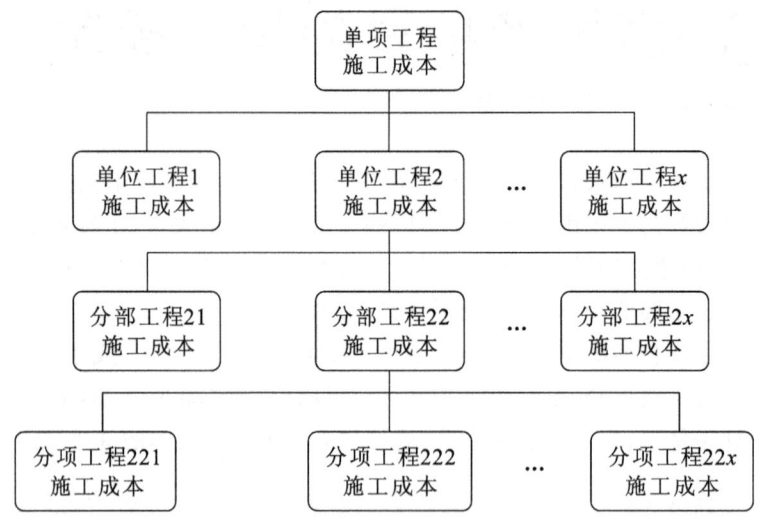

图 7-9　按施工项目组成编制的施工投资计划

在完成施工项目成本目标分解之后,接下来就要具体地分配成本,编制分项工程的成本支出计划,从而得到详细的投资计划表,如表 7-7 所示。

表 7-7　分项工程投资计划表

分项工程编码	工程内容	计量单位	工程数量	计划成本	本分项总计
(1)	(2)	(3)	(4)	(5)	(6)

3. 按施工进度编制施工投资计划

编制按施工进度的施工投资计划,通常可利用控制项目进度的网络图进一步扩充而得,即在建立网络图时,一方面确定完成各项工作所需花费的时间,另一方面确定完成这一工作的合适的施工成本支出计划。在实践中,将工程项目分解为既能方便地表示时间,又能方便地表示施工成本支出计划的工作是不容易的,通常如果项目分解程度对时间控制合适的话,则对施工成本支出计划可能分解过细,以至于不可能对每项工作确定其施工成本支出计划;反之亦然。因此在编制网络计划时,应在充分考虑进度控制对项目划分要求的同时,还要考虑确定施工成本支出计划对项目划分的要求,做到二者兼顾。

通过对施工成本目标按时间进行分解,在网络计划的基础上,可获得项目进度计划的横道图,并在此基础上编制投资计划。其表示方式有两种:一种是根据时标网络图按月编制的投资计划,如图 7-10 所示;另一种是利用时间-成本累积曲线(S形曲线)表示,如图 7-11 所示。

以上几种编制施工投资计划的方式并不是相互独立的,在实践中,往往是将这几种方式结合起来使用,从而可以取得扬长避短的效果。

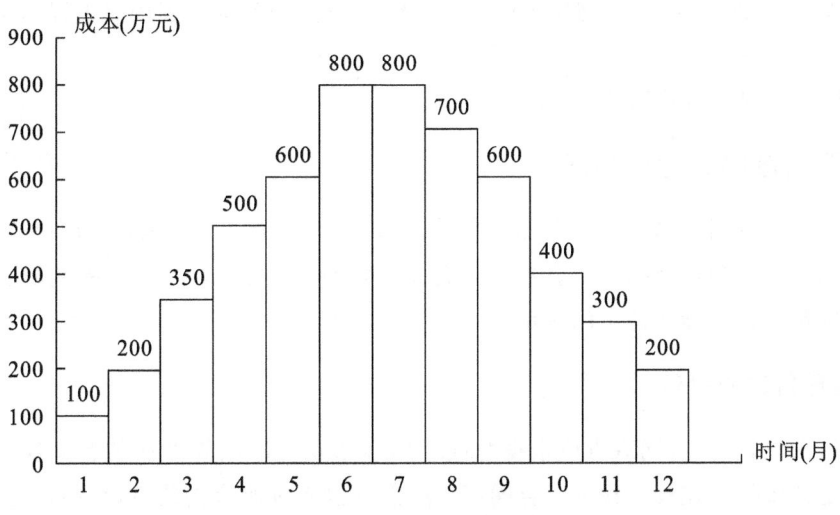

图 7-10　根据时标网络图按月编制的投资计划

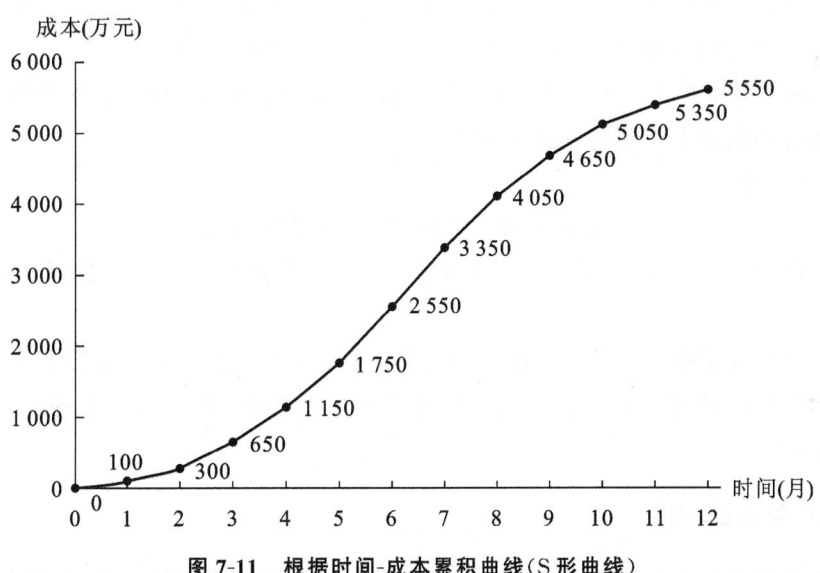

图 7-11　根据时间-成本累积曲线（S形曲线）

二、支付工程款

（一）工程进度款的主要结算方式

按现行规定,工程进度款结算可以根据不同的情况采取不同的方式。

（1）按月结算,即先预付工程备料款,在施工过程中按月结算工程进度款,竣工后进行竣工结算。

（2）竣工后一次结算,建设项目或单项工程全部建筑安装工程建设期在 12 个月以内,或者工程承包合同价值在 100 万元以下的,可以实行工程价款每月月中预支,竣工后一次结算。

（3）分段结算，即当年开工，当年不能竣工的单项工程或单位工程按照工程形象进度，划分为不同阶段进行结算。

（4）结算双方约定的其他结算方式。

（二）工程预付款的拨付与扣回

工程预付款又称材料备料款或材料预付款，它是发包人为了帮助承包人解决工程施工前期资金紧张的困难而提前给付的一笔款项。工程是否实行预付款，取决于工程性质、承包工程量的大小以及发包人在招标文件中的规定。

1. 工程预付款的拨付

工程实行预付款的，合同双方应根据合同通用条款及价款结算办法的有关规定，在合同专用条款中约定并履行。建设工程施工合同订立后由发包人按照合同约定，在约定的开工日期前7天内预支给承包人。

工程预付款的额度由合同双方商定，一般是根据施工工期、建安工作量、材料储备周期，以及主要材料和构件费用占建安工作量的比例等因素经测算来确定的。

（1）在合同条件中约定。发包人根据工程的特点、工期长短、市场行情、供求规律等因素，招标时在合同条件中约定工程预付款的百分比。

（2）公式计算法。

$$工程预付款＝合同价款×预付款额度 \qquad （式7-1）$$

$$预付款数额＝全年施工工作量×主材所占比重÷年施工日历天×材料储备天数$$

$$（式7-2）$$

预付款的数额要根据工程类型、合同工期、承包方式和供应方式等不同条件而定。

一般建筑工程的预付款不应超过工作量（包括水、电、暖）的30％；安装工程的预付款不应超过工作量的10％。

2. 工程预付款的扣回

发包人支付给承包人的工程预付款其性质是预支。随着工程进度的推进，拨付的工程进度款数额不断增加，工程所需主要材料、构件的用量逐渐减少，原已支付的预付款应以抵扣的方式予以陆续扣回。扣款的方法有以下几种。

（1）由发包人和承包人通过合同予以约定，采用等比率或等额扣款的方式。也可针对工程实际情况具体处理，如有些工程工期较短、造价较低，就无须分期扣还；有些工期较长，如跨年度工程，其备料款的占用时间很长，根据需要可以少扣或不扣。

（2）从未施工工程尚需的主要材料及构件的价值相当于工程预付款数额时扣起，从每次中间结算工程价款中，按材料及构件比重扣抵工程价款，至竣工之前全部扣清。因此确定起扣点是工程预付款起扣的关键。

确定工程预付款起扣点的依据是：未完施工工程所需主要材料和构件的费用，等于工程预付款的数额。工程预付款起扣点可按下式计算：

$$T=P-M/N \qquad \text{(式 7-3)}$$

式中：T——起扣点，即预付备料款开始扣回的累计完成工作量金额；

P——承包工程价款总额（或建安工作量价值）；

M——预付备料款数额；

N——主要材料及构件所占建安工作量的比重。

例 7-1 某高校运动场改造工程合同价 100 万元，预付备料款数额为 24 万元，主要材料及构件所占建安工作量的比重为 60%，问：工程预付款起扣点为多少万元？

解 按工程预付款起扣点计算公式：

$$T=P-M/N=100-24/60\%=60 \text{ 万元}$$

即工程量完成 60 万元时，本项工程预付款开始起扣。

（三）工程进度款的计算与支付

1. 工程进度款的计算

《建设工程施工合同（示范文本）》关于工程款的支付也做出了相应的约定：在确认计量结果后 14 天内，发包人应向承包人支付工程款（进度款）。

工程进度款的计算主要涉及两个方面：一是工程量的计量；二是单价的计算方法。

单价的计算方法，主要根据由发包人和承包人事先约定的工程价格的计价方法决定。

目前我国一般来讲，工程价格的计价方法可以分为工料单价和综合单价两种方法。二者在选择时，既可采取可调价格的方式，即工程价格在实施期间可随价格变化而调整，也可采取固定价格的方式，即工程价格在实施期间不因价格变化而调整，在工程价格中已考虑价格风险因素并在合同中明确了固定价格所包括的内容和范围。

2. 工程进度款的支付

工程进度款的支付，一般按当月实际完成工程量进行结算，工程竣工后办理竣工结算。在工程竣工前，承包人收取的工程预付款和进度款的总额一般不超过合同总额（包括工程合同签订后经发包人签证认可的增减工程款）的 95%，其余 5% 尾款，在工程竣工结算时除保修金外一并清算。

（四）竣工结算

工程竣工验收报告经发包人认可后 28 天内，承包人向发包人递交竣工结算报告及完整的结算资料，双方按照协议书约定的合同价款及专用条款约定的合同价款调整内容，进行工程结算。专业监理工程师审核承包人报送的竣工结算报表，总监理工程师审定竣工结算报表，与发包人、承包人协商一致后，签发竣工结算文件和最终的工程款支付证书。

发包人收到承包人递交的竣工结算报告及结算资料后 28 天内进行核实，给予确认或者提出修改意见。发包人确认竣工结算报告后通知经办银行向承包人支付竣工结算价款。承包人收到竣工结算价款后 14 天内将竣工工程交付发包人。

发包人收到竣工结算报告及结算资料后 28 天内无正当理由不支付工程竣工结算价款，从第 29 天起按承包人同期向银行贷款利率支付拖欠工程价款的利息,并承担违约责任。

发包人收到竣工结算报告及结算资料后 28 天内无正当理由不支付工程竣工结算价款,承包人可以催告发包人支付结算价款。发包人在收到竣工结算报告及结算资料后 56 天内仍不支付的,承包人可以与发包人协议将该工程折价,也可以由承包人申请法院将该工程依法拍卖,承包人就该工程折价或者拍卖的价款优先受偿。

工程竣工验收报告经发包人认可后 28 天内,承包人未能向发包人递交竣工结算报告及完整的结算资料,造成工程竣工结算不能正常进行或工程竣工结算价款不能及时支付,发包人要求交付工程的,承包人应当交付;发包人不要求交付工程的,承包人承担保管责任。

任务 4　房地产项目合同管理

一、合同管理的内容

工程合同管理的内容很多,有进度质量、费用、图纸规范、变更和索赔方面,也有工程风险、工程验收仲裁纠纷处理、档案资料等方面的,但所有管理都是围绕合同管理而进行的。工程项目管理图如图 7-12 所示。在合同管理的不同阶段,其管理内容的侧重面也有所不同。在合同形成阶段的管理工作是与所选的价格合理的合格承包商签订内容完善、含义明确、责权利清晰的合同文件;在合同实施阶段的管理工作主要有对合同执行保证体系的管理,对合同管理工作程序的管理,对合同实施过程的控制管理等。

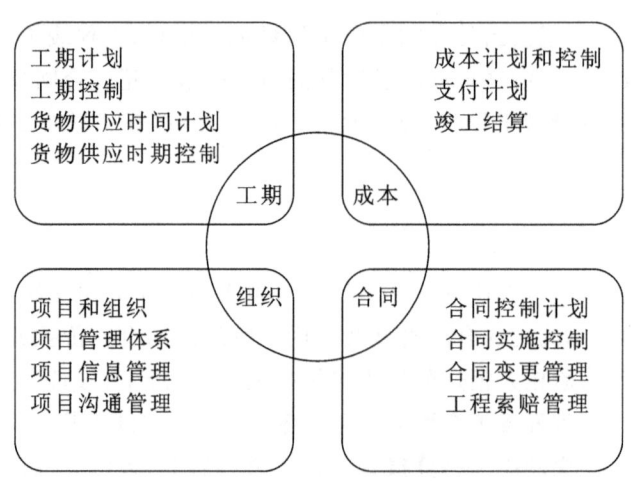

图 7-12　工程项目管理图

二、合同变更的管理

任何工程项目在实施过程中由于受到各种外界因素的干扰,都会发生不同程度的合同变更,这种合同变更无法在事先做出具体的预测,而在开工后又无法避免。由于合同变更涉及工程价款的变更及时间的补偿等,这些直接关系到项目效益。因此,变更管理在合同管理中就显得相当重要。

合同变更是指当事人在原合同的基础上对合同中的有关内容进行个性化补充,包括工程实施内容的变更和合同文件的变更。合同变更程序如图 7-13 所示。

合同变更的管理需要注意以下几点。

(1)对业主(监理工程师)的口头变更指令,承包商也必须遵照执行,但应在规定的时间内书面向监理工程师索取书面确认。而如果监理工程师在规定的时间内未予书面否决,则承包商的书面要求信即可作为监理工程师对该工程变更的书面指令。监理工程师的书面变更指令是支付变更工程款的先决条件之一。

(2)工程变更不能超过合同规定的工作范围。如果超过这个范围,承包商有权不执行变更或坚持商定价格后再进行变更。

(3)注意变更程序上的矛盾性。合同通常都规定,承包商必须无条件执行变更指令(即使是口头指令),所以应特别注意工程变更的实施、价格谈判和业主批准三者之间在时间上的矛盾性。在工程中常有这种情况,工程变更已成为事实,而价格谈判仍达不成协议,或业主对承包商的补偿要求不批准,价格的最终决定权却在监理工程师,这样承包商已处于被动地位。

(4)在合同实施中,合同内容的任何变更都必须由合同管理人员提出,业主与总(分)包之间的任何书面信件、报告、指令等都应经合同管理人员进行技术和法律方面的审查,这样才能保证任何变更都在控制中,不会出现合同问题。

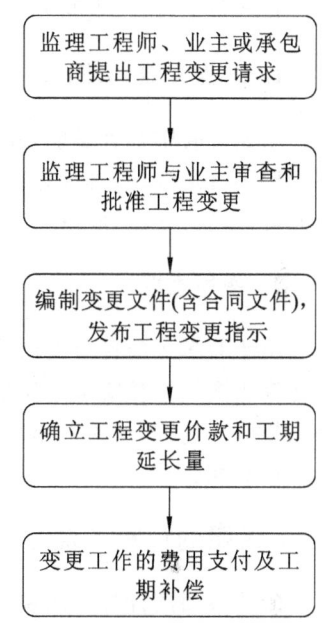

图 7-13　合同变更程序

图中流程：
监理工程师、业主或承包商提出工程变更请求 → 监理工程师与业主审查和批准工程变更 → 编制变更文件(含合同文件),发布工程变更指示 → 确立工程变更价款和工期延长量 → 变更工作的费用支付及工期补偿

(5)在商讨变更、签订变更协议的过程中,承包商必须提出变更补偿(即索赔)问题。在变更执行前就应明确补偿范围、补偿方法、索赔值的计算方法和补偿款的支付时间等,双方应就这些问题达成一致。这是对索赔权的保留,以防日后争执。

在工程合同变更中,特别应注意因变更造成返工、停工、窝工、修改计划等引起的损失,注意这方面证据的收集,在变更谈判中应对此进行商谈。

三、工程索赔管理

(一)索赔的含义

索赔是指在经济合同的实施过程中,合同一方因对方不履行或未能正确履行合同所规定的义务而受到损失,向对方提出赔偿要求。在承包工程中,对承包商来说,索赔的范围更为广泛,一般只要不是承包商自身责任,而由于外界干扰造成工期延长和成本增加的,都有可能提出索赔。承包商索赔包含以下两种情况。

(1)发包商违约,未履行合同责任,如未按合同规定及时交付设计图纸造成工程拖延,承包商可提出赔偿要求。

(2)发包商未违反合同,而由于其他原因,如合同范围内的工程变更、恶劣的气候条件、国家法令的修改等,造成损失,承包商可提出补偿要求。

(二)索赔分类

在承包工程中,索赔要求通常有两种,具体如下。

1. 工程索赔:工期(即合同期)的延长

承包合同中都有工期(开始期和持续时间)和工程延缓的罚款条款,如果工程拖期是由承包商管理不善造成的,则承包商必须承担责任,接受合同处罚。而因外界干扰引起的工程拖期,承包商可以通过索赔,取得业主对工期补偿的认可,则在这个范围内可免去承包商的合同处罚。

2. 费用索赔

由于非承包商自身责任造成工程成本增加,使承包商蒙受经济损失,承包商可以根据合同规定提出费用索赔要求。如果该要求得到业主的认可,业主应向承包商追加支付这笔费用,以补偿损失。这样,实质上承包商通过索赔提高了合同价格,常常不仅可以弥补损失,而且可以增加工程利润。

(三)索赔的计算方法

施工索赔的计算方法说明如表 7-8 所示。

表 7-8 施工索赔的计算方法

索赔分类	计算方法分类	计算方法说明
工期索赔	网络分析法	网络分析法通过分析延误前后的施工网络计划,比较两种工期(关键线路)计算结果,计算出工程应顺延的工程工期
	比例分析法	比例分析法通过分析增加或减少的单项工程量(工程造价)与合同总量(合同总造价)的比值,推断出增加或减少的工程工期
	其他方法	①工程现场施工中,可以按照索赔事件实际增加的天数确定索赔的工期;②通过发包方与承包方协议确定索赔的工期
费用索赔	总费用法	总费用法又称为总成本法,通过计算出某单项工程的总费用,减去单项工程的合同费用,剩余费用为索赔的费用
	分项法	按照工程造价的确定方法,逐项进行工程费用的索赔,可以分为人工费、机械费、管理费、利润等分别计算索赔费用

（四）反索赔管理

反索赔的主要内容包括以下四项。

1. 延迟工期的反索赔

在工程建设项目建设中,承包方在合同规定的工期内没有完成合同约定的工程量和设计内容,延迟交付工程,影响了发包方对施工项目的使用和运营生产,造成发包方的经济损失。因此,发包方可就该事件向承包方进行反索赔。承包方依据合同的约定和拖延的工期等因素对发包方的损失进行赔偿。

2. 工程施工质量缺陷的反索赔

在工程项目建设中,当出现承包方所使用的建筑材料或设备不符合合同规定,或工程质量没有满足施工技术规范、验收规范的规定,或工程出现质量缺陷且未在质量缺陷责任期满之前完成质量缺陷的修复工作,发包方可就该事件进行反索赔。

3. 合同担保的反索赔

承包方在项目建设过程中,按照规定应对合同的相关内容进行担保(例如预付款的合同担保等),当承包方没有按照合同约定的内容履行合同义务,发包方可就该事件进行反索赔,承包方及其担保单位应承担发包方的经济损失。

4. 发包方其他损失的反索赔

在工程实施过程中,合同双方都在进行合同管理,都在寻求索赔机会,所以,如果承包商不能进行有效的合同管理,不仅容易丧失索赔机会,使自己的损失得不到补偿,而且可能反被对方索赔,蒙受更大的损失。索赔与工程项目管理的其他方面也有密切联系。一个成功的索赔不仅需要合同管理人员或索赔小组的努力,还依赖工程项目管理各职能人员的配合。所以,索赔(反索赔)能力可反映承包商(发包方)的综合管理水平,它要求在整个合同期内,在合同实施的各个环节上,工程的各职能人员都进行卓有成效的管理工作。

任务 5 项目竣工验收

○ ● ●

竣工验收是项目建设程序的最后一个环节,是全面考核项目建设成果、检查设计与施工质量、确认项目能否投入使用的关键步骤。房地产开发项目经过建设施工、设备安装及配套设施建设,达到设计文件要求的质量和使用功能,就要进行竣工验收。竣工验收是开发项目在施工单位自我评定的基础上,参加建设的有关单位共同对分批、分部、分项和单位工程的质量进行抽样复检,根据相关标准以书面形式对项目达到合格与否进行确认。由于开发项目的竣工验收是涉及开发建设有关方面的一项十分复杂的工作,因此在正式验收前,房地产开发企业、设计单位、承包商、监理机构、材料及设备供应商等应分别做验收准备。根据竣工验收的要求、依据和工作程序等来开展工作,协调一致地顺利完成竣工验收工作。

一、竣工验收条件

依据我国施工合同范本和相关法律的规定,竣工工程应满足以下条件。

(1)完成工程设计和合同约定的各项内容。

(2)施工单位在工程完工后对工程质量进行了检查,确认工程质量符合有关法律法规和工程建设强制性标准,符合设计文件及合同要求,并提出工程竣工报告。工程竣工报告应经经理和施工单位有关负责人审核签字。

(3)对于委托监理的工程项目,监理单位对工程进行了质量评估,提供了具体完整的监理资料,并提出工程质量评估报告。工程质量评估报告应由总监理工程师和监理单位有关负责人审核签字。

(4)勘察、设计单位对勘察、设计文件及施工过程中由设计单位签署的设计变更通知书进行了检查,并提出质量检查报告。质量检查报告应经该项目勘察、设计负责人和勘察、设计单位有关负责人审核签字。

(5)有完整的技术档案和施工管理资料。

(6)有工程使用的主要建筑材料、建筑构配件和设备的进场试验报告。

(7)建设单位已按合同约定支付工程款。

(8)有施工单位签署的工程质量保修书。

(9)城乡规划行政主管部门对工程是否符合规划设计要求进行检查,并出具认可文件。

(10)有公安消防、环保等部门出具的认可文件或者准许使用文件。

(11)建设行政主管部门及其委托的工程质量监督机构等有关部门责令整改的问题全部整改完毕。

二、竣工验收程序

第一,工程完工后,施工单位向建设单位提交工程竣工报告,申请工程竣工验收。实行监理的工程,工程竣工报告须经总监理工程师签署意见。

第二,建设单位收到工程竣工报告后,对符合竣工验收要求的工程,组织勘察、设计、施工、监理等单位和其他有关方面的专家组成验收组,制订验收方案。

第三,建设单位应当在工程竣工验收 7 个工作日前将验收的时间、地点及验收组名单书面通知负责监督该工程的工程质量监督机构。

第四,建设单位组织工程竣工验收。

(1)建设、勘察、设计、施工、监理单位分别汇报工程合同履约情况,以及在工程建设各个环节执行法律、法规和工程建设强制性标准的情况。

(2)审阅建设、勘察、设计、施工、监理单位的工程档案资料。

(3)实地查验工程质量。

（4）对工程勘察、设计、施工、设备安装质量和各管理环节等方面做出全面评价,形成经验收组人员签署的工程竣工验收意见。参与工程竣工验收的建设、勘察、设计、施工、监理等各方不能形成一致意见时,应当协商提出解决的方法,待意见一致后,重新组织工程竣工验收。当协商不成时,应报建设行政主管部门或质量监督机构进行协调裁决。工程竣工验收合格后,建设单位应当及时提交工程竣工验收报告。工程竣工验收报告主要包括工程概况,建设单位执行基本建设程序的情况,对工程勘察、设计、施工、监理等方面的评价,工程竣工验收时间、程序、内容和组织形式,工程竣工验收意见等内容。

第五,竣工验收备案。建设工程竣工验收完毕以后,由建设单位负责,在 15 天内向备案部门办理竣工验收备案。开发商办理竣工验收备案应当提交下列文件。

（1）工程竣工验收备案表。

（2）工程竣工验收报告。竣工验收报告应当包括工程报建日期,施工许可证号,施工图设计文件审查意见,勘察、设计、施工、工程监理等单位分别签署的质量合格文件及验收人员签署的竣工验收原始文件,市政基础设施的有关质量检测和功能性试验资料,以及备案机关认为需要提供的有关资料。

（3）法律、行政法规规定应当由规划、公安消防、环保等部门出具的认可文件或者准许使用文件。

（4）施工单位签署的工程质量保修书。

（5）法规、规章规定必须提供的其他文件。

（6）商品住宅还应当提交住宅质量保证书和住宅使用说明书。

三、竣工验收方法

竣工验收的方法一般有以下几种。

（一）全面鉴定工程质量

在组织竣工验收时,应对工程质量的好坏进行全面鉴定。工程主要部分或关键部件若不符合质量要求会直接影响工程使用和工程寿命,应进行返修和加固,然后再进行质量评定。

（二）单项工程竣工验收

在开发小区总体建设项目中,一个单项工程完工后,根据承包商的竣工报告,房地产企业首先进行检查,并组织承包商和设计单位整理有关施工技术资料(如隐蔽工程验收单,分部分项工程施工验收资料和质量评定结果,设计变更通知单,施工记录、标高、定位、沉陷测量资料等)和竣工图纸。然后,由房地产企业组织承包商、设计单位、客户(使用方)、质量监督部门正式进行竣工验收,验收合格开具竣工证书。

（三）综合验收

综合验收是指开发项目按规划、设计要求全部建设完成,并符合竣工验收标准时,即应按规定要求组织综合验收。验收准备工作以房地产企业为主,组织设计部门、承包商、客户(使用方)、质量监督部门进行初验,然后邀请城市建设有关管理部门,如建委、计委、建设银行、人防、环保、消防、开发办公室、规划局等,参加正式综合验收,验收合格签证验收报告。对已验收的单项工程,可以不再办理验收手续,但在综合验收时应将单项工程的验收单作为全部工程的附件并加以说明。

(四) 分户验收

分户验收是指由客户参加的一户户地验收过关,体现了房地产开发以市场为导向,客户利益至上,让客户满意。如果客户不满意,则一票否决,工程不能通过验收。

由于房地产项目的商品化,住宅工程的建设单位也由过去的政府部门、企事业单位转变为房地产开发商,但是以整栋楼为单位,对住宅工程抽取一定比例房间的验收方法一直沿用至今。住户与房地产开发商之间因房屋质量问题而引起的诉讼纠纷呈增多趋势,在这种情况下,建设部开始推行分户验收制度。北京市和山东省先后制定了分户验收规则。一些有先见的房地产开发商在政府尚未实行分户验收制度前在自己开发的项目上试行了分户验收。

分户验收的执行主体是监理方和总承包商,在分户验收实施之前必须让项目参与各方对分户验收有足够的了解。在项目开始动土时就组织分户验收的有关专家对监理方和总包方进行培训,并对实际工程中将会出现的技术问题进行探讨。为了保证分户验收的顺利实施,构建以业主方为战略指导,项目管理单位为实施核心,监理单位和总包单位为有力支撑的组织结构。业主负责对所有项目的分户验收进行指导和技术支持,而业主代表则负责整个项目分户验收的总体控制和协调,物业管理公司则是在项目细部检查阶段参与质量检查。

分户验收的具体管理工作由项目管理部执行。项目管理经理作为分户验收的总负责人,其日常工作为:接受业主代表的领导,负责单个项目的土建和机电的技术协调,承担分户验收的具体实施和项目质量管理工作(包括组织质量评估和检查,跟踪质量问题的解决,并直接向业主代表汇报现场分户验收及质量检查和控制工作情况)。

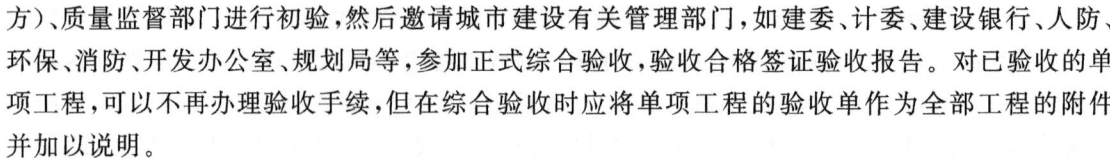

四、竣工验收中的其他有关问题

在验收中,由于施工原因质量不符合要求,需要返工的分部分项工程,双方要确定部位、数量、处理办法及维修期限,经复验合格后再签订竣工验收证书。由于房地产企业原因造成的甩项工程,应视为符合交工标准,可办理竣工验收证书。

房地产开发企业须在商品房竣工验收、交付使用时,向购买人提供住宅质量保证书和住宅使用说明书。住宅质量保证书须列明工程质量监督单位核验的质量等级、保修范围、保修期和保修单位等内容,并承担保修责任。保修期内如因开发企业进行维修时造成房屋使用功能受到影响,给购买人造成损失的,须依法承担赔偿责任。

住宅质量保证书包括以下内容:①工程质量监督部门核验的质量等级;②地基基础和主体结构在合理使用寿命年限内承担保修;③正常使用情况下各部位、部件保修内容与保修期:屋面防水工程、有防水要求的卫生间、房间和外墙面的防渗漏,保修期为 5 年;④供热、供冷系统和设备,电气管线,给排水管道,设备安装和装修工程的保修期为 2 年;⑤其他部位、部件的保修期限由房地产开发企业与用户自行约定。

　　房地产开发企业在住宅使用说明书中对住户合理使用住宅应有提示。因用户使用不当或擅自改动结构、设备位置和不当装修等造成的质量问题,开发企业不承担保修责任;因住户使用不当或擅自改动结构,造成房屋质量受损或其他用户损失,由责任人承担相应责任。

一、简答题

1. 质量管理的原则有哪些?
2. 简述项目进度管理原理。
3. 横道图和网络计划技术各自的优缺点是什么?
4. 合同索赔的计算方法有哪些?
5. 简述竣工验收的程序。
6. 竣工验收的方法有哪些?
7. 工程进度款的主要结算方式有哪些?

二、计算题

　　某混凝土构件厂在一个时期不良产品较多,抽查部分预制板,其中198块板存在质量问题,原因统计表如表7-9所示。绘制排列图,并用排列图法的原理分析影响混凝土构件质量的主次原因。

表 7-9　原因统计表

序　号	项　目	块　数/块
1	表面蜂窝麻面	63
2	强度不足	110
3	局部有漏筋	15
4	端部有裂缝	8
5	折断	2

学习情境 8

房地产营销

学习目标

学习目标

1. 了解房地产营销的含义。
2. 掌握房地产不同阶段的产品策略。
3. 熟悉房地产营销渠道及各自优缺点。
4. 掌握房地产市场营销的促销策略及定价策略。

技能要求

1. 能够撰写一般房地产项目的营销策划方案。
2. 能熟练运用房地产营销策划方法对小型房地产项目进行策划。
3. 能够养成勇于克服困难的精神,具有较强的忍耐力。

任务 1 房地产营销及其产品管理

　　房地产企业是靠市场交易经营来实现投资回报的。我国房地产市场已经发展到从市场短缺到市场过剩，从卖方市场过渡到买方市场。早些年许多房地产商一夜暴富的现象已成为历史，现实的市场环境迫使房地产企业研究市场营销、重视营销问题，把企业营销管理上升到企业的战略高度，从研究消费者的需求出发实行全过程的营销。房地产营销是房地产经济的重要组成部分，在调剂房屋余缺，满足人们生产和生活需要、推动人类社会进步和经济的发展等方面起着相当重要的作用。特别是随着我国房地产市场的不断发展，房屋买卖活动大量增加，房产交易也日益频繁。

一、房地产营销的含义

　　"市场营销"来自英文"marketing"一词，最早产生于美国。市场营销的定义有多种说法，例如当今世界市场营销权威 Philip Kotler 指出："市场营销是与市场有关的人类活动。市场营销意味着和市场打交道，为了满足人类需要和欲望去实现潜在的交换。"美国市场营销协会于1985年对市场营销下了更完整和全面的定义：市场营销是对思想、产品及劳务进行设计、定价、促销及分销的计划和实施的过程，从而产生满足个人和组织目标的交换。这一定义比之前的诸多定义更为全面和完善，主要表现是：产品概念扩大了，它不仅包括产品或劳务，还包括思想；市场营销概念扩大了，市场营销活动不仅包括营利性的经营活动，还包括非营利组织的活动；强调了交换过程；突出了市场营销计划的制订与实施。

　　随着1998年我国停止福利性分房，实施货币化分房，我国房地产市场逐步繁荣，房地产市场营销越来越受到房地产企业的重视。所谓房地产市场营销，它是指房地产企业在市场调研的基础上，开展创造性适应动态变化着的房地产市场的活动，通过房地产市场交换，满足现实的或潜在的房地产需求的综合性的经营销售活动过程。这个概念包含了以下几层含义。

　　（1）市场营销的前提和出发点是市场调研，即房地产企业应进行认真细致的市场调查和预测，把握顾客需求，据此设计建造出相应的房地产商品。

　　（2）满足和引导消费者的需求是市场营销活动的出发点和中心。房地产企业必须以消费者为中心，面对不断变化的环境，做出正确的反应，以适应消费者不断变化的需求。满足消费者的需求不仅包括现在的需求，还包括未来潜在的需求。现在的需求表现为对已有产品的购买倾向，潜在需求则表现为对尚未问世产品的某些功能的愿望。人们的潜在需求常表现为某种意识或愿望，企业应通过开发产品并运用各种营销手段，刺激和引导消费者产生新的需求。

　　（3）分析环境，选择目标市场，确定和开发产品，产品定价、分销、促销、提供服务以及它们之间的协调配合及最佳组合，是市场营销活动的主要内容。市场营销组合中有四个可以人为控制的基本因数，即产品（product）、价格（price）、销售地点（place）和促销方法（promotion），所以市场营销组合又叫"4P"组合。企业市场营销活动所要做的就是密切关注不可控制的外部环境的变化,恰当地组合"4P",千方百计使企业可控制的变数("4P")与外部环境中不可控制的变数迅速相适应,这也是企业经营管理能否成功、企业能否生存和发展的关键。

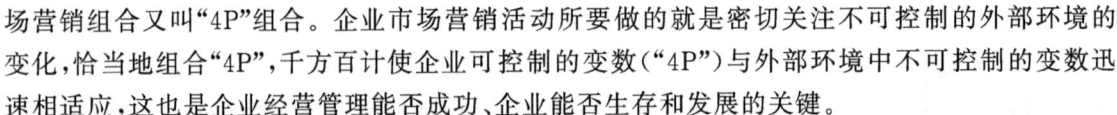

二、房地产产品策略

房地产产品策略有多种分析模式,这里将以房地产的产品生命周期的划分为主线来分析各阶段的房地产产品营销策略。

产品生命周期(product life cycle),是指产品的市场寿命。一种产品进入市场后,它的销售量和利润都会随时间推移而改变,呈现一个由少到多再由多到少的过程,就如同人的生命一样,由诞生、成长到成熟,最终走向衰亡,这就是产品的生命周期现象。所谓产品生命周期,是指产品从进入市场开始,直到最终退出市场为止所经历的市场生命循环过程。产品只有经过研究开发、试销,然后进入市场,它的市场生命周期才算开始。产品退出市场,则标志着生命周期的结束。产品生命周期分为导入期、成长期、成熟期、衰退期四个阶段。

(一)导入期的特点及营销策略

导入期是新产品进入市场的最初阶段。其主要特点如下。

(1)生产成本高。新产品刚开始生产时,数量不大,技术尚不稳定、不熟练,次品率也较高,因而制造成本较高。

(2)促销费用大。新产品刚投放市场时,其性能、质量、使用价值、特征等还未被人们认识,为迅速打开销路,提高知名度,需进行大量的广告宣传及其他促销活动,促销费用很大。

(3)销售数量少。这是因为新产品还未赢得消费者的信赖,未被广泛接受,购买者较少。

(4)竞争不激烈。这是因为新产品刚进入市场,销路不畅,企业无利甚至亏损,生产者较少,竞争尚未真正开始。

在导入期,企业主要的营销目标是迅速将新产品打入市场,在尽可能短的时间内扩大产品的销售量,可采取的具体策略有以下几种。

(1)积极开展卓有成效的广告宣传,采用特殊的促销方法,如示范表演、现场操作、实物展销、免费赠送、小包装试销等,广泛传播商品信息,帮助消费者了解商品,提高商品的知名度,解除消费者的疑虑。

(2)积极攻克产品制造中尚未解决的某些技术问题,稳定质量。同时,根据市场反馈,改进产品,提高质量。

(3)就产品与价格的组合策略看,可运用不同策略,具体如下。

① 快速撇脂策略。高价高促销策略,即企业以高价和大规模促销将新产品推进市场,加强市场渗透与扩张。采用这一策略的条件是:大部分潜在购买者根本不熟悉该产品,已经知道这种新产品的购买者求购心切,愿出高价;企业面临潜在竞争的威胁,急需以高价优质树立声誉,取得竞争优势。

② 缓慢撇脂策略。高价低促销策略,即企业以高价和低促销费用将新产品推进市场,以多获利润。采用这一策略的条件是:市场容量相对有限,消费对象相对稳定;大部分购买者对产品

已有所了解,愿出高价购买;潜在竞争的威胁较小。

③ 快速渗透策略。低价高促销策略,即企业以低价和大规模的促销活动将新产品推进市场,以最快的速度进行市场渗透和扩大市场占有率。采用这一策略的市场条件是:市场容量相当大,购买者对商品不了解而且对价格十分敏感;潜在竞争威胁大;商品的单位成本可因大批量生产而降低。

④ 缓慢渗透策略。低价低促销策略,即企业以低价和少量的促销费用将新产品推进市场,以廉取胜,迅速占领市场。采用这一策略的条件是:市场容量大;购买者对产品较为熟悉,对价格较为敏感;有相当数量的潜在竞争者。

(二) 成长期的特点及营销策略

成长期是产品在市场上已经打开销路,销量稳步上升的阶段。其主要特点如下。

(1) 购买者对商品已经比较熟悉,市场需求扩大,销售量迅速增加。

(2) 生产和销售成本大幅度下降,大批量生产和大批量销售使单位产品成本减少。

(3) 企业利润增加。

(4) 竞争者相继加入市场,竞争趋向激烈。

在成长期,企业的主要任务是进一步扩大产品的市场,提高市场占有率,可采用的策略有以下几种。

(1) 进一步提高产品质量,增加式样、规格的种类,改进服务。

(2) 广告促销从介绍产品、提高知名度转到突出特色、树立形象、争创名牌。

(3) 开辟新的分销渠道,扩大营销网点。

(4) 在生产的基础上,适时降价或采用其他有效的定价策略,吸引更多购买者。

(三) 成熟期的特点及营销策略

成熟期是产品在市场上普及且销售量达到高峰的饱和阶段。其主要特点如下。

(1) 产品已为绝大多数的消费者所认识与购买,销售量增长缓慢,处于相对稳定状态,并逐渐出现下降的趋势。

(2) 企业利润逐步下降。

(3) 竞争十分激烈。

在成熟期,企业的主要任务是牢固地占领市场,可采用的策略有以下几种。

(1) 从广度和深度上拓展市场,争取新顾客,刺激老顾客。

(2) 提高产品质量,进行产品多功能开发,创造新的产品特色,增加产品的使用价值。

(3) 改进营销组合策略,如调整价格、增加销售网点、开展多种促销活动、强化服务等。

(四) 衰退期的特点及营销策略

衰退期是产品销售量持续下降、即将退出市场的阶段。其主要特点如下。

(1) 消费者对产品已经没有兴趣,市场上出现了改进型产品,市场需求减少。

(2) 同行业为减少存货损失,竞相降价销售,竞争激烈。

(3) 企业利润不断降低。

在衰退期,企业的主要任务是尽快退出市场,尽量减少因存货过多给企业造成的亏损,可选

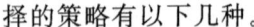

择的策略有以下几种。

(1) 淘汰策略,即企业停止生产衰退期产品,上新产品或转产其他产品。

(2) 持续营销策略,即企业继续生产衰退期产品,利用其他竞争者退出市场的机会,通过提高服务质量、降低价格等方法维持销量。

任务 2 房地产价格策略

一、房地产价格的基本构成因素

房屋买卖的理论价格＝房屋建造全过程的造价＋流通费用＋利润＋税金。具体来说,房屋买卖的理论价格由以下几项费用构成。

(一) 房屋建筑安装工程费

它包括建造房屋过程中所耗用的直接费用(具体包括各种材料、构配件、半成品的用量以及周转材料的摊销量按相应的预算价格计算的材料费、施工机械使用费、人工费)、间接费用,以及施工企业应交纳的营业税、城市建设维护税和教育费附加三项税金。

(二) 勘察设计费

它包括:委托勘察设计单位为房屋建设进行勘察、设计、规划,按规定支付的工程勘察、设计费用;为房屋建设进行可行性研究等规定支付的前期工作费用;在规定范围内由建设单位自行完成的勘察、设计工作所需费用。

(三) 土地开发使用费

它包括城镇土地出让金、征地拆迁费、土地直接开发费三项内容。城镇土地出让金的主体部分是城镇建筑用地的地租,反映的是土地使用者为获得土地使用权而付给土地所有者的经济补偿,它是根据房屋建造在城镇内的地理位置,以及使用土地(建设用地)的面积来向国家缴纳的费用。征地拆迁费,包括征地费用、安置补助费和劳动力安置费等。土地直接开发费,是指为了房屋建筑施工和使用,需要土地平整,达到通水、路、煤、电、热、气、电信等而投入的费用。

(四) 经营管理费

它是由房屋建成交付使用到出售过程中,房屋开发经营单位的管理人员所发生的一切费用和上缴的管理费,属流通领域中的间接费,包括职工福利费、修理折旧费、家具用具摊销费等。

（五）利润和税金

利润是房地产开发经营单位应得到的收益,是在经营活动中实现剩余价值的货币表现,是企业扩大再生产的资金来源。税金是应向国家缴纳的费用,反映了单位或个人对国家的贡献。在房屋生产建造和进入流通的全过程中,所涉及的生产者或经营者,都应将获得的利润向国家缴纳税金。利润和税金是房地产商品价值的重要组成部分。

二、房地产定价方法

在房地产销售过程中,买家最敏感、最为感兴趣的就是房地产开发商对其产品的定价。买卖双方能否达成协议最根本的问题也是价格问题。

房地产价格早已成为房地产销售过程的核心和关键性问题,一切操作均以此为主轴。对房地产行销计划而言,有高价位行销法和低价位行销法之分,本高价低或本低价高反映了不同的经营观念,它们都会引起房地产经营利润的变化。但是,房地产不管如何定价,最后都必须符合市场原则,接受市场的最后检验。以下是房地产开发经营过程中常用到的几种定价方法。

（一）成本加成定价法

成本加成定价法,即先计算出房地产产品的全部成本,然后再加上一定的利润率。这种方法的特点是先得出成本,规定一个合理的预期盈利比率,两者相加就得到售价。举例来说,某物业成本为 100 万元,预期利润率为 30％,则该物价出售时可定价为 130 万元。房地产的成本按其性质又可分为固定成本和变动成本,固定成本如土地成本等,变动成本如工资、建材费用等。固定成本加变动成本即可得出总成本。使用成本加成定价法时,必须考虑房地产市场行情及市场竞争的激烈程度,只有这样,才能定出合理的房地产价格。

（二）竞争价格定价法

竞争价格定价法主要根据相近产品或附近地段房地产市场竞争的状况而制定。当竞争激烈时,条件相当的两楼盘,即使价格相差幅度很小,比如只差总价格的 5％,买家也会倾向于购买价格相对便宜的房地产。当房地产市场处于高潮时,先上市的物业定价可能稍微低于市场可接受的价格水平,而后上市的物业即使与先上市物业的产品性质、地段、繁荣状况都相似,也可以定出比较高的价格,因为此时的房地产行情看涨。

（三）加权点数定价法

加权点数定价法是指在制定预售房屋的价格时,通常搜集一系列同类物业交易的价格等相关资料,运用市价比较法,分析房地产市场行情,然后根据房屋面积、朝向、视野、楼层、市场繁荣程度等情况,分别给予不同的价格,根据这些价格用加权平均法计算出整个物业出售时的合理价格水平。这种价格水平综合了各种不同情况,并对物业各相关部门的利弊进行了平衡,因而是一种平均的、折中的价格。

下面分析各种不同情况下房屋价格水平的差异。

1. 朝向差价

一般而言,根据我国独特的地理环境和文化背景,朝南的单元较贵,东南朝向、西南朝向的次之,朝北的则最便宜。若所有的厅和卧室都朝南,则最贵;若所有的厅和卧室都朝北,则最便宜,其他依此类推。

2. 楼层差价

对高层楼房而言,通常是由低层向高层逐渐趋贵,但最顶层的则比它下面三四个层面要便宜。对六层公寓而言,一般情况是,三、四层最贵,二、五层次之,一、六层最便宜。

3. 边间差价

对公寓而言,三面临空,并且三面采光的房屋最贵,两面临空、两面采光的房屋次之。对别墅而言,四面临空的独栋别墅最贵,三面临空的双拼别墅次之,两面临空的连体别墅最便宜。

4. 面积差价

因面积大小而导致的差价系数的不同,往往和总价配比有关。当一个楼盘的总价范围波动很小,但因市场需要,要求拉开总价落差的时候就会对不同的面积单元确定不同差价系数来加以实现,以锁定不同客户的总价需求。而且由于人们在不同面积的房屋中生活的舒适程度完全不一样,因此房屋面积有一个适度规模,面积太大或太小的房屋价格都不可能太贵,而以最适宜人们生活尺寸的房屋价格较贵。

5. 视野差价

如果房屋面临公园、湖泊,视野较佳,人生活在里边会感到轻松愉悦,这样的房屋一般价格较贵;而面临闹市区或采光不佳、视野较差的房屋,即使在同一幢楼的同一楼层,价格也相对便宜。

6. 产品差价

房地产产品是由建筑材料构成的,而建材有许多档次,价格差异很大。例如,木质门窗、铝质门窗和铜铸大门、高级铝门窗价格相差很大,而大理石、花岗石面料也不是一般的瓷砖价格能比拟的,外国进口的厨房设备、卫生洁具也比国内产品贵好几倍。因此,由于建材价差造成房地产产品的差价。

7. 设计差价

室内格局、大小、公共设施的配置都会影响房地产价格。另外,开放空间、休闲空间的设计可因提高居住品质而提高房地产产品的价位。

8. "口彩"差价

一般来说,双数的楼层门牌号贵一些,单数的楼层门牌号便宜一些。此外,有 13、14 号码的便宜一点,含有 8、6、7、9 号码的贵一点。

（四）顾客感受定价法

当购房者对开发商的品牌和信誉有信心时，即使该产品价格稍高于其他同类产品，购买者也会乐于购买。当买家对开发商不具有信心时，即使定价低，买家也会犹豫再三，甚至怀疑其产品质量，这将大大影响产品的销售。所以开发商定价时，要周密考虑，并不是价格越低越好，有时候价格太低反而使买家怀疑产品质量。

由于房地产产品定价最后都得经过市场检验，如果购买者乐意接受，则该产品行情看涨，否则行情不妙。房地产产品与其他许多商品一样，名牌和信誉能主导消费者的消费欲望。但是房地产定价产品也不能太离谱，主要应参考成本价格，若定价超过顾客所能忍受的价格，销售反而会不利。

总之，房地产产品定价是一门艺术，里面有许多技巧和策略，这些技巧和策略一方面是针对同行的竞争；另一方面则是针对消费者，其中最重要的是把握消费者心理，使房地产产品价格易于为消费者所接受。如果离开了这一点，任何技巧和策略都是空谈。"消费者是上帝"这句行销格言在房地产产品定价时必须牢牢记在心里。

三、房地产产品定价策略

（一）价格折扣与折让策略

1. 现金折扣

购买者如能及时付现或提早付现，公司则给予现金折扣。房地产销售中，一次性付款可以给予优惠就是这种策略的具体表现。这种策略可增加买方在付款方式上选择的灵活性，同时卖方可降低发生呆账的风险。

2. 数量折扣

顾客大量购买时，则予以价格上的优待。这是公司薄利多销原则的体现，可以缩短销售周期，降低投资利息和经营成本，及早收回投资。但房屋价格高，金额巨大，而且每人所需有限，房地产公司很难以鼓励顾客大量购买然后给予折扣的形式来销售，因此，这里的"数量"需要慎重确定。更多数量甚至整幢大楼的购买虽然不多见（有时会出现机构购买的情况），但一旦如此，通常可以通过谈判获得更高的折扣。

（二）单一价格与变动价格策略

单一价格即不二价，无论谁来购买都是同样的价格，若有折扣、优惠、赠品，则对每一位顾客皆一视同仁。变动价格则是每一位顾客的成交价皆有所差异，这主要由买卖双方的讨价还价，或者买方与卖方的特殊关系造成的。房屋价格能达到不二价的公司很少，一般都是变动价格。尽管有时这种变动从单位价格来看可能并不明显，但从总价来看，情况就不一样了。

（三）特价品定价策略

特价品定价策略：使少数产品以非常廉价的姿态出现，来吸引消费者购买。所谓特价品，在房屋营销中往往只有一户或少数几户，即所谓的"广告户"，如广告中常见的所谓"起价××元"。

（四）心理定价策略

心理定价策略亦称奇数定价。根据心理学家对消费者购买心理之研究调查，同一件产品当标价 49 元时，不但销量远大于标价 50 元的产品，甚至还比标价 48 元的销路还要好。这种策略也能用于房地产定价。现代心理定价还有其他一些新的表现，如吉祥数字、吉祥门牌号定价策略，以及每平方米 1 998 元这类定价。

（五）非价格竞争策略

价格竞争是市场竞争的基本策略，但在房地产营销中，也有在竞争中突破价格竞争而自主定价的策略，如在相邻同档次的项目中，一方不通过价格调整，而通过提供比竞争者更优惠的其他条件来竞争的情况，如提供良好的后期物业管理、较低的物业管理费等来吸引顾客。

任务 3 房地产销售渠道与促销管理

一、房地产销售渠道

营销渠道是将产品由生产者转移给消费者的途径。在房地产营销中，有三种主要的营销渠道，即开发商直接销售、委托代理商销售和通过房地产经纪人销售。

（一）开发商直接销售

开发商直接销售的方式由于是与消费者直接接触的，因此，有利于收集消费者对产品的意见，有利于改进企业的工作，提高竞争能力和建立良好的企业形象。但是，这种方式要求房地产公司具有很强的销售力量，它包括一个有效的营销机构和一批既懂房地产营销知识，又懂相关法规高素质的营销人员队伍。

开发商多在下列情况下采用直接销售的方式。

1. 大型房地产公司

在公司内部设有销售部门，专门负责公司楼盘的销售工作，它们往往有自己的销售网络，提供的自我服务有时比代理商更为有效。香港的大型房地产公司，如长实、新鸿基、恒基兆业等多采用直销的方式。一方面是因为开发商有实力；另一方面是因为开发商认为自己公司的人会全力为公司推销,由自己的员工来进行销售,工作效果会比较好,而一个代理公司往往同时代理很多楼盘,不一定有足够的人力、物力来推销每一个所接受委托的楼盘。

2. 市场为卖方市场

当市场为卖方市场时,房地产市场供不应求,推出的楼盘受到投资者的欢迎。开发商的图纸一出来,楼盘就立即被抢购一空,当然无须再去找物业代理了。

3. 楼盘素质特别优良

一些楼盘由于自身素质特别优良,市场反应非常好,有时甚至由业主预付部分或全部建设费用,像这样的情况,也无须委托代理。

在开发商直接销售中,公司的销售人员代表公司与客户洽谈,签订协议,因此,销售人员不仅应具有较高的素质,而且须掌握房地产专业及相关知识,对所推介的楼盘非常熟悉,对市场上同类竞争项目也有相当的了解,这样才能更好地向顾客推介楼盘。

(二)委托代理商销售

一般中小型房地产公司,考虑到本身的实力以及专职销售人员的支出成本较大,多采用委托代理商销售的方式。而有些开发商虽然拥有自己的销售队伍,但有时也要借助物业代理。

随着房地产市场的不断发展,竞争越来越激烈,市场信息对于一个项目的成败相当关键,而代理商由于置身于市场中,每天都有机会接触到大量的信息,因此,代理商的作用是不可低估与忽视的。专业的代理商并不是说简单地接手开发商推出的楼盘,将它推销出去,而是在项目的前期就已介入。开发商拟定开发的楼盘应该进行怎样的市场定位,户型如何安排,如何制定合适的价格,代理商都可根据其专业知识和掌握的市场信息来出谋划策,而在楼盘的推销过程中,由于代理商具有丰富的推销经验,因此往往能很好地完成推销工作。

由于物业代理的形式有多种,如联合代理、独家代理、买方代理、卖方代理、双重代理、首席代理和分代理等。因此,开发商可根据项目的具体情况采用不同的代理形式,如对于一些比较庞大的、功能比较复杂的项目,可采用由几家代理公司联合承担代理工作,或者采用委托一个物业代理公司作为项目的首席代理,全面负责项目的代理工作,总代理再去委托分代理,负责物业某些部分的代理工作。而较小型的房地产项目,委托给该类物业有代理经验的公司承担代理工作。

(三)通过房地产经纪人销售

房地产经纪人具有以下的职能。

(1)协助开展有关房地产的推销、宣传等活动,以吸引最好的买家或租客。

(2)代客物色适合购买或租用的房地产。

(3)收集有关房地产资料,例如房地产所在的地区、位置、图例,有关租约资料或地契资料等,以协助交易能有效、顺利地进行。

(4)联络金融机构,洽谈有关房地产抵押贷款条件及各项细则。

(5)联系律师事务所,进行交易程序。

(6)提供意见,以协助各方面完成房地产交易。

无论是开发商直接销售,还是委托代理商或房地产经纪人销售,其销售房地产产品的程序一般都是:做广告、谈客户、看样房、翻楼书,最后是签合同。如果把从广告起步所引发的客户称为第一营销渠道,那么,值得注意的是,由于物业及物业包装而产生的市场信任度,由客户间互相传递而产生的客户群,则是至关重要的房地产第二营销渠道。

楼市以广告为主体推盘既是现实需要,也是形势所迫。由广告投入而产生的销售量,商业推广效应明显而直观,但显得不够稳定,致使不少企业难以控制市场走势,无法把握成交量。而非广告引发的购买力,虽然效应不够直接,但非常深入,这种由于房地产产品本身引发的市场冲击力,由于客户滚动派生的购房源,成交率高,一旦第二营销渠道建立,房地产产品在市场的状态就极为稳定。

现代房地产市场营销不仅要求开发商开发好的项目,制定出合适的价格,还要求其与现实或潜在的顾客沟通,使顾客对该房地产产品,从注意、发生兴趣到产生购买的欲望,进而购买获得满足。要达到与顾客之间的沟通,尽可能快地销售自己的房地产产品,以实现企业的经营目标,还要借助于房地产市场营销的促销策略。

二、房地产促销策略

(一)房地产促销目标与方式

1. 房地产促销目标

房地产促销是指房地产企业(或业主)通过一定的方式向消费者传递房地产产品的信息,并与消费者进行有效的信息沟通,以达到影响消费者的购买决策,促进房地产商品流通的营销活动。

一般来说,房地产企业促销目标有以下几种。

1)提供信息

房地产促销最根本的目标就是通过向目标消费者传递信息,使消费者了解房地产企业提供的房地产商品,并了解房地产企业本身。不同时期不同消费者对信息的要求不同,只有提供的信息能够满足消费者对信息的需求时,提供的信息才能达到增进消费者对特定企业或房地产认识的目的。

2)突出特色和优点

房地产的一大特性是异质性。因此房地产促销的任务之一是找出特定房地产与竞争房地产相比具有的不同属性,使目标消费者认识到两者在地段上、价格上、质量上、房户型上、功能上或物业管理上、付款方式上的不同之处,并以这些不同属性满足消费者的需求。

3)强调房地产的价值与品牌

从调查资料表明,促销强度大的产品,顾客对它的价值评价要高于同档次促销强度小的产品,不通过有效的促销,即使具有名牌特征的产品也难于成为市场上的名牌货。

4)刺激需求

通过促销刺激需求,这对房地产市场的营销具有重要的作用。

5）增加租售

通过促销达到增加租售量,提高租售额,这是房地产企业促销最根本的目标。

2. 房地产常用的促销方式

为了实现房地产的促销目标,可以使用不同的促销方式。常用的促销方式有以下四种,即广告、人员推销、销售促进和公共关系,如表 8-1 所示。

表 8-1　房地产常用的促销方式

广　告	人 员 推 销	销 售 促 进	公 共 关 系
售点广告 标志与标语 直接邮寄 报纸广告 杂志广告 汽车广告 传单 电脑传媒广告 电视广告 户外广告 广播广告	微笑服务 销售介绍 现场推销 上门推销 电话推销	若干年还本销售 提供按揭 抽奖 不满意退款 价格折扣 以租代售 展销会 赠品 价格折扣	捐赠 报告会 各种庆典 记者招待会 公益活动 研讨会

1）广告

广告是房地产企业用来直接向消费者传递信息的最主要的促销方式,它是企业通过付款的方式,利用各种传播媒体进行信息传递,以刺激消费者产生需求,扩大房地产租售量的促销活动。广告利用其灵活的表现方式,可以将有关信息不知不觉地灌输到消费者的脑海里,从而影响消费者的购买决策,激发消费者的购买(或租赁)欲望。因此,房地产企业应广泛使用广告进行宣传,以刺激消费者的需求。

2）人员推销

人员推销是最古老的一种促销方式,也是四种促销方式中唯一直接依靠人员的促销方式。它是房地产企业的推销人员通过与消费者进行接触和洽谈,向消费者宣传介绍房地产商品,达到促进房地产租售的活动。在人员推销过程中,通过房地产销售人员直接与消费者接触,可以向消费者传递企业和房地产的有关信息;通过与消费者的沟通,可以了解消费者的需求,便于企业能够进一步地满足消费者的需求;通过与消费者的接触,还可以与消费者建立良好的关系,使消费者也发挥推荐和介绍房地产的作用。另外,人员推销还具有推销与促销的双重职能。由于房地产是价值量巨大的商品,一般消费者不会仅凭一个广告或几句介绍就随便地做出决定,因此,人员推销是房地产企业最主要的推销方式。

3）销售促进

销售促进是指房地产企业通过各种销售方式来刺激消费者购买(或租赁)房地产的促销活动。销售促进是直接针对房地产商品本身采取的促销活动,它可以刺激消费者采取租购行动,

167

或刺激中间商和企业的销售人员努力销售房地产产品。因此,房地产企业为在短期内能引起消费者对其房地产商品的注意,扩大销售量,常采取这种促销方式。对于开发量比较少的房地产,这种方式相当有效,常能在短短几天内造成轰动效应,将房地产产品一售而空。

4)公共关系

公共关系促销(简称公关促销)是指房地产企业为了获得人们的信赖,树立企业或房地产的形象,用非直接付款的方式通过各种公关工具所进行的宣传活动。公共关系促销与前面三种促销方式区别较大,公关促销不是由企业直接进行的宣传活动,而是借助于公共传播媒体,由有关新闻单位或社会团体进行的宣传活动。公关促销是以新闻等形式出现,而不是以直接的促销宣传形式出现,因而可以引起公众的高度信赖和注意,消除公众的戒备。公关促销现在日益引起房地产企业的重视,各企业都想通过公关活动进行促销宣传。但公关促销往往不是针对房地产本身的促销,因而促销的针对性较差,并且房地产企业常难以对这种促销方式进行有效的控制。

以上四种促销方式的主要特点,如表8-2所示。

表8-2 四种促销方式的主要特点

促销类型	优 点	缺 点
广告	传播广泛 传播的信息规范 易控制	广告费用大 广告效果难以度量 难以与目标接受者沟通
人员促销	信息表达灵活 易与消费者沟通 易与消费者建立关系 促销目标明确	单位接触成本太高 对销售员素质要求较高 难以进行大面积推销
销售促进	促销刺激直接 易引起消费者的注意与反应 易迅速产生效果	易引起竞争 促销效果难以持久
公共关系	可信度高 易建立企业和房地产的形象	针对性较差 企业难以进行控制

(二)房地产促销组合

房地产促销组合是指为实现房地产企业的促销目标而将不同的促销方式进行组合所形成的有机整体。企业应根据以下促销组合的特点,对四种促销方式进行有效的组合,使企业能够以最少的促销费用,达到所确定的促销目标。房地产促销组合主要有以下特点。

1. 房地产促销组合是一个有机的整体组合

一个房地产企业的促销活动,不可能只使用一种促销方式,而是将不同的促销方式作为一个整体使用,使其促销方式进行合理的组合,以产生"1+1>2"的效应。

2. 促销组合的不同促销方式具有相互推动作用

不同促销方式的相互推动作用是指一种促销方式作用的发挥受到其他促销方式的影响，没有其他促销方式的配合和推动，就不能充分发挥其作用，合理的组合将使促销作用达到最大。

3. 构成促销组合的各种促销方式既具有可替代性又具有独立性

促销的目的就是促进销售，而任何一种促销方式都可以承担信息沟通的职责，也都可以起到促进销售的作用，因此各种方式具有可替代性。但是，由于各种方式各自具有不同的特点，因而，不同促销方式所产生的效果有所差异，各种方式又都具有独立性。

4. 促销组合是一种多层次组合

每一种促销方式中，都有许多可供选用的促销工具，每种促销工具又可分为许多类型，进行促销组合就是适当地选择各种促销工具。因此，企业的促销组合策略是一种多层次的策略。

促销组合的以上特点说明，适当的促销组合能达到每种促销方式简单相加所不能达到的促销效果，同时促销组合需不断根据环境条件的变化而不断调整。

5. 促销组合是一种动态组合

促销组合策略必须建立在一定的内外部环境条件基础上，并且必须与企业营销组合的其他因素相互协调。有的时候一个效果好的促销组合在环境条件变化后会成为一种效果很差的促销组合。因此，必须根据环境的变化调整企业的促销组合。

（三）房地产市场营销广告策略

据统计，西方国家房地产广告的费用占销售额的 3.1%，这一比例仅次于酒、清凉饮料的广告费用占销售额的比例，且高于其他很多行业。由此可见，广告在房地产市场营销活动中占有极其重要的位置。

简单地说，广告就是利用一定的媒介将产品介绍给消费者的一种促销手段。因此，在进行广告策划时，必须从产品、消费者、广告制作技巧及媒体的选择等四个方面来进行研究分析。以下简要介绍房地产广告策略的主要步骤。

1. 熟知物业

必须对产品——物业本身加以研究。熟悉物业的基本构成，如交通状况、所处位置、地理环境、市政配套设施、小区配套设施、绿化、建筑设计特点、装修标准、租售价格等，并从中提炼出宣传重点，即所谓的卖点。一般来说，在一个房地产项目的前期策划时，就应该有一个明确的市场定位，主要包括房地产的质量定位、价格定位、消费者定位和区域定位。根据这些定位，再形成广告中的卖点重点宣传，使物业的特点在消费者心目中留下深刻的印象。此外，要对消费者进行分析。在某一项目已有了明确的市场定位之后，该物业所面向的消费者人群，一般来说就已经很明确了。该类消费群体是怎样的一些人，他们的职业、收入、年龄、性别、文化层次、消费心理是怎样的,以及由此而引起的一些消费倾向,都是进行消费者分析所要解决的问题。只有透彻地了解了目标消费者之后,广告才有针对性。也就是说,应该站在消费者的角度来进行广告创作,告诉消费者最想知道的东西。如某公司开发的高层住宅项目,邻近有一个高尔夫球场,开发商在广告构图上并没有刻意追求楼盘形象的醒目,而是将其所处的环境大肆渲染,近 3/4 的篇幅是突出了高尔夫球场一望无际的草坪,给人以强烈的视觉效果。该物业定位于高档住宅,广告的制作就是抓住了该类消费者注重生活环境的特点,从而一举成功。又如某商城一则招商广告,其广告词是"每天与 30 万人做生意"就充分抓住了商人注重人流量的特点,也具有很强的针对性。

2. 选择广告媒体

对广告资料进行整理之后,选择广告媒体。房地产广告媒体一般来说主要包括两个。

1)具有房地产特性的广告媒体

房地产商品由于其交易时具有不同于一般商品交易的特点,因而产生了一些独特的广告宣传工具,例如售楼书、建筑模型、样板房等。

(1)开发商基于尽快回笼资金等方面的考虑,往往在楼宇尚未完工时就开始销售,而这时由于无法确切地看到所交易的商品,因此往往需要借助售楼书、建筑模型或样板房的帮助,以便消费者更全面地了解所推广的物业情况。

(2)由于房地产商品具有不可移动性,往往造成一些交易上的不便,即便是现楼,仍然需要某些宣传方式的帮助,例如将一楼盘拿到异地去销售,消费者需要借助售楼书、建筑模型等了解物业。

(3)由于房地产交易涉及许多相关部门,例如律师、银行等,此时也需要借助售楼书等将有关信息传递给相关机构。

(4)建筑面积、建筑结构、设计特征、周围环境以及未来发展情况等一些不易一目了然的信息也需要借助售楼书等资料传递给顾客。

2)广告方式

广告方式主要包括报纸、电视、电台、专业性杂志、书籍、互联网、户外广告和交通广告。这几种传统的广告媒体各有其利弊,一般说来,房地产广告多选用的媒体是报纸,而以电视、杂志、户外广告为辅。在选择广告媒体时,主要是看物业项目的大小及销售周期的长短。对于销售周期长、投资规模大的房地产项目,可考虑使用广告立体攻势,即报纸、电视、电台、杂志、互联网、户外广告等一起上的方式。这种方式的使用主要限于消费者对物业的认知阶段,需要把物业的知名度在短时间内提高。而开发商为了树立企业及楼盘品牌,通常选择使用一些户外广告,如路牌广告、灯箱广告等。在媒体的选择过程中,要注意以下几点。

(1)依据预算费用的多少。费用多时可以选择宽面媒体组合,并将广告时间拉长;费用少时可以采取单纯式广告方式,选择最有力的几个媒体,在适当的时间做广告。

(2)要以目标对象为中心。根据目标消费者的接触习惯、接触率,以及媒体收听、收视率的情况,安排媒体播广告的时间。

(3)要以楼盘的特征为依据。注重楼盘的生命周期、功能的大小。

3. 广告创作

在确定广告媒体之后,就进入了针对各广告媒体的特征进行广告创作的阶段。房地产广告创作要考虑到以下的问题。

(1) 了解传播目标,包括知名度、商品概念、销售。

(2) 确定广告目标对象。

(3) 确定表现的主构想和副构想。

(4) 了解并分析楼盘和营销方法等在市场竞争上的关键点。

(5) 确定广告的气氛和个性诉求的气氛设计,以迎合消费者接受广告的心理背景。

(6) 根据消费特征和媒体的特征进行设计。

(7) 必须注意寻找提高传播效果的具体做法要点,如版面大小、位置、形状、日期、文字、语言、形体、名人等影响传播效果的要点。

一般来说,房地产广告相对于其他产品广告要平实得多,因为置业者所关心的问题,通常都是一些比较实际的问题,而针对这些问题,应该用怎样的语言来表述,让消费者感到真实可信的同时又能在众多的广告中脱颖而出,给消费者留下深刻的印象,这就是进行广告创作所要解决的关键问题。进行房地产广告创作一定要注意追求独特性,因追求独特是房地产营销广告创意的生命。众所周知,在房地产市场上,只有相似的物业,没有完全相同的物业。即使是完全相同的建筑设计,同样的售后服务,也会因不同的区域环境,不同的工程配套设施,使这些相同外观的楼盘具有不同的使用功能和不同的增值潜力。在市场营销中,楼盘之间在营销方法和策略上都会有所不同。所以,广告创意人员就要充分发掘楼盘独特的个性,找出它销售上的优势点,在优势上做足文章,使需要这类房子的客户充分认识这一楼盘的优势。

房地产广告创作还应该注意对楼盘案名进行包装。从开发商的角度来看,通过楼盘的精心包装,让市场对其产生共鸣,使销售得到出奇制胜的效果。而对客户群体而言,通过楼盘案名,在心理需求中受到一种购买欲望的启示。不同楼盘、不同案名,提供给客户不同的需求。楼盘案名大致可分为以下几个类型。

(1) 享受一种异域情调的楼盘案名,如美树馆、正润欧洲花园。

(2) 着力体现一种高尚身份的楼盘案名,如书香门第、名门世家、名流花园。

(3) 表达一种新生活气势的楼盘案名,如世纪之门、阳光世纪。

(4) 显现居住温馨感觉的楼盘案名,如新上海一家人——虹祺花园、公园旁的家。

楼盘案名在一定程度上能起到导购作用。好的案名,也能显示出开发商对自身项目的重视,以及相当的市场意识。现代人追求的是居住质量、生活品位,楼盘案名从一定程度上反映客户的一种需求、一种精神寄托、一种新生活的愿望和对未来的描绘。楼盘通过案名的包装,在楼盘品位、文化立意、生活环境上能突出更多的卖点,开发商应该在楼盘营销全过程中辅以一个既与众不同、又标新立异的案名,从而在楼市竞争中创造更多的卖点。

4. 确定广告的发布时间

1) 广告投放效果

相同的广告不同的时间发布,其效果往往不同。例如,刊登在星期日的报纸广告,往往效果不好,因为休息日读报的人较平时少。而电视、广播电台往往存在着黄金时段和收视率高的节目,选择这样的时段和节目播出广告,其效果肯定优于其他播出时段及节目。在房地产广告发布之后,需要及时地对广告的效果进行评估,不仅是对广告计划的实施进行检查和评价,更重要的是随时对广告活动的情况进行反馈与控制,从而保证整个广告活动能够按照预定的计划与目标进行。在广告发布之后,可以从销售部门接到的电话数量、当天的成交额等方面对所发布的广告的效果进行评估,也可以从与客户的交谈中了解、收集到顾客对于广告的评价,以便及时调整广告内容和发布的时间及方式,同时,为以后进行广告策划积累经验。

2) 广告投放要配合销售周期

由于房地产与其他商品相比,生产周期非常长,项目的开发周期一般都在两年以上。而房地产同时又是一种集使用和投资于一体的昂贵商品,人们在采取购买行为前都会对市场进行调查,并经过一段时间的研究、比较后方能达成购买行为,所以它的选择和购买周期也较长。在个人购房市场形成的今天,购房行为更是不易实现,因此房地产广告的作用也较以往更为重要了。

根据一般商品广告的目标流程来说,一种产品从信息出现到最终购买,主要经历留下模糊印象、形成具体概念、产生影响和信赖、发生购买行为等几个阶段。对于具体的项目而言,要区别各个不同的开发、销售阶段,采取具有针对性的广告宣传对策,才会对项目销售起到更大的支持作用。

(1) 第一阶段:销售准备期——广告宣传进入导入期。在房地产项目宣传的前期,广告宣传更侧重项目知名度的扩大。虽然不同的项目会选择不同的工程阶段入市宣传,但作为一般资金不太雄厚的开发公司来讲,一般都会在内部认购期或预售期时就开始广告宣传。在这个阶段,工程施工刚刚开始,销售工作也只是处于准备阶段,由于项目现场还没有具备可以展示的条件,因而宣传形式一般应选择传播面较广的媒体,如报纸、广播等。将新项目入市的消息传播出去是这一阶段宣传的主要任务,广告的频率没有必要太高,宣传力度也可以先小一些。这一阶段的项目广告应着重项目卖点的建立,这样可以在人们心里形成一个固定而清晰的概念,以达到在众多项目中脱颖而出的目的。

(2) 第二阶段:项目强销期——广告宣传进入猛攻期。这时期由于工程进度有所变化,项目形象已经建立,给人一种工程加速建设的感觉,而此时的销售工作也全面展开。这时的项目宣传应"加热"广告频率及媒体选择,均需大大增加,可采用广播、电视、报纸、参加展销会等多种形式展示,以鲜明的形象、强烈的广告攻势撼动市场,以广告为先导,吸引客户的到来。这一阶段的广告图应全面凸显项目优势,如户型设计、附属设施、所处地理位置、人文环境等,使客户对项目加深了解并产生信赖。在广告形式上要有创意和突破,能给人留下深刻的印象,在广告语言上要生动形象,易懂好记。广告配合得好,会使强销期中的成交量增加,这一时期一般也是项目销售业绩最好的时期。

(3) 第三阶段:销售持续期——广告进入巩固期。在强销期过后,新增客户会维持在一个相对平衡的数量上,因此广告应相应降温,但仍应保持一定稳定的频率出现,在达到当期销售目的之外,还需为第二次强销期做准备。在此销售阶段的工程项目进度快的已经达到主体竣工或装修阶段,楼宇及社区规模形象初显,可以让客户看到大体的实物建筑。这时除相应的媒体广告之外,可以更多地安排客户参观样板间和工地,虽然参观工地有一定危险和麻烦,但可以给人一种身临其境的感觉,也使客户对于工程质量做到眼见为实。

(4) 第四阶段:销售结案期——广告进入消退期。房地产项目销售快终结时,较好的户型和楼层基本都已售空,剩余房屋不多,但也大多是不太好销的尾房。这一阶段的项目广告宣传有点类似第一阶段,但告之的不是项目出现的消息,而是项目还剩多少面积。因此这一阶段的广告重点也是以优惠促销尾楼为主,广告创意也无须太多变化,广告频率大大减弱,直至停止宣传。

房地产营销周期,短则两三个月,长则一两年。但是实际上一个楼盘在整个销售过程中,或是因为相持时间长,或是因为销售状况的跌宕起伏,可能不止一个营销周期。那些销售总量在几十万平方米以上的社区型楼盘,往往会有若干个相对独立的营销周期,它们彼此相互配合、前后呼应,以阶段性的销售业绩达到最终的销售目的。相应的,表现在广告时间的安排上,这类楼盘的广告周期也是一个由若干个相对独立的、彼此又相互配合的小广告周期串联而成的大广告周期。这在广告媒介组合合理安排上也是比较有难度的。

从上面对不同销售阶段采用不同广告攻势的分析不难看出,房地产项目不同的销售阶段,其广告的任务与目的均不同,应区别对待,并有针对性地及时调整广告规模和广告组合。这样可以为开发商节省资金,将有限的广告费用用在关键时期,以求达到事半功倍之效。

◈ 引例导入

好广告是优秀的营销员

广告不是演员,而是商人,是宏观层面的营销员,千万别干起演员的行当,去追求掌声,而忘却了自己真正的追求——销售成果。真正好的广告,着眼点一定是促销。在一定意义上讲,广告就是纸上推销术。开发商一定要用推销员的标准而不是娱乐的标准去衡量广告。当然,广告中的创意并不是不重要,高水平的广告往往有着很好的创意。但这种创意更多的是体现在"表现"方面的,而且是在正确的广告观指导下进行的。没有正确的广告观指导,所做的创意纯属"瞎创意""莫名其妙的创意""消费者看不懂的创意",因而也是无效的创意。一些开发商投了许多钱做广告,销售却无大的起色,以为是广告没有用,其实并非如此。很多情况下,是因为他们弄不清广告的真谛,没有体现出广告的作用。广告要尽量使自己的楼盘成为购房者"想买且能买"的贴近广大百姓的住宅楼房。从诉求方式、诉求内容、投放媒体等方面都应体现出一种人文关怀。在诉求方式上,要有充满人情味的感性诉求,宣传内容要以亲切的生活画面为主,以此来增强与客户沟通的亲和力。在诉求内容上,物业管理、智能化服务、社区文化氛围、健康空间、人性化设计、数字化技术等是新近出现的新颖的诉求点。广告说辞如"为爱找一个温馨家园""为每个梦想设身处地""超越所有期待,让生活充满阳光"等都能体现开发商对消费者的人文关怀。

(四)房地产市场营销人员推销策略

人员推销是指销售人员运用口头宣传、上门推销等各种方式和技巧,向消费者传递信息,推销产品。

1. 人员推销的作用

1)有利于建立良好的公共关系

推销人员同广大消费者、协作者和用户保持经常的、直接的联系,为客户当面提供咨询和协调工作,以及为客户提供优质服务,有利于企业与客户建立良好的人际关系。在通常情况下,推销人员十分注意买卖双方的感情,也有利于长期的合作。

2）能为企业创造更多的效益

人员推销的主要任务是推广销售本企业的商品房，不断寻找新客户，开拓新的市场。他们在社会上有选择、有目标地开展推销业务活动，能直接激发客户的购买欲望，并迅速将购买欲望变为购买行为，缩短交易时间，使企业获得更多的收益，加速了资金周转速度，为扩大再生产创造良好条件。

3）能够提高市场的竞争能力

推销人员除完成自己的销售任务外，还兼做市场调查、市场预测、市场研究工作。他们在推销过程中经常遇到同行业的竞争对手，这就有必要调查研究竞争者的商品及其营销策略，随时掌握市场动向，提高应变能力，这样无疑能提高企业的市场竞争能力。然而，人员推销这种促销方式也有其局限性：一是人员推销与其他促销方式相比，所涉及的市场范围较小，而开支费用大致是广告费用的 2～5 倍，这就必然增加了销售成本，特别在市场范围广大而用户十分分散的情况下，采用人员推销的促销方式将受到很大的限制；二是这种促销方式对人员的素质要求较高，选择和培养一名称职的推销人员不仅困难大，而且耗费大，一般来说，企业较难觅到优秀的推销人员。

2. 人员推销的步骤

人员推销是在一定的市场环境下，寻找潜在客户，传递商品信息，说服客户购买的一个复杂的过程。这一过程通常包括以下几个步骤。

1）寻找客户

寻找客户即由推销人员寻找可能购买商品房的消费者或单位用户。寻找客户的办法很多，推销人员可以通过查阅资料、上门访问、个人观察等办法直接寻找，也可以通过亲朋好友或团体的介绍来间接寻找。有了促销目标者之后，推销人员要尽可能详细地了解客户的有关购买要求和支付能力等方面的信息。

2）接近客户

接近客户即推销人员一般通过自我介绍或亲友介绍的办法去接近顾客。在接近客户时要注重礼仪、谈吐大方、不卑不亢，以消除客户疑虑，取得客户信任。初次接近时，一般要适当地控制交谈时间，以免客户厌烦；也可以根据具体情况，不失时机地转入正式的推销面谈。推销面谈，即推销人员说服客户购买和买卖双方洽谈购买事宜的过程。推销人员通过广告、模型照片、录像、报道等资料，善于把客户的购买欲望与企业的房地产商品的优点联系起来，推销人员要做耐心而有说服力的解释，以克服顾客的心理障碍。

3）达成交易

达成交易即在客户做出购买决策的基础上，推销人员要把握时机，就商品房的价格、付款方式、售后服务等具体问题做进一步商谈，在可能的条件下提供必要的优惠，在此基础上签订合同，促成交易成功。

4）跟踪服务

跟踪服务即售后服务。这是人员推销的最后环节。良好的售后服务，不仅能加深顾客的好感和提升企业信誉，还能获取各种反馈信息，为新的销售活动提供新经验。

3. 推销方法与技巧

推销方法与技巧是根据消费者和用户的购房规律所采取的激发购买动机、促进购买动机转化为购买行为的一系列措施和手段。房地产商品其价值大、使用年限长,且买房对个人或家庭来说都是件大事,因此顾客买房往往是理性购买。面对这些理性且日益成熟的顾客群,推销人员的工作难度越来越大,对一位训练有素的推销人员而言,掌握一定的推销方法与技巧是必不可少的。

1) 施展优势

推销人员充分利用本企业商品房某些方面的特点优势来扩大销售。在激烈的市场竞争中,一个房地产开发企业一般总有某些相对优势,如具有靠近车站、港口、风景区、商业中心等优越的地理位置,或价格较为低廉、房屋经济实用,或有良好的售后服务,等等,推销人员如能充分利用这些优势,就可能较快打开销售局面。

2) 把销售业绩告诉客户

在房地产买卖中,从众心理的作用远不如其他促使购买行为发生的因素的作用来得大,这是因为房屋的不可移动性和金额的庞大使得人们在购买时不得不小心翼翼,三思而后行,只有到了最后关头,从众心理才有可能起到大的作用。当客户对一个项目已经表示满意,正在犹豫不决时,销售人员告诉他这项目已售出了大半,该客户很可能就会不再犹豫,当场拍板。如果这一信息是来自其他购房者,或者当天就在该客户眼皮底下成交了好几宗房产交易,那么他购买的决心将更加坚定不移。销售情况好的项目,开发商应该及时地将业绩通报给购房客户,让事实来说话,他人的口对购买心理影响很大,充分利用已购房者的活广告作用是英明的促销手法。

3) 捕捉商机

商机具有以下几个特征。一是时间上的差异性,销售的最佳时机一过,机会也就消失。二是空间上的有限性,往往在一地能形成销售机会,在另一地就不能形成销售机会。三是对象的特定性,销售机会只适应特定的购买对象,谁吸引住了这一购买对象,谁就获得了销售机会。四是形成原因的多样性,市场行情千变万化,消费需求复杂多样,因此销售机会也是复杂多样的,且机会稍纵即逝。推销人员要善于在复杂的市场条件和激烈的竞争中捕捉销售机会和信息,以提高销售工作的成效。

4) 避实就虚

在房地产市场激烈竞争的情况下,面对资金雄厚、实力强大的竞争对手,推销人员要注意分析对手的不足之处和虚弱环节,如促销措施不够灵活等。推销人员应采取灵活多样的推销策略争取用户,把生意做活,力争在市场上争得一席之地。

5) 了解顾客

在购买私有住宅的消费者中,一般可以分为无孩子的年轻夫妇、有孩子的家庭、与孩子分开居住的老年人等家庭类型。推销人员要针对消费者的具体情况,采取帮助客户解决某些困难的办法来推动销售。如有的客户有购房动机,但就缺乏资金,可帮助其向银行申请贷款;有的客户在购房时把孩子入托、就近上学看作重要条件,推销人员也可帮助联系解决。通过这些方法,来博得客户的好感,从而加速其购房决策与行为。另外,顾客购房有使用、保值或增值等不同的目的,推销人员在向顾客推销房子时,只有明确顾客购房的目的,才能做到有的放矢。若顾客买房是为改善当前居住条件,即自己使用,那么在介绍该楼盘时应更多强调该物业的质量、使用功能、特点、周边环境、配套、交通状况及物业管理,应从居住的方便性与环境优越性来推荐楼盘。若顾客置业是作为一种投资,即以保值、增值为目的,那么向顾客强调的重点应是房屋的质量、规划、周边环境的改善前景,着重分析该楼盘的升值潜力。

6) 出奇制胜

推销人员利用人们的猎奇心理,采取新奇的手段来扩大销售。市场环境在不断变化,推销方法也应不断创新,不可墨守成规,丧失推销机遇。

4. 如何对待顾客

值得指出的是,企业的推销人员不论采取何种推销方法和技巧,都不能违反国家的政策法规,都不能蒙骗顾客和损害消费者的利益。其实,房地产人员推销最关键的就是推销员如何同顾客打好交道。与顾客打交道需要注意以下几点。

1) 为顾客着想

楼盘销售从引起人们的兴趣到促使他们做出购买决定是一个复杂缓慢的劝解过程,不能指望一个人在两三天内将毕生的积蓄都奉献出来,因此,采用死缠烂打的手段是不会奏效的。销售人员应该时时刻刻都记住自己的身份,你只是一名参谋而绝不是主宰者。所以,在表示看法时千万不能让客户觉得你是在指挥他们,应当让他们感到完全是按照自己的自由意愿去做出明智的决定。只有当购房客户对你产生信任后才会接受你的劝解,因此销售过程就成了取信于人的过程,这就要求售楼人员需要掌握心理学、行为学、城市经济学、建筑、金融等综合知识,这些综合知识体现为销售技巧就是观察技巧和语言技巧。购房者的心理可谓五花八门,有注重身份的,有担心交通的,也有怕交不起物业管理费的,诸如此类,要想让人信任你,就先要解除他的心理负担,因此,观察就是销售的第一技巧。善于观察首先要善于倾听,只有等顾客把心里话说完你才能充分了解他的顾虑。语言技巧并非体现在流利程度上,而体现在你是否适时地说了顾客想听的话。当客户担心这楼盘能否如期完工的时候,你向他解说这楼盘的实用率多么的高就是多余的;说空话也不能体现语言技巧,豪华装修就是一句空话,购房者并不知道豪华装修的真实含义也不耐烦去考究,因此,说到装修就应该实实在在地将装修用料罗列出来,此时丰富的专业知识比语言技巧更具有现实意义。

2) 电话接听

一般来说,顾客看了广告后,如想买房往往会先打电话询问,一方面可了解大概情况,另一方面可多问几家以便决定到哪家现场参观。因此,售楼人员与顾客的第一次接触往往是通过电话。如果售楼人员与顾客间的第一个回合接触,让顾客没兴趣,则看房、买房便无从谈起。在电话接听时应注意以下几点。

(1) 开头时热情、有礼,用心听顾客的询问,语调要亲切。

(2) 中间要耐心解释,主动介绍。多数顾客不是房地产行家,他们该从何问起,问些什么并不是很清楚。作为一个有经验的售楼人员应引导顾客询问问题、循序渐进。比如当顾客问到位置时,你除了告诉具体位置外,还应把周围的环境、交通状况及公共配套等信息同时告诉顾客。

当顾客问到价格时,你应把价格、优惠率及有关付款方式等告诉顾客。总之,仅仅做到有问必答是不够的。

（3）结尾时留有余地。在电话结尾时应尽可能约好看房时间,如果顾客还没看房意思,售楼人员应商请顾客留下电话号码。这样做的目的是,一方面可经常给顾客提供有关信息,以便联络感情;另一方面找到合适的机会再约顾客看房。

3）赞美顾客

人是有感情的,喜欢听赞美的话是人的本性。赞美得自然,得消除彼此的陌生感,矫揉造作或言过其实则会让人感到别扭、反感。赞美最好在与顾客闲聊中不知不觉让对方感受到。售楼人员在赞美时应注意以下几点:语言由衷,不可信口开河;具体,不抽象;赞美贵在自然,不要刻意为赞美而赞美;适可而止,见好就收,见不好更要收。

4）态度

看楼的人来了,如何能使他们下决心将楼买下来? 这除了楼盘本身的品质是否吸引人外,还要靠推销人员的售楼艺术和态度了。推销人员切忌以两种面孔和态度对待上门来的客户。

（1）切忌介绍自己楼盘与介绍周边楼盘持两种面孔。在面对散户的房地产市场中,一个客户买一套住宅,看十几、几十个楼盘已经不再是新闻,客户本身就在对各个楼盘进行比较。一些售楼处常常有这种情况,将自己的楼盘介绍成一朵花,将周边其他的楼盘介绍成豆腐渣,结果常常使客户产生反感而不买你的楼盘。反之,也有推销人员在介绍自己楼盘的优点时,也比较客观地介绍自己楼盘的缺点。在介绍周边楼盘的时候,也比较客观地讲解它们的优势与不足。同时据客户自身的要求及能够承受的购楼总价,帮他出主意、当参谋,结果,推销人员实事求是的态度使客户深受感动,感情的天平倾向,促使其下决心买你的楼盘。

（2）切忌在买与不买两种情况下产生两种面孔。对要买楼的客户,推销人员一般都能做到热情接待,而对于决定不买房的客户则态度冷淡。其实他本人因种种原因不买你的楼了,不等于他不能介绍亲戚、朋友来买你的楼。俗话说,买卖不成情义在。如果你在接待态度上能够做到买与不买都热情、大方,也许现在不买你的楼的人就有可能成为其他买你楼的客户的介绍人。所以,售楼人员接待来访者不应急功近利。

（3）切忌对客户买前、买后的两种面孔。客户在买与不买犹豫不决时,售楼人员的态度热忱、诚恳会让客户感动,从而也使得他们爽快地买你的房。但是,一旦买楼后客户或因房型问题、按揭问题或其他问题同售楼人员商量时,有的售楼人员就摆出一副不耐烦的冷面孔,让人受不了,矛盾激化之后,还会产生退房等现象。

（4）切忌对大客户和小客户两种面孔。面对买三房两厅的客户与买一房一厅的客户,在有的售楼处,他们的接待态度是一视同仁的;而在有的售楼处,对小客户的态度就不如对大客户的态度热情。小客户会产生一种对他人格的不尊重而不买你的楼的情况。

（5）切忌下班前和下班后的两种面孔。散户看了广告,咨询购房问题,有的常是选择下班后的时间。而有的售楼处,广告打出去了,却不安排下班后接待人员。有人打电话进去,值班人员说:"现在下班了,明天上午 8 点半再打。"有的跑到售楼处却扑了空。售楼处是一家公司和一个楼盘的窗口和脸面,以这种态度对待客户,售楼业绩将很难理想。

◈ 引例导入

楼盘销售成交的关键

售楼人员与客户达成交易,要技巧性地诱导顾客下定购买决心,用自信和韧性促使成交。当售楼人员向客户详尽地讲解完楼盘的概况并回答完顾客疑问后,可主动提出成交的要求:"马先生,您看,2号楼503室各方面都符合您的要求,要不就定这套吧?"这是一种假设成交的技巧。如果客户没提出不同意见,就意味着订单到手了。但往往刚开始提出成交要求时,出于对自我利益的保护,在客户没有完全明白购买行为中自己将得到什么利益之前,他会用最简单的方法——拒绝购买来保护自己。此时,不要在客户提出拒绝后就与此顾客"拜拜"。面对顾客的拒绝,售楼人员可以装作没听见,继续向客户介绍楼盘的新利益点,在顾客明白这一利益点后,可再一次提出成交的要求。

(1)向客户介绍楼盘最大的一个利益点。

(2)征求客户对这一利益的认同。

(3)当客户同意楼盘这一利益点的存在时,向客户提出成交要求。

这时会出现两种结果:成交成功或成交失败。如果成交失败,你可以继续装聋作哑,对客户的拒绝继续装着没听见,耐心地向客户介绍一个新的利益点,再次征得客户的认同和提出成交的要求。有时,甚至提出四五次成交要求后,客户才最终肯落订签约。经验表明,韧性在售楼的成交阶段是很重要的。

成交的关键是六个字:主动、自信、坚持。具体来说,首先,售楼员要主动请求客户成交。许多售楼员失败的原因仅仅是因为他(她)没有主动开口请求客户落订。不向顾客提出成交要求,就像看中了姑娘却没有勇气求爱一样最终没有达到预期的效果。

其次,要充满自信地向顾客提出成交要求。自信具有感染力,售楼员有信心,客户会感染这种信心力,客户有了信心,自然能迅速做出购买决定。如果售楼人员没有信心,则会使客户产生疑虑:现在就落订合适吗?

最后,要坚持多次向客户提出成交要求。事实上,一次成交的可能性很低,但事实证明,一次成交失败并不意味着整个成交工作的失败,客户的"不"字并没有结束售楼工作,客户的"不"字只是一个挑战书,而不是阻止售楼员前进的红灯。

(五)房地产市场营销销售促进策略

销售促进策略包括运用种类繁多的促销工具,用以激发较早或较强的市场反应,从而可以刺激消费者缩短其购买的过程,为马上购买提供理由。在现代房地产市场营销活动中,每个消费者都不可避免地充当信息传播者和促销者的角色。目前,主要的销售促进策略有以下两种。

1. 房地产展销会

房地产展销会是一种经常采用的促销工具。房地产展销会一般来说,可以在短时间内聚集更多的潜在购买者,是销售楼宇的好时机。展销会一般由政府的职能部门或行业协会企业、中介机构组织,开发商也可自行组织企业展销会。展销会上应有各式各样的楼盘参展,便于顾客选择。开发商经常会在展销会上提供一些优惠促销措施。而由政府牵头的展销会往往会提供一些政策上的优惠等,例如在展销会期间购买的物业,一次性付清房款后,可以当场办理房产证;又如深圳曾有过在展销会上规定,购买一定价值的物业配一个深、港两地车牌的优惠政策。应该注意的是,对房地产的展销会来说,是不应当以当场成交论成败的。展销会顾名思义,首先是展示,其次是销售交易。其最重要的目的是通过展示自己的产品,树立品牌,为本企业提高知名度,让人们跟着你的品牌买房子,为今后的产品销售铺路。

2. 现场看楼及其他吸引客户的措施

1)现场看楼

现场看楼是最常用的,也往往是最有效的促销手段,对于小区规划好、楼盘素质高的项目,现场看楼是最理想的手段。有些外销楼盘通过旅游公司安排外国游客参观现场,达到推销目的。通过现场看楼还可吸引大量潜在客户及信息传播使者,将开发商的理念传播给更多的人。

2)买楼送物

这种形式最好是配合展销会来进行,可能效果更佳。有些开发商推出买楼送空调,而且全楼的空调都安装就位,给购房者的感觉是,空调的费用已打入房价,羊毛出在羊身上,这时的"买就送"很难成为引发购买冲动的原因。在展销会上来个买楼送物、送面积或是免收若干月物业管理费等手段,对于已经有较强购房意向、容易冲动的客户,会起到在背后轻推一把的作用。

3)座谈会——与客户直接交流

座谈会是用得不多的一种促销活动,举办这种活动,要事先确定目标客户,这一点操作比较难。邀请一批目标客户,参加座谈会,听取他们对小区的规划、环境、楼盘的设计、物业管理等方面的意见,借讨论之际,介绍楼盘。对座谈会上出色的建议,开发商应该听取。

酒会是最高雅的促销活动,在国内鲜有用者,在国外也往往限于上流社会。这种促销活动,对于高级公寓、写字楼和高级会所来说,较为有效。这类活动的出席对象多为社会名流,在小区会所内或星级酒店中,在优雅的音乐声中,出席者边慢酌细嚼边高谈阔论,谈笑间楼盘已易手。

4)安居助业工程

安居助业工程主要是针对购房入户者来成立购房入户"劝业所"。根据购房入户者的能力和经历,进行人才分类,同时开展业务培训,通过与有关部门、机构或用人单位挂钩,向全社会推荐人才,在一定程度上解除了异地购房者在就业保障问题上的疑虑和担心。应该说此种尝试,不仅在一定程度上对销售有利,而且缓解了社会的就业压力,具有一定的社会效益。

(六)房地产市场营销公共关系策略

公共关系策略是企业为塑造自身形象,通过公共传播、公益活动等手段来影响公众的一种营销策略。公共关系之所以引起各企业的重视,主要是因为公共关系除了具有其他促销方式同样的沟通作用外,还具有其他促销方式无法起到的作用。

◈ 引例导入

日照教授花园

一、内容提要

山东日照山海天城建集团(后简称山海天城建集团)是一家以中高档住宅开发为主的房地产专业开发企业,近几年来,该公司成功实施营销带动战略,连续开发教授花园一、二、三期工程,种下的"梧桐树",成功引来了 300 多名以北大教授为代表的"金凤凰"——教授花园业主入住园区。本文以该公司营销管理的实战经验为案例,为房地产营销管理的理论创新抛砖引玉。

二、主题内容

2006 年秋,"日照海滨教授花园"成为各大门户网站的焦点话题。2006 年 9 月 25 日,网易在新闻的头版头条以"300 余北大教授山东购海景房"为题进行了报道,然后凤凰网、搜狐网、人民网等各大门户网站以及《北京青年报》等众多媒体相继进行了大量报道。

"日照海滨教授花园"一时间声名鹊起,引起了社会各界的极大关注,而它的开发商山海天城建集团只是一家以中高档住宅开发为主的小型房地产开发企业,年开发量仅为 20 多万平方米,在业内没有什么知名度。但 2006 年秋发生的这件事说明,该公司的营销战略运作得相当成功。事实也正是如此,日照市作为新兴的海滨城市,在国内的知名度也不高,更不要说山海天城建集团这家小房地产公司了,可是该公司却连续成功开发了教授花园一、二、三期工程,种下的"梧桐树",引来了 300 多名以北大教授为代表的"金凤凰"——教授花园业主入住园区。不仅如此,他们开发的房子有 80％以上卖给了外地人,直接把日照的房价由每平方米 1 000 多元拉升至每平方米 4 000 多元,创造了一年销售 4 个亿的日照市房产销售新纪录。

教授花园的成功值得人们关注,总结教授花园的成功营销管理经验,我们不难得出这样一个结论:一个楼盘能否对购房者产生吸引力,除了楼盘本身必须具备的基本质量外,营销管理是否到位往往能决定它在市场竞争中的成败。

1. 客户是成功的关键

市场需求来源于客户,市场争夺的对象也是客户,因此,房地产营销就不能不研究客户了。上述案例中的山海天城建集团把"客户至上"作为其企业文化中最核心的组成部分,为客户增值服务是他们的工作目标。正是基于这样一种理念,教授花园赢得了以北大教授为代表的全国知名高校老师的青睐。

2. 房地产营销管理的几条主要经验

1)定位策略

教授花园在策划楼盘销售时,不是立足于日照市本地消化,而是充分利用日照市的阳光、沙滩、森林、大海的优势,将市场定位于高知、学者、教授,因为楼盘的环境优势对这类人群非常具有吸引力,而且在了解这一类人群的收入水平的基础上,公司采取了低价位定价策略,结果取得了巨大成功。此楼盘的购买者 60％为市场定位对象,80％为非本地人,其中大部分是二次置业、休闲置业等投资者。

由于定位准确,通过价值取向的自然选择,教授花园无形中就形成了高端住宅区的形象,对居住在小区的业主给予了一定身份的象征,业主通过购买、居住使之实现了归属感、荣誉感、自豪感。

2)定价策略

定价部分是艺术,部分是科学。低价战略入市时比较轻松,容易进入,能较快地启动市场。随后采用逐步提价策略,以标榜物业的出类拔萃、身份象征、完善功能、优良环境等,但逐步提价不是盲目漫天要价,应以物超所值为限。

教授花园是一个滨海社区,户户看海是该项目的一个卖点,因此该项目在楼层定价时,从第一层起价,每高一层加价100元到300元不等。事实证明,这种定价策略得到了客户的认可,取得了很大成功。

3)销售策略

教授花园一直坚持低容积率、高绿化率,注重生态建设。曾任中华人民共和国住房和城乡建设部(简称建设部)副部长杨慎在参观了教授花园后,称赞这是他见到过的真正的生态住宅。教授花园三期在2004年成为山东省第一个通过评审的生态住宅示范小区,在2006年成为日照市第一个通过建设部评审的康居示范工程。

楼盘的销售是一个专业性很强的工作,建立一支具有高水平推销策略和战术的专业队伍十分重要。房地产促销是要通过详细的介绍、生动的描述来塑造产品的形象,刺激顾客的购买欲。教授花园常用的促销方法有三种:一是在央视做品牌广告,在地方台做专题广告,在本地做形象广告;二是广泛参加房地产展销会,通过房地产商品的模型展览,设计图纸的介绍,散发宣传小册子等方法,引起客户的兴趣,刺激客户的购买欲;三是客户带动,通过了解客户的需求,以优秀的管理和周到的服务来影响客户,从而让老客户带来新客户。

4)风险防范

如前所述,由于房地产执行合同的时间跨度大,楼盘建设周期长,以及期间建材设备价格波动、政策因素影响、金融汇率变化等,如果没有一定的预见性,很可能预期利润会不翼而飞,甚至会出现亏损。因此房地产公司应在有关合同、财务的风险以及成本敏感性变化等方面都加强预测和防范,进行事前控制管理,从而确保预期利润的安全实现。早在2004年山海天城建集团就投资10多万元引进房地产专业成本控制系统软件,加大了对房地产成本的过程监控,有效地对房地产风险加强了管理。

复习
思考题

一、简答题

1. 请简述房地产市场营销的概念。

2. 房地产定价方法有哪些?

3. 房地产营销渠道可以分为哪几类？它们分别具有怎样的优点和缺点？

4. 房地产市场营销销售促进策略有哪些？

二、课堂讨论

分小组，结合实例，讨论房地产工作人员的推销方法和技巧。

三、案例分析

一直分散经营、各自为政的上海房地产代理公司最近出现了合作经营的大动作。在上海中天行房地产顾问有限公司(后简称中天)的牵头下，该市近 50 家知名中介、代理公司将合作分销代理外滩唯一可自由分割的纯办公物业——外滩金延大厦。这一举措对规范上海市房地产中介代理市场，促进中介、代理公司的合作交流起到了积极的作用。据悉，上海市近年来房地产中介、代理获得了飞速的发展，全市已拥有 1 500 多家房地产中介、代理公司。但是，上海房地产中介、代理公司一直处于各自为政的混乱局面，1 500 多家房地产中介、代理公司将市场分割得很小，行业竞争日趋激烈也造成了代理物业与客户接触面狭窄的矛盾。在这种情况下，由中天总代理的外滩金延大厦采用分销代理的办法，联合全市近 50 家知名房地产中介、代理公司共同经营，开了上海市代理公司网络化，实现房地产中介、代理公司强强合作的先河。

问题：这是哪种销售渠道？谈一谈你对房地产中介、代理公司强强合作的看法。

学习情境 9

物业管理

学习目标

1. 了解物业管理的产生与发展。
2. 掌握物业管理企业以及业主的权利和义务。
3. 熟悉物业管理的主要环节。

技能要求

1. 能够运用知识保障自己作为业主的权利,同时更好地履行自身的义务。
2. 养成及时完成阶段性工作任务的习惯,今日事今日毕。

任务 1 物业管理概述

良好的地段、宜人的环境固然重要,但如果没有一个好的售后服务即物业管理,那么所购的房产依然算不上一个好的物业,更谈不上保值增值了。如今人们在购(租)房时,对楼房物业管理的关注越来越高,认为物业管理对以后的居住极为重要。不少开发商也已经意识到物业管理的重要,并适时推出物业管理营销概念。不少楼盘广告已经把物业管理作为一个实实在在的卖点来宣传。房地产企业搞好售后服务就是要提供高品质物业管理。物业管理作为房子的售后服务,将成为今后房地产市场中一个极为重要的竞争要素,中国楼市必将进入一个比服务、比品质的阶段,没有较好服务的房产最终将无法在市场上立足。

一、物业与物业管理的概念

"物业"与"物业管理"都是随着中国房地产经济体制改革从境外引进的新名词。物业管理起源于 19 世纪 60 年代的英国。1981 年 3 月,我国第一家物业公司深圳市物业管理公司成立。物业管理是市场经济的产物,是我国房地产改革的必然结果,也是国人生活水平显著提高的重要标志。

物业是指已建成并投入使用的各类房屋及与之相配套的附属设施和相关的场地。物业包括房业和地业,附属设施及相关场地是指房屋室内外各类设备、公共市政设施及相邻的庭院绿化、道路、场地等。物业所涉及的范围非常广泛,可以是一套住宅,也可以是一栋楼宇。

《物业管理条例》中定义物业管理的概念为:业主通过选聘物业服务企业,由业主和物业服务企业按照物业服务合同约定,对房屋及配套的设施设备和相关场地进行维修、养护、管理,维护物业管理区域内的环境卫生和相关秩序的活动。理论上可总结为:物业管理是指由专业化的企业组织,运用现代管理手段和先进的维修养护技术,为物业售后的整个使用过程提供对房屋及其设备、基础设施与周围环境的专业化管理。物理管理是以经济方法为房屋、居住环境、物业维修等方面提供高效、优质、经济的服务。

二、物业管理企业

(一)物业管理企业的概念和特征

物业管理企业是依法成立、具备专门资质并具有独立企业法人地位,依据物业服务合同从事物业管理相关活动的经济实体。

物业管理企业的特征可以归纳为以下三点。

第一,有独立的企业法人。物业管理企业严格遵循法定程序建立,拥有一定的资金、设备、人员和经营场所；拥有明确的经营宗旨和符合法规的管理章程，具备相应的物业管理资质；独立核算，自负盈亏，以自己的名义享有民事权利，承担民事责任；所提供的服务是有偿的和营利性的。

第二，属于服务性企业。物业管理企业的主要职能是通过对物业的管理和提供的多种服务，确保物业正常使用，为业主和物业使用人创造一个舒适、方便、安全的工作和居住环境。物业管理企业本身并不制造实物产品，它主要是通过常规性的公共服务、延伸性的专项服务、随机性的特约服务、委托性的代办服务和创收性的经营服务等项目，尽可能实现物业的保值和增值。因此，物业管理企业的"产品"就是服务，与工业企业等其他经济组织是有区别的。

第三，具有一定的公共管理性质的职能。物业管理企业在向业主和物业使用人提供服务的同时，还承担着物业区域内公共秩序的维护、市政设施的配合管理、物业的装修管理等，其内容带有公共管理的性质。

（二）物业管理企业的常见模式

1. 房地产建设单位的附属子公司或部门

房地产建设单位的附属子公司是指由房地产开发建设单位投资成立的法人或非法人物业管理企业。另外，也有部分房地产企业在其内部设立专门部门（不属于企业），承担售后物业的管理工作。这种企业的特点是：房地产建设单位与物业管理单位之间属于上下级关系。这类物业管理企业过去的主要管理对象为上级建设单位开发的房地产项目，但近年来随着市场化进程不断推进，除了管理上级建设单位开发的项目以外，也通过市场获取物业管理项目。

2. 独立的物业管理企业

独立的物业管理企业是指不依附于房地产开发建设单位和其他单位，独立注册、自主经营、自负盈亏的物业管理企业。

3. 物业管理集团公司

物业管理集团公司主要由集团总公司和下属子公司或分公司构成。集团总公司是宏观控制机构，集团发展的战略决策由总公司负责，总公司机关中设若干业务处室和行政办公部门；子公司或分公司既可按地域设置，也可按专业服务内容划分，如楼宇设备的维修公司、清洁服务公司、保安服务公司以及物业管理公司等。

（三）物业管理企业的资质管理

物业管理企业资质是指物业服务企业资质证书，没有资质的企业不能从事物业管理经营。根据建设部《物业管理企业资质管理试行办法》，物业管理企业划分为一级、二级、三级3个资质等级和临时资质。

国务院建设主管部门负责一级物业管理企业资质证书的颁发和管理。省、自治区人民政府房地产主管部门负责二级物业管理企业资质证书的颁发和管理，直辖市人民政府房地产主管部门负责二级和三级物业管理企业资质的颁发和管理，并接受国务院建设部门的指导和监督。设区的市的人民政府房地产主管部门负责三级物业管理企业资质证书的颁发和管理，并接受省、自治区人民政府建设主管部门的指导和监督。

物业管理企业资质等级实行动态管理,每两年核定一次。其中临时资质证书一年有效,期满后申请三级资质的评定。

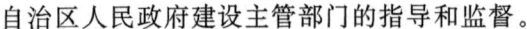

三、物业管理的产生与发展

(一)物业管理的产生

1. 物业管理起源于英国

物业管理作为一种房屋管理的模式,在世界上已有一百多年的历史。19 世纪 60 年代,欧洲的资本主义进入高度增长时期,尤其是英国,对劳动力的需求猛增,大量农村人口涌入城市,使城市原有的各种住房及其设施不堪重负。一些开发商提供简易住宅低价给贫民、工人居住。由于设备简陋、环境脏乱、拖欠租金加上人为破坏设施使得业主的利益严重受损害。奥克维亚·希尔为其名下出租的物业制订了一套规范租户行为的管理办法。该办法行之有效,不仅改善了环境,还缓和了对立关系,很快被其他业主效仿,并引起政府有关部门重视。物业管理这一行业从此诞生,并被普遍推广于世界各国,不断发展成熟。

2. 中国香港地区、新加坡的物业管理

由于历史的原因,香港长期受英国的统治,物业管理自然也受其影响。香港的专业物业管理始于 20 世纪 60 年代,香港大力推行"居者有其屋"计划,不仅从英国引进物业管理人才,物业管理理论和方法,而且结合当地实际又有所发展。

新加坡物业管理的产生和发展同国家的经济发展和城市发展有着密切的联系。1960 年 2 月,新加坡政府建立了建屋发展局,负责实施政府的建屋计划和统筹物业管理工作。新加坡的物业管理范围很广,除购房和转销直接由建屋发展局审批外,其他业务都在物业公司办理。我国物业管理的全功能、多方位的综合管理服务以及以业为主、多种经营思路无疑是受到了新加坡物业管理的启发,此外,发放住户手册、住户公约等做法,也广为我国的物业管理所借鉴。

3. 我国物业管理的历程

20 世纪的 20 年代,我国沿海及内地的一些大城市的房地产业蓬勃发展。房地产业的繁荣带动了物业管理市场,当时已经出现了代理经租、清洁卫生、住宅装修、服务管理等经营性的专业公司,可以说是我国现代物业管理的雏形。

1949 年后,房屋是福利分配,房屋管理用简单的行政管理办法代替了商品的经营管理,房地产经营活动基本停止,物业管理也随房地产市场一起销声匿迹。

20 世纪 80 年代起,市场经济日趋活跃,城市建设事业迅速发展,房地产经营管理体制的改革步伐加快。1981 年 3 月,深圳第一家涉外商品房管理的专业公司深圳市物业管理公司的成立,标志着物业管理在中国大地的复苏,也意味着现代意义的物业管理在中国诞生了。

（二）现阶段物业管理存在的主要问题

1. 物业管理费收取困难

根据《中华人民共和国物权法》（后简称《物权法》）和《物业管理条例》的规定，业主应当依照物业服务合同的约定及时交纳物业服务费，业主违反物业服务合同约定，经书面催交，逾期不交纳物业服务费的，业主委员会可以采用在本物业管理区域公示等方式协助物业服务企业催交。但在实际工作中，总是有一部分业主以这样那样的理由不交纳物业服务费，而且这些不交纳物业服务费的业主，往往说起理由还理直气壮，好像不交纳物业服务费是理所应当的。小区物业服务费收费率低，势必影响物业服务的质量，造成物业服务企业的短期行为。在这种情况下，更换物业公司，往往使收费率持续降低，造成物业管理服务质量的恶性循环。

2. 业委会成员素质参差不齐

虽然《物业管理条例》明确规定，业委会是通过业主大会选举产生的，但由于业主大都是新住户，相互不熟悉，业主大会又流于形式，一些抱有私心的业主拉帮结派混入业委会，加之业委会是自治组织，缺乏监督，这些人常常以维护业主权利名义谋取私利。有的借小区整治把工程包给朋友，有的向物业公司拿取报酬，有的自己不交纳物业服务费却享受更优质的服务。如杭州下沙某小区，换届的新业委会委员九个成员，其中七个长期拖欠物业费。

3. 维修基金申请手续繁杂

随着物业使用年限的增加，共用设施设备老化日益严重，特别是高层住宅，电梯、水泵、消防设施设备，一旦出现问题，危害公共安全，直接影响业主的生活。但是，申请使用维修基金手续繁杂，如属正常更新改造，还可以按部就班走程序办事，一旦影响公共安全的设施设备严重损坏，即使按照简易程序申请使用维修基金，没有几个月也无法获取资金。特别是审计工程决算，本来就是一笔不小的费用，物业公司既担心维修基金能否如数拨付，又需具备相当的垫资能力，往往能将就就将就，不利于物业公共设施设备正常使用和更新改造。

（三）提高物业服务可持续发展的建议

1. 提高全社会对物业服务商品的认识

物业服务作为一种商品，是一种特殊的商品，由于我国长期住房管理的福利政策，很多人将物业服务作为商品进行消费的意识不强。这种商品的特殊性不同于其他商品，一方面它是一种整体服务的商品，不像其他商品只服务于个体；另一方面它还是一种不交纳费用都能够享受到服务的商品，无论有没有交纳费用，个体所享受到的商品利益相同。由于物业服务这种特殊商品的性质和功能，能提高服务质量，可以产生对服务对象保值增值、提高公民素质、促进社会和谐发展的无形效益。一个物业小区的物业服务好不好，不仅影响物业的价值，更直接关系物业企业的信用质量和业主的素质。政府无论在宣传还是实施物业服务监管上，都应该把加强小区物业服务作为一项重要工作来抓。萧山区某社区书记说，他们社区有八个物管小区，如果物业服务工作做好了，社区工作就很容易做好。对那些逾期不交纳物业费的业主，社区干部帮助上门催交,把物业服务与社区服务管理有机结合,促进了社区工作的和谐发展。

2. 出台法规制度保障物业费交纳

交纳物业服务费是业主应尽的义务,对于逾期不交纳物业服务费的业主,一方面,政府应该出台相应法规,规定凡是转让(含赠予)、继承、变更物业业主的物业,必须有物业公司或者社区出具已经缴清物业费的证明,或者结清所欠物业服务费以及滞纳金后方可办理相关手续;另一方面,随着社会诚信体系的建设,将物业服务的质量和物业服务费的交纳作为衡量企业和个人诚信考核的一个指标。如果法规规定逾期拖欠物业服务费将补缴物业费和滞纳金作为诚信体系考核的制约指标,这样就能促使业主按时正常缴纳物业费,促进物业服务不断提高服务质量,即使物业企业做得不好,更换新的物业公司也不会形成物业服务质量恶性循环的局面。《桐庐县人民政府关于加快物业服务企业发展的实施意见》第八条规定:"存量房交易需提交所在小区物业服务企业物管费缴纳证明(无物业服务企业的由所在社区出具)。"这就是一个很好的规章,值得借鉴。

3. 加强对业委会的监督管理

业主委员会是代表小区业主权益的一个常设机构,执行业主大会议事规则和业主大会决议,按照《物权法》的规定,业委会还掌握属于全体业主所有的物业收益,有的小区物业收益甚至超过物业服务费收入。因此对业委会的工作应当实施相应监督和管理,一是全体业主监督业委会的工作,定期公布收益的使用情况;二是街道、社区作为主管部门对业委会工作和业委会成员实施监督管理,尽量将小区中主动性强、有责任感、公道正派、热爱公益事业的业主,包括退休不久身体健康的老干部、老职工选为业委会成员;三是街道社区组织业主对业委会掌管的经费实施审查、监督,对那些不遵守公德,违法乱纪的业委会成员,要进行清退甚至绳之以法。

4. 创新物业维修基金管理应急体系

《物业管理条例》明确规定了物业维修基金的使用管理程序,考虑物业实际现状,相关部门应该创新物业维修基金应急体系,真正把物业维修基金使用好、管理好和服务好。一方面,可以制定相关制度,物业投入使用到一定年限后,在一个范围内,申请维修基金可以在规定的额度内先行拨付使用,再按正常程序报批,这样既解决物业公共实施设备的应急维修,保障物业设施设备的正常运行,又解决了物业企业先行投入的困境和企业的资金压力。另一方面,对于物业维修基金使用的审计可以由维修基金管理部门和业主进行,因为他们负责基金的管理,对物业设施设备的情况更了解,作为管理服务部门,就应该具备这样的审计能力。业主的钱每一分都要珍惜,不要为了走程序而无端浪费。

四、物业管理企业的权利和义务

(一)物业管理企业的权利

(1)物业管理企业应当根据有关法律法规、物业服务合同和物业管理区域内物业共用部位和共用设施设备的使用,公共秩序和环境卫生的维护等方面的规章制度,结合实际情况,制订管理办法。

(2) 按照物业服务合同和管理办法实施管理。

(3) 按照物业服务合同和有关规定收取物业服务费用。

(4) 有权制止和向有关行政主管部门汇报违反治安、环保、物业装饰装修和使用等方面法律法规和规章制度的行为。

(5) 有权要求业主委员会协助履行物业服务合同。

(6) 可以根据业主的委托提供物业服务合同约定以外的服务项目。

(7) 可以接受供水、供电、供热、通信、有线电视等单位的委托代收相关费用。

(8) 有权将物业管理区域内的专项服务业务委托给专业性服务企业。

(9) 经业主大会的允许,可实行多种经营。

(二)物业管理企业的义务

(1) 按照物业服务合同的约定,提供相应服务。

(2) 接受业主、业主大会和业主委员会对履行物业服务合同情况的监督。

(3) 重大的管理措施应当提交业主大会审议决定。

(4) 接受房地产行政主管部门、有关行政主管部门及物业所在地人民政府的监督指导。

◈ 引例导入

长沙市某住户陈某一年前买了套房子,但是没有进行装修入住。最近物业管理部门找到了陈某强制其缴纳这一年的物管费,可陈某认为自己没有入住因此不愿缴纳该笔费用。请问:该笔费用应否缴纳?

解析:根据权利与义务相一致的原则,陈某买了房子但并未入住,亦即未接受物业公司的相应服务。在此情形下,要求其全额交纳物业管理费就有失公平。但是,陈某以未接受相应服务为理由完全不交纳物业管理费也同样有失公平,因为不管陈某有没有入住房屋,有关费用仍会产生,如电梯的使用等。对此,有的地方物价部门就规定,空置房屋按半价收取物业管理费,这样的规定较为合理,体现了公平原则。

五、业主的权利和义务

(一)业主的权利

(1) 参加业主大会,发表意见,行使表决权。

(2) 推选业主代表,选举业主委员会成员,享有被选举权。

(3) 监督业主委员会的工作。

(4) 提议召开业主大会,就物业管理的有关事项提出建议。

(5) 提出制订或者修改管理规约、业主大会议事规则的建议。

(6) 按照物业服务合同的约定,接受物业服务企业提供的服务。

(7) 监督物业服务企业履行物业服务合同。

(8) 监督专项维修资金的管理和使用。

(9) 对公用部位、公用设施设备和相关场地使用情况的知情权和监督权。

(10) 法律法规规定的其他权利。

(二) 业主的义务

作为业主,在关注权利的同时,也应当明确自身义务并认真履行。业主的义务有以下几种。

(1) 遵守业主大会议事规则和管理规约。

(2) 执行业主大会通过的决定和业主大会授权业主委员会做出的决定。

(3) 配合物业服务企业按照物业服务合同和管理规约实施的物业管理活动。

(4) 按照物业服务合同的约定,按时交纳物业管理服务费。

(5) 维护物业管理区域内公共秩序和环境卫生。

(6) 按照规定交存或者续交专项维修资金。

(7) 法律法规规定的其他义务。

◈ 引例导入

邱先生在某小区购买了一套商品房,并在该商品房屋顶上违章搭盖了一间 100 多平方米的房间,严重影响了小区的安全和整体形象,其行为遭到了其他业主的强烈反对。小区物业公司多次制止邱先生违章搭建,但邱先生均置之不理。市城建监察支队也向其发出停止违章建筑、限期拆除的通知,但邱先生依然我行我素。物业公司遂向法院起诉。

法院认为,物业公司对小区内的违章搭建行为,其职责和义务是进行劝阻、制止,法律和业主大会并没有授权其可直接提起民事诉讼,按照物业公司与业主签订的小区业主临时公约,其权利义务应由业主承担,物业公司并非该临时公约的权利义务相对人,也不是相关权利义务的承受主体。因此,当有业主未遵守公约承诺时,应由相关业主或业主委员会提起民事诉讼,物业公司无权以合同相对人的身份起诉要求业主承担违约责任。

解析:住在顶层或靠近其他公共空地的业主,经常会往公共空间打主意,改造公共用地并占为己有,这不仅影响了小区的整体景观形象,也侵害了其他业主的权益。物业公司对这种行为应及时进行制止,制止无效情况下应在规定时间内报告房屋行政管理部门,也可建议相关业主或业主委员会提起民事诉讼进行维权。

任务 2 物业管理的主要环节

一、物业的早期介入

物业管理的早期介入是指开发企业邀请拟从事物业管理的有关人员,参与该物业项目可行性研究、小区的规划、设计、施工等阶段的讨论，提出一定的建议。一般是从物业管理和运作的角度为开发企业提出小区规划、楼宇设计、设备选用、功能规划、施工监管、工程竣工、验收接管、房屋销售、房屋租赁等多方面的建设性意见，并制订出物业管理方案，以便为以后物业管理工作打下良好的基础。但是，有些楼盘在完工后，物业管理公司才进入管理，往往矛盾很多。

根据实践经验，物业管理早期介入好处多。

首先，可以减少使用后遗症。物业管理的基本职能是代表和维护业主的利益，对所委托的物业进行有效管理。然而在物业管理的实践中，一些物业的先天缺陷一直困扰着物业管理企业，诸如物业质量、设备性能、设施配套及综合服务等，这些均不取决于物业管理企业，而往往取决于物业的开发商和建筑承包商。要改变这一状况，把一些以往长期难以得到解决的问题尽可能在物业管理过程中使之限制在最小范围之内，就必须开设物业的前期管理，使前期管理同规划设计、施工建设同步或交叉进行，由物业管理企业代表业主从管理者的角度，对所管物业进行一番审视，从而把那些后期管理中力不从心的或返工无望的先天缺陷争取在物业竣工之前，逐项加以妥善解决，减少后遗症。

其次，可以全面了解所管物业。物业管理行为的实质是服务，然而要服务得好，使业主满意，就必须对物业进行全面的了解。如果物业管理企业在物业交付使用时才介入管理，就无法对诸如土建结构、管线走向、设施建设、设备安装等物业的情况了如指掌。因此，必须在物业的形成过程中就介入管理，这样才能对今后不便于养护和维修之处提出改进意见，并做好日后养护维修的重点记录。唯有如此，物业管理企业方能更好地为业主服务。

最后，可以为后期管理做好准备。物业管理是一项综合管理工程，通过物业管理把分散的社会分工集合为一体，并理顺关系，建立通畅的服务渠道，以充分发挥物业管理的综合作用。

在对物业实体实施管理之前，还应设计物业管理模式，制定相应的规章制度，并协同开发商草拟有关文件制度，筹备成立业主管理委员会，印制各种证件，以及进行机构设置、人员聘用、培训等工作。这些均应在物业的前期管理阶段安排就绪，以使物业一旦正式交付验收，物业管理企业便能有序地对物业实体进行管理。

物业管理早期介入的工作内容主要有六大方面工作。

（一）物业管理公司接洽物业管理业务

物业管理公司接洽物业管理业务有三项具体工作：

（1）物业管理费用测算及草拟总体管理方案；

（2）洽谈、签订物业管理合同；

（3）选派管理人员运作物业前期管理。

（二）建立同业主或住用人的联络关系

建立同业主或住用人的联络关系主要包括以下三项具体工作：

（1）听取业主或住用人对物业管理的要求、希望；

（2）了解业主或住用人对物业使用的有关事宜；

（3）参与售房单位同业主或住用人签约，提供草拟的住户公约、车场管理办法、管理费收缴办法及大楼综合管理办法等。

（三）勘察工程建设现场

勘察工程建设现场主要包括以下四项具体工作：

（1）审视土建工程结构、管线走向、出入路线、保安系统、内外装饰、设施建设、设备安装的合理性，察看消防安全设备、自动化设备、安全监控设备、给排水设备、通信设备、公用设施、电气设备、交通运输及电梯设备、服务设备等设施情况；

（2）对建设现场提出符合物业管理需要的建设方案，磋商解决办法；

（3）在建设现场做出日后养护、维修之用的要点记录；

（4）参与工程竣工验收工作，进行器材检查、数量检查、外观检查、性能检查、功能测试、标牌检查，按照整改计划督促整改。

（四）设计管理模式、草拟和制定管理制度

设计管理模式、草拟和制定管理制度主要包括以下三项具体工作：

（1）筹建管理委员会；

（2）草拟管理委员会组织章程、住户公约、装修施工管理办法、停车场管理办法、管理费用收缴以及大楼综合管理办法等；

（3）制定总干事、办公室、财务部、门卫、保洁、电梯操作、停车场管理、养护维修、绿化养护等人员的工作制度及工作标准。

（五）建立服务系统和构筑服务网络

建立服务系统和构筑服务网络主要包括以下三项具体工作：

（1）保安、保洁、养护、维修、绿化、美化队伍的选择，洽谈及合同的订立；

（2）同环卫、治安、供电、供水、煤气、通信、街道等部门的联络、沟通；

（3）构筑各种服务项目网络。

（六）办理移交接管事宜

办理移交接管事宜主要包括以下三项具体工作：

（1）拟定移交接管办法；

（2）成立管理委员会；

（3）办理移交接管事项。

二、物业的接管验收

接管验收包括房管部门、物业管理公司、建设单位自身及个人对物业的接管验收，也叫分户验收。物业管理公司的接管验收是指接管开发公司、建设单位或个人托管的新建房屋或原有房屋等物业，以主体结构安全和满足使用功能为主要内容的再检验。它是物业管理过程中必不可少的一个重要环节。

（一）接管验收的作用

物业接管前必须进行验收，物业管理公司不仅要尽早地介入物业的建设，并且要充分利用其在接管验收中的地位严格把关。如果在接管验收中草草了事、得过且过，物业管理公司就只能遭受损失。因为一旦合同生效，物业管理公司就必须承担合同中规定的义务和责任，所以物业管理公司应该充分重视接管验收。接管验收的作用体现在以下六个方面。

（1）明确在物业接管验收中交接双方的责、权、利。交接双方是两个独立的经济体，通过接管验收，签署一系列文件，实现权利和义务的同时转移，从而在法律上界定清楚交接双方的关系。

（2）确保物业的使用安全和正常的使用功能。物业的接管验收有其相应的标准，通过这一过程促使施工企业及开发企业依据相应的标准组织规划设计和施工。否则，物业将作为不合格产品不允许进入使用阶段。

（3）为实施专业化、社会化、现代化物业管理创造条件。通过对物业的接管验收，一方面可以使工程质量达到标准，减少管理过程中的维修、养护费用；另一方面，根据接管物业的有关文件资料，可以摸清物业的性能与特点，预防管理过程中可能出现的问题，计划安排好各管理事项，建立物业管理系统，发挥专业化、社会化、现代化管理的优势。

（4）提高物业的综合效益。如住宅小区的接管验收，不是简单的房屋验收，而是组成住宅小区各部分的综合验收。通过综合验收使住宅小区注重各套设施的建设，使其综合效益得到不断提高。

（5）促进建设项目的及时投产，发挥投资效益，总结建设经验。物业接管验收工作既是其进行投产、发挥效益的前提，也是其正常运营的保证。同时，接管验收实际上还是一项清理总结的过程，既会发现建设过程中存在的问题，以便及时纠正解决，也会取得一些好的建设经验，为以后的建设提供借鉴。

（6）维护和保障业主的利益。一方面，大多数的业主不熟悉物业的有关技术和政策；另一方面，物业具有很高的价值，这就决定了接管验收对业主的重要性。通过对物业的接管验收，可以使业主的利益得到保障。

（二）接管验收中应注意的事项

物业管理企业通过接管验收，即由对物业的前期管理转入到对物业的实体管理之中。物业的接管验收是直接关系到今后物业管理工作能否正常开展的重要环节，应注意以下几个方面。

（1）物业管理企业应选派素质好、业务精、对工作认真负责的管理人员及技术人员进行验收工作。

（2）物业管理企业既应从今后物业维护保养管理的角度进行验收，也应站在业主的立场上，对物业进行严格的验收，以维护业主的合法权益。

（3）接管验收中若发现问题，应明确记录在案，约定期限督促开发商对存在的问题加以补齐、整修，直至完全合格。

（4）落实物业的保修事宜。根据建筑工程保修的有关规定，由开发商负责保修，向物业管理企业交付保修保证金，或由物业管理企业负责保修，开发商一次性拨付保修费用。

（5）开发商应向物业管理企业移交整套图纸资料，包括产权资料和技术资料。

(6) 物业管理企业接受的只是对物业的经营管理权及政府赋予的有关权利。

(7) 接管验收符合要求后,物业管理企业应签署验收合格凭证,签发接管文件。当物业管理企业签发了接管文件,办理了必要的手续以后,整个物业验收与接管工作即完成。

三、楼宇交付

所谓"交付"就是把房屋交给购房者,购房者(业主)领取钥匙,接房入住。当物业管理公司的验收与接管工作完成以后,即物业具备了交付条件后,物业管理公司就应按程序进入物业的交付手续的办理阶段。物业管理公司应及时将接房通知书、接房手续书、接房须知、收费通知书一并寄给业主,以方便业主按时顺利地办好入住手续。由于物业的交付阶段是物业管理公司与其服务对象业主接触的第一关,这一阶段除了大量的接待工作和烦琐的交付手续外,各种管理与被管理的矛盾也会在短时期内集中地暴露出来。为此,这一阶段通常也是物业管理问题最集中的阶段,所以物业管理公司应充分利用这一机会,既做好物业管理的宣传、讲解工作,又要切实为业主着想办事,以树立起物业管理企业良好的"第一印象",取得广大业主的信赖。楼宇交付的程序与工作如下。

(一) 业主的工作

业主的工作主要有五项:

(1) 察看房屋、设备及设施;

(2) 按时办理收房手续,及时付清房款及有关费用;

(3) 仔细阅读住户手册,弄清楚管理单位的有关规定,以及收费情况和入住应办理的手续;

(4) 签订管理协议,了解并遵守各项管理制度;

(5) 办理装修申请手续。

(二) 物业管理公司的工作

物业管理公司的工作针对交付是物业管理环节上最重要的一步,这一阶段业主频繁地出入会产生秩序混乱,甚至发生违章、损坏公共设施等现象。物业管理公司要提供良好的管理和服务,必须有过细的组织措施,这时一般应做好以下工作。

(1) 清洁卫生。动员物业管理公司全体人员共同努力,打扫好室内外的卫生,清扫道路,使业主(或住户)接受一个干净的物业。

(2) 制定管理制度。向业主(或住户)发入住通知书,明确搬入时间,并制订入住须知、收费标准、入住验收手续、入住人员登记、交钥匙登记、装修报审、管理规定等。

(3) 物业移交。物业管理公司直接参与了物业的接管验收,因而能对施工质量有清楚的了解,完全能负责地向业主进行物业的移交。物业移交是物业管理公司和业主共同管理、相互监督的开始,移交时双方须完成一系列的交接手续(钥匙交接好,签订交接书),交接涉及的是双方的权利和义务。物业管理公司要有计划地、分批地、有秩序地安排业主(或住户)入住。

(4) 提高治安和服务质量。物业管理公司应提供充足的值班、保安及劳务服务人员,提供保安及劳务服务,及时疏导发生的纠纷。

（5）保持道路通畅，为保障入住业主（或住户）的人身及财产安全地搬入住房，一定要保证通道的畅通。

（6）装修报审。物业管理公司要对业主（或住户）的装修提供方便条件，并重视装修垃圾的及时清理，坚持装修的报审制度，要避免违章现象出现。

（三）签订契约

在业主或租住户办理手续时，公司应把住户手册及时送到业主或租住户手中，让客户了解辖区管理的有关事宜，并及时签署公共契约或入住契约。这里所说的公共契约是一份协议，是一种合同形式的契约，管理单位与业主（租住户）都应遵守，并应符合政府颁发的合同管理办法，以保证签署的公共契约的有效性，不能搞霸王条款。

（四）物业的综合管理

新建成楼房的物业在竣工验收并投入使用后，物业管理公司要按照物业管理合同和公共契约的规定，为住户提供全方位的服务，对物业实施专业化的管理。物业管理的宗旨是服务，寓管理于服务之中，在服务中体现管理。为了更好地完成物业管理，必须建立一个有明确任务、职责、权限和互相协作、互相促进的质量管理有机体系。

一、简答题

1. 物业管理企业的特征有哪些？
2. 简述物业管理企业的权利和义务。
3. 简述业主的权利和义务。
4. 简述物业管理的主要环节。
5. 物业管理企业的常见模式有哪些？

二、论述题

试阐述当下我国物业管理存在的主要问题及对策。

参 考 文 献

[1] 谭术魁.房地产开发与经营[M].2 版.上海：复旦大学出版社,2008.

[2] 陈林杰.房地产开发与经营实务[M].3 版.北京：机械工业出版社,2014.

[3] 银花,张加颖.房地产经营与管理[M].北京：机械工业出版社,2003.

[4] 张建中.房地产开发与经营[M].北京：北京大学出版社,2009.

[5] 周小平.房地产开发与经营[M].北京：清华大学出版社,2010.

[6] 侯起阳.房地产项目开发风险因素分析[J].合作经济与科技,2009(21).

[7] 周三多.管理学[M].3 版.北京：高等教育出版社,2010.

[8] 刘志麟,孙刚.建设工程项目管理[M].北京：中国建材工业出版社,2013.

[9] 高炳华.房地产市场营销[M].武汉：华中科技大学出版社,2004.

[10] 谭术魁.房地产管理学[M].上海：复旦大学出版社,2006.

[11] 鲁成树,王满银.房地产经营与管理[M].合肥：安徽人民出版社,2007.

[12] 隋凤琴.房地产经营与管理[M].北京：机械工业出版社,2006.

[13] 张素菲.房地产经纪学[M].北京：机械工业出版社,2007.

[14] 王新军.房地产经营与管理[M].上海：复旦大学出版社,2005.

[15] 何红.房地产开发经营与管理[M].北京：化学工业出版社,2008.

[16] 孙晓璐.房地产经营管理一本通[M].北京：经济科学出版社,2008.

[17] 周云,高荣.房地产经纪概论[M].2 版.南京：东南大学出版社,2012.

[18] 王德起.房地产经纪[M].重庆：重庆大学出版社,2008.

[19] 周传林.房产中介机构运作指南[M].北京：中国经济出版社,2004.

[20] 高炳华.房地产估价[M].武汉：华中科技大学出版社,2006.

[21] 董藩,李英.房地产金融[M].4 版.大连：东北财经大学出版社,2014.

[22] 李昌.物业管理法规[M].大连：东北财经大学出版社,2007.

[23] 胡运金.物业管理概论[M].武汉：华中科技大学出版社,2006.